东北师范大学地域文明/东北人地关系研究书系

近代中国东北经济开发的国际背景

（1896—1931）

胡赤军　著

商務印書館

2011年·北京

图书在版编目(CIP)数据

近代中国东北经济开发的国际背景:1896～1931 / 胡赤军著. —北京:商务印书馆, 2011
ISBN 978-7-100-07926-6

Ⅰ. ①近… Ⅱ. ①胡… Ⅲ. ①区域经济—经济史—东北地区—1896～1931 Ⅳ. ①F129.5

中国版本图书馆 CIP 数据核字(2011)第 035728 号

近代中国东北经济开发的国际背景
(1896—1931)
胡赤军 著

商 务 印 书 馆 出 版
(北京王府井大街 36 号 邮政编码 100710)
商 务 印 书 馆 发 行
三河市尚艺印装有限公司印刷
ISBN 978-7-100-07926-6

2011 年 7 月第 1 版　　开本 880×1230 1/32
2011 年 7 月北京第 1 次印刷　　印张 10 3/8
定价:28.00 元

目　　录

自序…………………………………………………………………… 1

一、本书写作起因……………………………………………… 1

二、本书基本线索……………………………………………… 5

三、主要参考文献和文献使用说明 ………………………… 10

引言:中国东北地区的早期历史与资源特点………………… 14

一、中国东北地区的早期历史 ……………………………… 14

二、中国东北地区的地理环境 ……………………………… 23

三、中国东北地区的资源特点 ……………………………… 26

第一章　俄国染指东北与对东北的经济扩张 ……………… 44

一、从西伯利亚铁路到中东铁路 …………………………… 45

二、攫取在远东的“不冻港” ……………………………… 76

三、中东铁路与东北的经济发展 …………………………… 93

四、俄国经营东北的代价…………………………………… 111

第二章　清朝、民国时期国内对东北的经济开发 ………… 119

一、东三省的“遍地开放”………………………………… 120

1. 抵制沙俄对东北的独占………………………………… 120

2. 吁请东三省“遍地开放”……………………………… 131

3. 东北的开埠与关税减让………………………………… 135

二、鼓励移民与垦荒…………………………………………………… 142
1. 清朝早期对东北的封闭政策 ……………………………………… 143
2. 20世纪初对关外移民的鼓励 ……………………………………… 145
3. “九一八事变”前东北人口与耕地的增加 ………………………… 148
三、抵制日本对东北的经济独占……………………………………… 156
1. 新法铁路的提出 …………………………………………………… 157
2. 锦瑷铁路的筹建 …………………………………………………… 164
3. 葫芦岛工程与东北交通委员会的干线计划 ……………………… 168
第三章 日本对东北的国策性经营…………………………………… 175
一、日本对东北的战略意图与经济决策……………………………… 176
1. 日本对东北的野心由来已久 ……………………………………… 176
2. 从“满韩交换”到“满韩不可分割” ………………………………… 179
3. 建立国策性的经济实体——南满铁路株式会社 ………………… 186
4. 日本对东北的经济扩张与经济独占 ……………………………… 196
二、日本对东北的所谓“产业开发”…………………………………… 200
1. 以交通经营为基础 ………………………………………………… 201
2. 以资源开发为重点 ………………………………………………… 209
3. 以对外贸易促利润 ………………………………………………… 213
4. 以积极投资求垄断 ………………………………………………… 215
三、日本与俄国在东北的经济角逐…………………………………… 225
1. 日本与俄国的四次协定…………………………………………… 225
2. “满铁”与中东铁路公司的激烈竞争 ……………………………… 227
四、所谓“日满经济一体化”…………………………………………… 233
1. 中国东北与日本经济的所谓相互“依存”…………………………… 233
2. 中国东北在日本殖民帝国中的经济地位…………………………… 237

第四章　近代中国东北地区对外贸易的发展变化…………… 250
一、1907—1931 年东北地区的对外贸易 ………………… 250
1. 东北地区对外贸易的发展 …………………………… 252
2. 进出口商品结构 ………………………………………… 258
3. 东北地区各口岸的对外贸易 ………………………… 261
4. 在全国对外贸易中的地位 …………………………… 264
二、影响东北地区对外贸易的主要因素………………… 268
1. 绝对优势与比较优势 ………………………………… 269
2. 海内外的市场需求 …………………………………… 274
3. 近代交通的作用 ……………………………………… 280
4. 经济危机的影响 ……………………………………… 284
三、对外贸易与东北地区经济的演变…………………… 288
1. 初级产品生产出口格局的形成 ……………………… 289
2. 生活消费与生产消费 ………………………………… 294
3. 贫富阶层的逐步分化 ………………………………… 298
4. 与国内外市场联系的变化 …………………………… 304
四、东北地区与各国的经贸关系………………………… 309
1. 东北地区与海外总体的经贸关系 …………………… 309
2. 东北地区与日本的经贸关系 ………………………… 313
3. 东北地区与俄国的经贸关系 ………………………… 317
4. 东北地区与欧美国家的经贸关系 …………………… 322
主要参考资料……………………………………………… 327
后记………………………………………………………… 335

自　　序

一、本书写作起因

改革开放以来，中国经济取得了令人瞩目的增长，经济发展速度在世界上居领先水平，国内生产总值和对外贸易额已经跨入世界最前列。目前，中国与中国经济已经在亚太地区及世界显示出不可低估的重要活力。可是，中国经济活力与经济增长的飞快速度并不意味着前进的道路上没有坎坷：国内各地区经济发展水平并不平衡，沿海开放城市和省份发展最快，相邻内地省份居次，西部地区则一直落后。中央西部大开发战略提出来后，中国出现了西部开发热。后来，又提出了“振兴东北老工业基地”的口号。不过，虽然中央和地方都采取了振兴东北经济的许多举措，但真正振兴东北经济并非易事。由于多年来形成的东北重工业在国家经济发展中相对老化和落伍，农产品生产难以达到国际生产标准并与国际市场接轨，同时原有的工业资源逐渐消耗殆尽，东北在国内工农业生产中的地位和资源的比较优势发生了变化。目前，除辽宁国民生产总值还能排在国内各省第一阵营外，黑龙江、吉林国民生产总值都排在全国各省中游之后。因此，与以往自身的历史和各地经济发展的声势相比，东北现有的经济水平与其有利的经济条件及战略地区极不相称。

可是,东北毕竟曾经是全国出口贸易发展最快和商品经济最为发达的地区,有最密集的铁路网,后来又长期成为全国最重要的重工业基地,要思虑东北经济的未来规划和尽快发展,不能不借鉴以往,汲取过去的成败得失,注重促使经济发展的各种因素和必要条件。

一百多年前,东北曾经是全国未经开发的富庶地区,有大片肥沃的土地,在嫩江平原和松花江流域等地有深达一米的黑土带,地下埋着许多矿物资源,有适于北温带农业生产的气候条件。但是,在清政府的封禁政策下,东北长期得不到开发,经济发展在国内滞后,直到“三国干涉还辽”、沙俄占领东北、日俄战争爆发等国内外环境发生了一系列变化,清朝才考虑将东北“遍地开放”、采取“以夷制夷”,避免东北被列强一国独占。近代东北经济是在国内外纷纭变幻的环境中发生变革的,内有清政府的腐败、外有列强相逼。用现在的眼光看,没有和平稳定的社会条件,但在各种因素影响下东北仍然出现了一系列重要变化:出现了中东铁路等密集铁路网,出现了持续的移民潮和耕地开发,出现了农产品出口贸易的显著发展,出现了东北大豆对世界有关市场的持续垄断……由此可见,经济发展虽然需要相对稳定的社会环境,但社会是否稳定对经济发展的影响是曲折复杂的,并不能一概而论。20世纪初,日本、俄国、清朝、民国政府和东北地方政权等都影响过东北经济的发展。在主观上沙俄、日本想在经济上控制东北,称霸东北亚,把东北生产和贸易纳入其殖民经济的轨道。懦弱的清朝、民国政府想保住东北,却不敢过分得罪列强,只能采取迂回措施,东北经济就这样在国内外许多因素影响和约束下非自主地走向了近代化。

然而,有许多相关历史问题仍然值得人们注意。比如,日本、俄国怎样筹集资本在东北搞“经济开发”?怎样利用、使用资本促使其势力发展?哪些经济因素影响了近代东北的出口贸易?近代东北不断发展的出口贸易对经济发展和人们收入产生了什么影响?这些历史问题都有利于启示现实的经济建设。又如,在1904—1905年的日俄战争中,日俄两国曾为争夺东北大打出手,为赢得战争,沙俄仅战费直接支出就达23.47亿卢布,损失军舰3亿卢布,转让的铁路及港湾2亿卢布,战争借债42.06亿卢布,全部费用支出共达70亿卢布。日本的战争消耗也很大,对战争的直接投入至少达20亿日元。① 所以在战争后,日俄两国实际上都没有钱了,但它们却费尽心机设法筹钱。当时,日本没钱就想办法借外债,南满铁路株式会社实际上是靠英国资本才筹到钱,后来又靠利润和社债来维持和发展。这种不遗余力扩大在华势力和筹集、集中使用资本的策略应该引起人们的注意。必须指出,当年日本帝国主义在中国东北的殖民性投资是无可置疑的。可是,这并不妨碍我们借鉴历史,为今所用。通过考察历史,我们不能不想到,要发展民族经济,缺少资本不行,不会使用资本也不行。不集中使用资本会造成浪费。只把资本分散投入各种行业,很难成就大事业。20世纪初,为了推行既定的“国策”,“满铁”得到了日本政府的强有力支持,把有限的资本相对集中起来,对包括铁路、矿山在内的基础行业及各项事业分别进行了程度不同的国策性投资。采取社内、社外投资相结合,投资力度超利润,持续不断再投资等方

① 满铁经济调查会编:《满洲经济年报(1933年版)》,改造社昭和八年十二月版,第127页。本书注释中的日文资料名称都译为汉文,下同。

法,建立了以铁路交通为基础,以煤铁资源开发为重点,以对外贸易促利润,拥有交通、工业、商业、金融、房地产、教育等各项事业在内的“满铁王国”,控制了南满经济,在整个东北近代经济中占据了垄断的地位,从而充分反映出了日本帝国主义对中国东北的野心和经济先行策略。为了统一侵华步骤和强化经济措施,“满铁”事实上已经成为日本对中国东北国策型经济殖民的先锋和大本营,从而在客观上替代了日本国内外的中小资本,形成了资本的集中和国策性的投资,致使日本在中国东北的经济殖民呈现出了一定的步调一致和统一布局,没有完全按照资本主义市场经济的自发特点,反而表现出了国策性的“计划经济”。近代中国东北经济变迁中出现的这些现象,也许使人们感到市场经济和计划经济并不是纯粹对立和分开的。有时可能你中有我,有时可能我中有你。这些经济体制其实都很难绝对完善,应注意扬长避短。因此,在不同环境下,市场经济和计划经济各有利弊,而对两种经济体制如何运用和怎样扬长避短,还要取决于时代的要求和人的运筹能力。近年来,国内各地几乎都热衷于对经济发展的企盼,热情往往超过理智,开发热下缺乏冷静,近代东北对外贸易的发展表明,任何经济发展都有它的必要因素和要求条件。近代东北大豆之所以享誉中外,是东北大豆有明显的比较优势,有“遍地开放”的社会环境,有欧洲、日本等国市场的大量需求,有近代铁路、海港等交通便利,这些因素和条件对于对外贸易来说都是不可缺少的。因此,任何经济抉择都应该建立在对各种主客观情况的分析比较上,不能仅有主观热情,而要为经济发展积极挖掘各种有利因素并创造各种必要的条件。

了解历史,不仅仅是为了借鉴过去,而是为了更好的现在和将来!

二、本书基本线索

近代东北的经济处于列强相逼、国势日蹙的历史形势下，帝国主义强国哪一国都暂时无法独占中国东北，清朝、民国政府对东北地区也无法进行有效的统治，东北出现了“自由竞争”的客观环境。当地的经济发展受到各种因素的制约和影响，有俄国对东北和北满的先后经营，有日本对南满和东北近代经济的垄断，有清政府抵制外来势力的种种举措，这三种力量实际上构成了影响近代东北经济变化的重要主线。尽管俄、日两国在东北采取了很多近代化措施，在东北修建了铁路、工厂、开发矿藏、兴办金融机构、发展对外贸易和扩大投资等等，东北经济出现了许多新的经济因素，经济发展水平得以提高，但俄、日等国的所作所为完全是为了本国的战略需要，目的在于在东北扩大势力和对东北的经济控制。清朝、民国政府虽然畏惧列强，却不愿意放任东北为列强一国独占。在清朝、民国政府对东北“遍地开放”，鼓励移民和开荒政策下，移民由中东铁路和大连海港滚滚而来，东三省出现大片良田，农业生产日益商品化。在中外各种力量的作用下，东北对外贸易开始迅速发展，大豆、豆饼、豆油畅销海外，蜚声世界，成为中国继茶叶、生丝之后垄断国际市场的产品，东北为此连年出现巨额贸易顺差。可是，东北经济的商品化和对外贸易对东北经济发展的促进作用仍然有限，对外贸易的利润被控制铁路交通的“满铁”、中东铁路公司、出口商人和上层统治者层层分享，劳动人民生活仍然很苦，东北经济的近代化同时也伴随着经济的殖民化。

19 世纪末，沙俄扩张的主要方向由欧洲转向东方。80 年代，俄国开始修建西伯利亚铁路，希望通过铁路把远东与俄国内地连接起来，建立横跨欧亚的铁路大动脉，建成新的欧亚商路，繁荣沿线经济，确立俄国在东方的优势和战略地位。1896年，俄国利用清政府“联俄制日”心理与清政府签订了《中俄密约》等条约，取得了把西伯利亚铁路支线穿过中国东北和修建中东铁路支线的特权。1898年，又强租旅大地区，把东北变成了俄国的势力范围。俄国为发展在东北的势力，还联络法国资本建立了华俄道胜银行，投资上亿多卢布修建大连港和旅顺口，投资几亿卢布修建中东铁路和中东铁路支线。1901年，中东铁路部分通车，1903年，中东铁路全线通车，中东铁路公司成为俄国驾驭东北近代交通和经济的大本营。1900年，俄国几十万军队借口义和团运动占领中国东北，日俄矛盾加剧，俄国财政大臣维特的缓和政策失宠，别佐勃拉佐夫的激进政策占了上风，日俄战争以俄国的失败而告终。俄国势力退居北满后，中东铁路公司仍然控制着整个北满近代经济。此后不久，在中东铁路沿线和北满各地，人口越来越多，土地面积不断扩大，农产品生产和流通得以增加，面粉、造酒、榨油、采煤等工业不断建立起来，哈尔滨等城市建设也得以发展，北满地区在俄国势力的阴影下走向近代化。中东铁路和中东铁路支线本是东北最早的近代化事业，应该在东北经济发展中发挥更多的作用，可是，俄国修建铁路的主要目的是军用和国用。在日俄战争和第一次世界大战期间，中东铁路和北满铁路被广泛用于军事目的，铁路经营得不偿失，一直亏本。20年代铁路商业化后才扭亏为盈，中东路事件后，运输又受影响。在铁路经营和盈利上，中东铁路公司的作为当然远远赶不上“满铁”。比较之下，俄国建设中东铁路、大连港、在日俄战争中的投资等各有关费用和俄国在东北的最终所得无法相抵,俄国对东北的经营在经济上是得不偿失的!尽管俄国在东北的兴趣是军事和战略地位,但是由于俄国对经济缺乏重视,缺少国力支持和经济补给,俄国在东北的军事与战略地位也就难以正常维持下去。

长期以来,清朝对东北一直实行封禁,不准汉民入关,害怕移民侵犯自己的"发祥地"。直到1900年俄军占领东北,清政府才如梦初醒,担心东北被列强独占。以李鸿章为代表的妥协势力主张对俄妥协,与俄国签订承认俄国占领东北的《东三省交地条约》;张之洞、刘坤一则坚决反对,主张将东三省"遍地开放"、准许各国投资通商,以"以夷制夷"抵制俄国对东北的独占。清朝对俄国的两种态度分别代表了清朝亲俄、亲日外交路线的两种倾向。李鸿章死后,清朝亲俄势力衰落,在英、美、日等列强的强烈反对下,俄国强迫清朝签约的企图没有得逞。日俄战争爆发后,东三省更加危机,程德全、赵尔巽、锡良等人纷纷提出"移民实边"、"开埠通商"、要求举借美资,开办东三省实业银行。在这样的历史形势下,关内对东北的移民迅速增加,广阔沃土得到开发,清朝、民国地方官对移民和垦荒纷纷给予优待。到"九一八事变"前,东北可耕地开发已超过一多半,粮食食品化程度在全国领先。尽管同时日本、俄国对东北移民也在增加,但全部外籍移民人数只有大约一百万,而中国籍人口却达到了2900万,从而使中国关内外人民在血缘上保持了紧密联系,有效地防止了东北的民族异化。为抵制日、俄势力对南、北满和东北经济的控制,清朝、民国政府还利用美国对日本垄断政策的不满,联络美国、英国势力先后策划了修建新法铁路和锦瑷铁路,并赞同美国人诺克斯提出的满洲铁路中立化,企图通过修建与南满铁路、中东铁路并行或靠近的竞争线,打破"满铁"在南满的铁路优势,吸引南、北满物产脱离日、俄控制下的交通线,从而抵制日本、沙俄在华势力。为抗衡日本控制下的大连,1908 年和 1930 年,东北地方官两次筹建葫芦岛海港,准备建立由南、北满到葫芦岛的出海口和由南、北满到内地的交通线。可惜,在日本等强烈反对抵制下,美国对日外交不断发生变化,中国的许多筹划都功亏一篑。当张作霖、张学良态度转向强硬,不顾日本反对欲建立葫芦岛工程及包围南满铁路的铁路网时,日本终于感到了真正的恐惧,发现经济手段已经无能为力,对东北的经济控制不能不采取"武力解决"的办法。前后对比,侵略者鄙视没有骨气的中国人,而有骨气的中国人却使他们感到害怕。

早在明治维新以前,日本思想界就开始热衷于海外扩张。本多利明、桥本左内、佐藤信渊、吉田松荫、福泽喻吉等人的言论逐步发展为"脱亚入欧",要日本追随欧美,把和欧美交往受到的损失从亚洲邻邦那里"找回来"。明治政府的决策者不仅要保卫日本"领土主权线",也要防卫日本的"利益线"。从甲午战争到日俄战争,日本先确保对朝鲜的控制,后与俄国争夺东北。《朴茨茅斯条约》签订后,日本势力接管了旅大租借区和长春至旅顺铁路,把南满地区变成了日本在东北的经济大本营和势力范围。在欧美列强的强烈谴责下,日本军界当时对南满不敢再公然实行垄断,日本内阁和外交界也以"开放"相标榜,并以民间会社的名义组织"满铁"为国策性的公司,暗中对东北实行经济操纵和经济扩张。"九一八事变"前,日本对东北的产业投资达到 17.9 亿日元,其中"满铁"投资就占大半。为使东北服从日本整体经济利益需要,"满铁"以东北近代交通为基础,重视对资源的开发,吸引和控制东北主要出口特产,用投资扩张权益,加速了东北经济商品化,把东北卷入世界商品市场，使东北能够为日本提供大量的必需品、资源、权益和利润。与此同时，日本与沙俄既勾结又竞争，先后与俄国四次签订协议，确保双方在东北或满蒙的既得利益。两国还分别以大连和海参崴为中心，通过各种手段吸引东北物产从自己势力范围出口。结果，日、俄在排斥其他列强渗透东北中加强了合作，东北约有60%以上的货物最终经过大连出口，日本在经济竞争中占了上风。在日本的海外整体战略中，日本对东北投资最多，对日本在东北的势力和权益也最为关心。尽管当时东北进出口贸易在所谓日本“帝国”总体贸易中所占比例只有6%—10%，但大豆、豆饼、煤炭和铁对日出口与日本生存攸关，是日本不可缺少的基本生活资料和生产资料。有的日本人认为，当时日本对东北有各种“需求”，东北对日本也有各种“需求”。双方经济可以互补，所以日本宣扬日、满经济要“一体化”。在领土和资源上，中国东北比日本本土大、资源也更多，有许多长处。同时日本人通过调查也看出中国东北地区对于日本帝国经济发展来说非常重要，她蕴藏着巨大潜力，是日本在海外最有发展价值和值得开发的“殖民地”，因此在“九一八事变”前，日本就已经把中国东北当成“殖民地”来建设了。虽然日本对东北的经营有助于东北迅速出现新的产业和新的经济，但东北近代经济走得却不是独立的自主之路，而是从属于、被支配于海外的侵略势力。

1907—1931年，东北对外贸易增长很快，各种出口增长了18倍，对海外出口增长了29倍，除个别几年外，连年出现贸易顺差，顺差额几乎等于进口额，人均贸易额为全国人均三倍，是全国唯一持续保持贸易顺差的地区。东北出口的大豆、豆饼、豆油在海外欧洲、日本等市场畅销，进口部分棉织品、小麦等生活资料和水准较低的麻袋、钢铁制品等生产资料。南满三港(大连、营口、安东)曾经集中了东北对外贸易约近90%,北满绥芬河等地集中了对外贸易的10%,从东满(龙井、珲春)进出口的货物则非常少。由于东北大豆的出口,东北在全国各区对外贸易的地位上升,主要出口商品品种(豆产)和数量占全国同种商品出口的90%左右,在一定程度上弥补了全国的对外贸易逆差。1931年时,东北出口商品价值已居全国的35%,在全国各地位居第一。东北出口贸易的繁荣,主要在于东北大豆有对外贸易比较优势,有开放的环境,有海外的持续需求,有外资的大量投入,也有便利的近代交通。经过二十多年的大豆畅销,东北农业人口有明显的增加、耕地面积迅速扩大,农业产量日益提高,基本上形成了农业初级产品生产和销售的经济结构,但东北当地的生活消费和生产消费水平都不高,把持铁路、港口运输的"满铁"等外国势力拿去了东北贸易利润的大半,中间商也从中渔利,农民收入极少,贫富分化不断加剧,东北普通劳动者的收入并没有随着外贸的增加而明显提高。由于初级产品出口对经济整体增长作用并不大,东北的对外贸易也没有明显推动东北自身经济的工业化。

三、主要参考文献和文献使用说明

有关俄国与东北问题的参考文献在国内并不太多,其中分量较重、水平较高的著作有罗曼诺夫《俄国在满洲(1892—1906)》、马洛泽莫夫《俄国的远东政策(1881—1904年)》、阿瓦林《帝国主义在满洲》、近代史所《沙俄侵华史》、丁名楠等《帝国主义侵华史》等等。《俄国在满洲(1892—1906)》资料丰富,研究系统,对许多问题叙述得十分详细，是了解俄国与东北的重要参考论著。但该书对内容处理的不够精练，部分叙述有些庞杂无章。《俄国的远东政策(1881—1904年)》是作者精心之作，分析了许多《俄国在满洲(1892—1906)》没有涉及的问题和相关资料，描述生动，可读性强。两书作者研究问题所下的功夫和引用的资料文献都是今人难以企及的，所述内容可取长补短，是研究俄国在东北各种活动的必读之作。国内研究俄国与东北问题最有分量的论著是近代史所余绳武等人集体写作的《沙俄侵华史》。该书既参考了俄国的许多史料，对问题又有较深的分析，是国内其他有关论著不可替代的参考资料。由于该书主要作者又参与编写了《帝国主义侵华史》，为人们宏观了解帝国主义在东北争夺的国际关系提供了方便。然而，即使是上述高水平学术论著也不可能完全囊括俄国与近代东北的开发所涉及问题，许多资料需要自己搜集和参考，有关认识也需要进一步进行分析和得出结论。俄国方面比较重要的原始资料除《神秘的沙皇尼古拉二世》等书外在国内并不多见，许多各方面的原始资料不得不从俄国的论著中转引，从而增加了对资料鉴别和完整参阅的困难。

涉及清朝、民国时期东北问题的较重要官方文献有《清季外交史料》、《光绪朝东华录》、《宣统政纪》等，有关记载最详细的是《清季外交史料》。在个人文集和全集中，《李鸿章全集》对分析俄国对华政策和归还东北交涉很重要，《张文襄公全集》、《刘坤一遗集》则反映了清末亲日派势力的增长和清朝开放东北“以夷制夷”的许多对策。其实，在以往的历史研究中，人们对清末民初许多重要期刊利用的不够。当时期刊论文文风与现在有很大的不同，和当代国内期刊论文相比，那时很多文章资料记载多，分析和论述相对很少,似乎有堆砌资料之嫌,但这些文章至今仍有相当多的珍贵资料可供利用,其资料价值并没有随年代流逝而被削弱,《中东经济月刊》和《中东半月刊》就提供了有关东北经济开发和经济问题的大量资料。

在研究东北问题的各种资料中,日本资料文献的地位相当突出。仅"满铁调查部"出版的资料就浩如烟海,不仅全部通读有困难,就是全面搜集到手也不容易。二战之前,日本对东北的研究以官方为主,"满铁"的调查和研究是主流。二战之后,曾经在东北殖民的日本遗老仍念念不忘"满铁"的业绩,由日本满史会和满史编撰刊行委员会分别出版了《满洲开发四十年史》和《满洲国史》等著作。由于这些著作大都由日本当年在东北的职官编写,在日本中国东北史研究和记载中至今有不可替代的资料意义。其实,《满洲开发四十年史》大都取材于《满洲经济年报》等各种"满铁"时代出版物,而《满洲经济年报》的大量记载又来自《北支那贸易年报》或《满洲贸易年报》等更原始资料,《北支那贸易年报》或《满洲贸易年报》均来自于中国海关统计资料和贸易报告,尽管前者比后者多作了分析和概括,但《北支那贸易年报》和《满洲贸易年报》编写体例和方法不统一,很难相互比较和直接使用。

为便于读者查清本书各种数据和表格来源,本书将尽量在书中做出各种说明。比如,许多历史文献所指的东北贸易不是仅为对外贸易,而是宏观意义上的贸易,既包括东北对关内进出口,又包括东北对海外进出口,还含有埠际贸易。所以,把历史文献中"东北贸易"等同于对外贸易是不对的。在历史资料统计中,真正能够反映东北对外贸易实际变化的应该是东北对外贸易进、出口净值。可是,包括《北支那贸易年报》在内的许多权威资料在统计中缺乏精确的净值记载，给对东北对外贸易分析带来了困难。

当时，东北贸易历史统计的方法往往在统计进口时采取进口总值概念，其中既包括从外洋进口的洋货，又包括从其他口岸进口的洋货，欲得出准确的实际进口数字应该是用洋货进口总值减去洋货再出口值，从而得出洋货进口净值。当时统计出口时也有不同含义，东北土货出口值不但包括土货出洋值，还包括土货出口到其他口岸的数值，而其中只有土货出洋值才是东北对海外出口的净值。若不了解当时资料对贸易记载的各种特点，把不同纪录方法的文献拿来盲目使用，就会出现比较不当，判断错误，影响学术信服力。

然而，因历史资料文献存在种种局限和匮乏，本书无法在贸易分析和介绍中一律采取进出口净值，因此有关的分析只能是近似分析。本书使用的各种有关资料会在书中尽量注明，以待相应研究的进一步发展。同时，为尽量展现近代东北对外贸易的历史全貌，本书使用了不少表格，部分度量衡数据也须根据当时旧的度量衡记载进行转算，因此误差和错漏肯定再所难免，希望各位读者能够指正，在此特表感谢并致以歉意！

引言：中国东北地区的早期历史与资源特点

一、中国东北地区的早期历史

早在旧石器时代，东北就有人类居住。黑龙江、辽河流域等地大量出土的原始社会文化遗址文物表明：当时的东北居民，已经在从事农业、牧业和渔猎经济。

自古以来，东北居民就是中华民族的一部分。战国时期，燕境已达到辽河流域。秦朝在东北设立辽东郡。唐朝时期，在松花江上游、黑龙江中游设立忽汗都督府和黑水都督府。辽宋金元时代，东北地区一些民族强大起来，势力进入到中原和关内的广大地区。

在漫长的古代社会，东北地区逐渐形成了东胡（乌恒、鲜卑、契丹、市韦和蒙古族）涉貊（扶余、高句丽、沃沮）和肃慎（挹娄、勿吉、女真、满族）三大族系。东胡族以畜牧为主；涉貊从事农耕；肃慎长于渔猎。公元10世纪，契丹人强大起来，建立了辽朝，大举入关，占领了幽燕十二州。不久，女真人建立金，金灭辽，势力进入长江以北。蒙古族统一全国后，又被明军打败。明朝在东北辽阳建立了都指挥使司，在黑龙江建立奴尔干都指挥使司，管理黑龙江、乌苏里江广大地区。公元17世纪初,建州女真的努尔哈赤先后征服了海西女真和野人女真。1616年,努尔哈赤在赫图阿拉称汗,建立奴隶制政权,并创立了满洲八旗。皇太极在位时,继续创立蒙古八旗和汉军八旗。在与明朝辽东及关内军队作战中,八旗兵屡战屡胜。1644年,清军大举入关,占领北京,接连打败各地农民军和南明的残余势力。不久,台湾回归,清朝统一了全国各个地区。

清朝时,在东北设立盛京将军、吉林将军、黑龙江将军和热河都统等官,分别对辽宁、吉林、黑龙江、内蒙古部分地区进行管理。虽然当时在辽河流域农业经济已占主要地位,但东北大部分地区仍然从事着粗放的农业耕种,畜牧业和渔猎生产占有较大比例。与当时的华北、华中、华南地区相比,东北地区地广人稀,经济发展水平相对滞后。为了推动地方生产,1644年,顺治皇帝下令招民垦荒。1655年,颁布《辽东招民开垦令》,鼓励移民辽东,开发农业生产。在清朝政策促动下,辽东一带人口较以往明显增加,农业水平有所提高。然而,清朝统治者不久即心生疑虑,担心满族会被汉族同化,失去民族特性。1668年,康熙帝停止辽东招垦令。1677年,把长白山地区定为满族"发祥地",规定:"盛京以东,伊通州以南,图们江以北,悉为封禁。移民之居住有禁;田地垦群有禁;森林矿产之采伐有禁;人参东珠之掘捕有禁。"1680年,康熙帝又在柳条边内划定旗人、民人界限,规定满、汉民族不得混居。[①] 此后,从雍正朝到光绪朝后期,东北地区一直被清政府人为封禁,北方及内

① 转引自孔经纬主编:《清代东北地方经济史》,黑龙江人民出版社1990年版,第151页。

地广大居民迁居东北的活动一再被强令阻止。

清朝对东北的封禁,长期阻碍着东北的经济发展。在200多年的时间里,东北经济没有明显起色。传统畜牧业、渔猎生产比重过大,农业生产缺乏精耕细作,东北与关内贸易仍停留在"茶马互市"的水平,对外贸易也只与朝鲜有经贸往来。清朝的封闭政策,影响了东北的资源利用,阻碍了东北的经济发展,同时也无法有效维护国家领土和所属疆域。

鸦片战争以后,中国开始丧失国家主权。1842—1931年,中国与英、法、美、俄、日等国签订了几十个不平等条约,被迫给与列强各种在华利益和特权。东北的经济发展至此也由中外"冲突"逐渐"屈服"于列强的"管制",成为半殖民地……

到20世纪初,中国已经丧失了许多重要的国家主权。其中主要的表现为:

(一)条约口岸　近代中国开放的通商口岸,绝大多数不是自主开放,而是被迫开放。1842年,中英《南京条约》规定:中国开放广州、福州、厦门、宁波、上海为通商口岸。1858—1860年,中英《天津条约》和《北京条约》规定:中国开放牛庄、登州、汉口、九江、南京、潮州、琼州、台湾、天津等地为通商口岸,开放的范围由沿海到内地。从1842年到1931年,中国一共开放了约48个通商口岸[①],开放的范围遍及华东、华南、华中、华北和东北广大地区。

1861年,营口正式开放,东北自此向海外敞开了贸易之门。与此同时,中国与俄罗斯的黑龙江边境贸易也在进行。可是,无论

① 郑友揆:《中国的对外贸易与工业发展(1840—1948)》,上海社会科学院出版社1984年版,第10页。

是海外贸易，还是陆路贸易，贸易的规模都十分有限，黑龙江边贸维持在易货水平，20世纪之前，东北开放的程度远远落后于关内。

到1931年为止，中国主动开放的地方仅有30余个，被动开放的城市有48个。[①] 由于经济的落后，政府的无能，无论是在主动开放的口岸，还是在被动开放的口岸，对外贸易一般都被操纵在洋商和洋行手里。

（二）协定关税 1842年前，中国是关税自主国家。鸦片战争的失败，使中国开始丧失关税主权。1843年7月22日，清政府与英国签订了《五口通商章程》，制订了64种出口商品和48种进口商品的税率。其中规定除茶税外，一般进出口商品税率均为“值百抽五”。1844年7月3日，中美《望厦条约》规定：“倘若日后（中国）变更税率，须与合众国领事官议允”。从而确立了中外协定关税的原则。1858年，中英《通商章程善后条款》重新调整了进出口关税的税率，税率仍为“值百抽五”。此后六七十年，中国物价不断上涨，而海关依据的进出口商品从量税没有什么变化。20世纪初，按商品价值计算，中国进出口商品的税率只有2%—3%。

在经济发达国家，海关关税具有财政和保护工业双重作用。通过向大宗进出口商品适当征税，可以增加财政收入；通过调整进出口关税税率，可以削弱海外商品的竞争力，保护本国工业和市场。15世纪中后期到20世纪初，关税一直是经济较发达国家保护本国经济，抵制进口商品的主要手段。与此同时，在这些国家，关税的财政作用不断降低。

---

① 郑友揆：《中国的对外贸易与工业发展（1840—1948）》，第11页。

经济落后国家比经济发达国家更重视财政性关税，由于经济落后国家没有近代工业或工业极不发达，关税的保护作用自然在这些国家缺乏理由或没有意义。20世纪之前，中国自然经济占较大比重，新式工业刚刚起步，落后的封建经济不应保护，新式经济无须全部保护。相反，工业产品进口会促进新的消费，刺激国内有关生产欲望，推动新式经济的发展，此时，关税的保护弊大于利。

但是，落后国家经济增长时需要保护，进口的原料应该减税，进口的工业设备、技术应该免税；进口的奢侈品、竞争性商品应该增税。随着经济的不断进步，保护的对象、保护的程度、保护的时间都应因时而异，进行调整。可是，协定关税禁锢了中国的手脚，不准中国经济自主，中国经济反而受到列强持续控制。

(三)外人对华投资权　早在鸦片战争以前，外国商人已经对中国进行了投资，成为广州十三行商人的债权人①。19世纪40年代初，第一批外国在华开办的船舶修配厂在各通商口岸相继出现。很快，外国对华投资便波及航运、工业、金融、贸易等各个领域。甲午战争前，外国对华投资已达到1900万银元。1895年4月17日，《马关条约》规定："日本臣民得在中国通商口岸城邑，任便从事各项工艺制造。……"②自此，清政府正式承认了外人对华投资权。1931年，外国对华投资规模已达到32亿美元。③

发达国家资本输出会促进商品输出，也会抑制商品输出。资

① 〔英〕格林堡：《鸦片战争前中英通商史》，康成译，商务印书馆1961年版，第18页。

② 王铁崖：《中外旧章程汇编》第一册，三联书店1957年版，第616页。

③ 〔美〕雷麦：《外人在华投资》，蒋学楷等译，商务印书馆1959年版，第41页。

本输出能绕过资本输入国关税,在当地从事生产、制造,获取利润,也会排斥资本输出国同类商品对资本输入国的出口;同时,资本输出时需要技术、设备等生产资料,又会促进这类商品出口。因此,在经济生活中,资本输出比商品输出渗透力更强,影响也更为深远。

不发达国家引进资本有利也有弊,引进资本可以补充国内资本不足,输入技术、设备,提高生产水平,缩小与先进国家的差距,赶上世界潮流。同时,引进资本也要付出代价:国内一部分利润将要外流,一部分经济主权会被外人操纵或控制。

英、法、美、德、日等国通过对华直接、间接投资,在中国获取了大量利润、利息和红利。① 20 世纪初,外国资本已在中国近代工矿、铁路、航运、金融、电讯等领域占据明显优势。中国不能有效控制外资,当然在经济上受制于人。

(四)片面的最惠国待遇　1843 年 10 月 8 日,中英《五口通商章程善后条款》被迫给予英国最惠国待遇,条约规定:清朝"有新恩施及各国,亦应准英人一体均沾"②。此后,法国、美国、德国、俄国、日本等国也陆续得到最惠国待遇。尽管中国给予列强最惠国待遇,列强却不肯给予中国同等待遇。不能享受最惠国待遇是中国的耻辱,而片面的最惠国待遇能把每一有关国家在华权益衍生几倍、甚至几十倍。

(五)租借地　1843 年,中英《通商章程善后条约》承认:英人可以在通商口岸租赁土地和房屋。1845 年,《上海租地条约》将洋

---

① 见张仲礼主编:《中国近代史论著选译》。

② 王铁崖:《中外旧约章汇编》第一册,第 36 页。

泾滨以北、李家庄以南的土地租于英人,“为建筑房舍及居住之用”。不久,上海、厦门、广州、汉口、九江、天津等地相继出现了英、法、美、俄、日等国租界。租界主权归属中国,管辖权却落入外人之手。甲午战争后,中国国势一落千丈,列强纷纷强租中国海港和海湾,中国面临着列强的瓜分!

1898年3月,德国强迫清政府签订《胶澳租界条约》,租借胶州湾99年。同月,俄国强租旅顺、大连及附近水面,租期定为25年。随后,法国租借了广州湾、英国租借了威海卫,扩展了香港范围,清政府被迫宣布不把长江沿岸、云南及两广、福建等地割让他国。从此,东北、山东、长江流域、西南与福建等地,分别成为俄、德、英、法、日等国在华的势力范围。

到19世纪末,中国已经没有一个自己可以控制的良港和经贸口岸,列强对“租借地”为所欲为,既不交纳租金,也不想按期归还。清政府苟延残喘,军阀政权勾心斗角,列强的经济势力却由租借地持续不断向各地蔓延。

在历史上,东北是中国土地最富庶的地区之一,同时也是东北亚地区重要的战略要地,17世纪后,她与中国远东领土一直遭到侵略。17世纪末,沙俄哥萨克曾多次武装侵入黑龙江、松花江流域,在远东土地上进行探险和扩张,垂涎中国领土。1689年,中俄签订《尼布楚条约》,规定两国以额尔古纳河、额尔必奇河、外兴安岭至海为界。外兴安岭以北为俄国领土;外兴安岭以南为中国领土。根据这个条约,中俄两国确定了东段边界。

1847年,穆拉维叶夫担任了东西伯利亚总督,沙俄加快了在远东的扩张。1854年,沙皇批准了穆拉维叶夫“武装航行黑龙江计划”,随后,穆拉维叶夫亲自率领“外贝加尔哥萨克军”等武装及大批俄国移民,多次侵入黑龙江、松花江流域和远东地区,意在长期占领。1858 年,穆拉维叶夫恐吓黑龙江将军奕山签订了中俄《瑷珲条约》,把黑龙江以北 60 万平方公里土地划给俄国。但是,清政府并没有给予奕山签订边境条约的权力,《瑷珲条约》事实上是非法条约。

然而,沙俄并没有满足于对远东土地实际上的侵占,还要取得清政府的认可。第二次鸦片战争中,俄国驻华公使伊格那提耶夫利用调停之际,趁火打劫,于 1860 年迫使恭亲王奕䜣与俄国签订了中俄《北京条约》。《北京条约》承认了《瑷珲条约》,同时把中国乌苏里江以东土地划与俄国,这样,中国失去了 100 万平方公里的领土,东北的疆域大为缩小,近三面边界挨着强邻!

面对外来威胁,清政府一直没有采取有效对策。19 世纪五六十年代,吉林、黑龙江马队一再被抽到关内,镇压太平天国和捻军起义。东北兵力空虚,人烟稀少,不能有效防御外来威胁。

明治维新期间,日本强大起来,急于向海外发展,在甲午战争中连续打败清军。1895 年,清政府被迫把台湾、澎湖列岛及辽东半岛割给日本,日本对东北的野心暴露出来。在俄、德、法三国干涉下,日本被迫放弃了辽东半岛。

"三国干涉还辽"迷惑了清朝,一部分官员幻想"联俄制日",加紧向俄国靠拢。俄国将计就计,1896 年,财政大臣维特诱使李鸿章签订了《中俄密约》。根据《中俄密约》,俄国可以将西伯利亚铁路支线穿过中国东北。1898 年,俄国又强租大连湾,中国东北成为了俄国的势力范围。

1900 年,几十万俄军借护路侵入东北。义和团失败后,俄军拒不撤兵,意在长期霸占。日本不甘被排挤在外,反复与俄国谈判。1904年,日俄战争爆发,俄国在战争中战败。1905年,双方签订《朴茨茅斯条约》,俄国把在南满的权益全部转交日本,自己退居北满。同年12月,日本迫使清朝签订中日《会议东三省事宜条约》,清朝承认日本接管俄国的南满特权,同意开放东北16个城市为通商口岸。

俄、日在东北的扩张,刺激了美、英等国的贪婪。20世纪初,日、俄曾四次签订协约,排挤他国插手东北。东北在各国角逐中开放,经济发展受到各种势力的交错影响。

1911年辛亥革命爆发,清王朝覆灭,北洋军阀接管了北京政权,东北地区受到奉系军阀控制。1918年,段祺瑞与日本签订中日《陆、海军共同防敌军事协定》,日本取得在东北的驻兵权。十月革命之后,俄国在中国东北的势力衰退,日本势力在东北迅速膨胀,张作霖被日本关东军炸死后,张学良率部投向民国。但东北经济、军事等重要命脉都已经逐渐被日本人所控制。

由于上述情况的存在,简而言之"九一八事变"前中国东北地区的经济变化不能不带有以下特点:

1. 在中国东北大约30年的近代经济发展中并没有始终存在一个安定的社会环境;

2. 列强侵略,清朝、民国政府进行抵制和自救,妥协和斗争并存,各种势力和力量对中国东北地区的经济变化都起过相应的直接、间接作用或影响;

3. 在中国东北自行开放和被迫开放的社会环境下,存在着各种势力、各种力量之间的垄断与抵制,勾结与竞争等复杂局面。东北在开放中出现了市场类型和各地区经济特征的不同演变;

4.尽管中国东北的近代经济受到各种势力和力量的制约,没有一个统一的发展规划和相应的条件,但是主动开放必然带来相应的客观效果,被动不如主动,开放应有计划。在经济发展阶段,计划性的经济调控不应受到不该有的忽视;

5.由于旧中国政府的孱弱和丧失主权,东北近代经济的变化不免受到外人操纵和调控,利权外溢,东北人民无法享有应得的经济成果,也难以摆脱外人在经济上的控制。

二、中国东北地区的地理环境

20世纪初,中国东北地区的地理位置大致位于东经115°30′(热河西部)—135°20′(黑龙江、乌苏里江会合处)、北纬38°43′(旅顺)—53°30′(漠河)之间。[①] 东部、北部地区沿乌苏里江、黑龙江与俄罗斯接壤;西部以山海关为界与河北相邻;南濒渤海;东南部地区沿鸭绿江、图们江与朝鲜相望。包括黑龙江、吉林、辽宁、热河地区,东西长约1420公里,南北长约1650公里,全部面积约为119.5万平方公里[②],超过法、德两国面积的总和,超过日本面积的3倍,当时是世界上土地最肥沃的地区之一。

与同纬度的美国、日本、中亚、东南欧国家相比,东北地区气候比较寒冷,属温带季风和温带大陆性气候。夏季,在东南温带季风的影响下,东北各地普遍高温;冬季,西伯利亚和贝加尔湖的冷空

---

① 《中国东北经济》第一卷,中国计划出版社1987年版,第6页。

② 满史会:《满洲开发四十年史》上卷,第31页,原译文东北地区东西长度数字有误。又见佐藤贞次郎等:《满蒙资源论》,日本评论社昭和九年版,第18—20页。

气频繁南下,各地白雪皑皑,土表冻层深达1—2米。漠河、海拉尔1月份平均气温达到零下近30度,是同纬度最为寒冷的地区。

东北一年中的季节变化十分明显。1月是最冷的时期。进入3—4月份,气温开始转暖,冰雪化冻。5月气温迅速上升,7月为最热时期。10月气温开始急剧下降,不久,又进入漫长的冬季。由于东北冷暖气候变化很快,脱去棉衣不久即着单衣,使人感到这里似乎没有春、秋两季。

各地年平均气温由西南向东北逐渐降低。黑龙江最冷,吉林、内蒙古次之,辽宁最暖。各地年平均气温如下,见表1[①]。

表1　20世纪20年代后期东北各地年平均气温　(摄氏)

	免渡河	海拉尔	满洲里	哈尔滨	牡丹江	长春	沈阳	营口	大连
1月	-28.1	-28.8	-26.2	-19.7	-20.6	-17.3	-12.8	-10.0	-5.3
7月	19.1	20.8	20.8	23	21.7	23.4	24.7	25.0	24.0
年平均	-3.2	-2.7	-2.1	3.1	2.0	4.7	7.6	8.4	10.3

由于海洋和植被的调节,东北西南部、东南部地区比较湿润,降水量较大。西北部地区比较干燥,降水量由南向北递减。年平均降水量最多的是一面坡(737毫米)、沈阳(735毫米),降水较多的有大连(610毫米)、哈尔滨(580毫米)、长春(559毫米),降水较少的有免渡河(371毫米)、满洲里(229毫米)。因春、秋、冬季风力较大,空气干燥;夏季日照充足,水分蒸发量大,东北除沿海和森林地区外,各地普遍干燥。大连年平均湿度为66%,长春为65%,西北地区的满洲里、海拉尔年降水量仅约229—308毫米,是半干旱地区。东北各地气候条件如下,见表2[②]。

① 《中东经济月刊》六周年纪念专号,第11—12页。

② 同上。

表 2 东北各地气象变化 单位:天

	海拉尔	满洲里	免渡河	哈尔滨	牡丹江	长春	沈阳	营口	大连
晴	66	66	67	73	55	105	112	111	104
阴						90	80	98	101
雨	99	79	126	127	125	109	95	93	74
雪	34	23	55	37	28	43	31	23	26
霰	1	1	3	2	2	1		2	2
雾	20	22	21	17	29	4	16	8	27
霜						146	133	100	56
雹									
大风	7	10	10	10	9	41	7	28	122
寒季	226	226	226	187	193	222	214	184	154
雪季	127	123	153	122	135	184	165	149	141

整个东北地势南北较高、中间平坦,山地约占 37.8%,丘陵约占 12.6%,平原约占 35.5%,水面及其他约占 14.1%。[①] 北部的大、小兴安岭和南部的长白山脉环抱着松辽平原、松嫩平原。毗邻三江平原。在地质上,大、小兴安岭和长白山脉属于太古界侵入岩时期,是中国地域最早形成的土地之一。东北三大平原形成的时间较晚,属于新生代第四纪。温带针叶林主要分布在大、小兴安岭和长白山脉海拔较高地区,针叶和阔叶混交林遍及东北偏东、偏北和偏南地区,依次往西分别是森林带、草原带和夏绿林带。

东北土壤种类繁多,土质较为优良。各处山脉、丘陵、平原分布着寒温带针叶林土、山地棕壤、森林灰化土、黑土、黑钙土、草甸黑土、草甸土和沼泽土等等。其中,黑土、黑钙土主要分布在松嫩平原。北起嫩江,南至东辽河上游,形成了大片黑土带。由于这一地区属于新生代第四纪,地表上有深厚、松散的腐殖沉积物,黑土表层腐殖质含量一般在 5%—6%,最高达 10%,厚度有 60—80 厘米,对

① 《中国东北经济》第一卷,第 6 页。

农作物栽培非常有利。与此不同的是，东北西南部地区褐土较多，土壤肥力稍逊；西北部地区沙壤比重大，盐碱地多，土地相对贫瘠。

在东北的江河湖泊中，有许多重要的河流与俄罗斯、朝鲜共享。其中，与俄罗斯毗邻的黑龙江、乌苏里江分别长约 2200 公里和 900 公里；与朝鲜毗邻的鸭绿江、图们江分别长 790 公里和 520 公里。除界河外，东北主要的河流多分布在平原地区。辽河流经松辽平原，流域面积 22 万平方公里；松花江流经松嫩平原，流域面积 52 万平方公里。此外，还有牡丹江、嫩江、大凌河等重要河流，兴凯湖、镜泊湖、呼仑池等较大湖泊。不过，一般来说，东北河流水量不大，水运能力也比较有限。

由此可见，大自然为东北地区的居民提供了比较优越的生存条件。然而，东北的海岸线相对狭小，出海口仅限于西南一隅，主要河流水运能力不强，对东北未来的经济发展不能不产生较大的负面影响。

三、中国东北地区的资源特点

资源是经济发展的基础，也是经济发展的先决条件。迄今为止，人们对资源的含义仍有不同的了解。广义的资源，泛指与人类生存有关的所有因素；狭义的资源，即为人们通常所指的自然资源。自然资源是人类生产资料和生活资料的天然来源。它既是大自然的产物，又与人类的农业、工业等生产活动息息相关。1905—1931 年间，与东北经济贸易发展关系最大的是农业、工业和交通运输资源。把这一时期东北有关的自然资源按农业、工业等部门进行分类，其基本情况如下：

农业资源

1. 农业气象

如前所述,东北为温带季风和大陆性气候。与同纬度的其他地区相比,东北"寒暑之差颇剧,热时较同一纬度之温度为高,寒季则较冷。……一年之中,寒暑之交替极速,乍暖乍寒,春秋二季,几于无有。"[①]春季短暂,夏季炎热,冬季寒冷,是东北气象主要特点。具体表现为:

(1)中国东北冬季漫长,气候寒冷,无霜期短,农业栽培季节有限。但全年日照充足,夏季温度适宜,保证了农作物生长所需的阳光和热量。

在东北的大部分地区,每年 11 月逐步进入冬季,来年 3—4 月冰雪才逐渐融化。全年无霜期一般为 100—180 天,[②]适于农作物生长的时间还不到全年的一半。然而,东北一般农作物生长需 100—130 天,一些高产晚熟品种也不过 140—150 天,保证了农作物一年一熟。在南部沿海地区,农作物可达到一年两熟或三年两熟。虽然东北冰雪季节比较漫长,但农作物生长期日照却相当充足。太阳辐射资源为 110—147 千卡/平方厘米,[③]年日照时数为 2500—2900 小时,[④]超过了同纬度其他地区。夏季持续高温,农作物生长很快;秋季天高气爽,阳光十分强烈,促进庄稼子粒饱满,果实日渐成熟。

(2)东北季风较多,气候干燥,但夏季雨量充沛,降水量多集中

---

① 《中东经济月刊》六周年纪念专号,第 11 页。

② 《中国东北经济》第一卷,第 6 页。

③ 同上。

④ 〔日〕满洲国史编纂刊行委员会编:《满洲国史》(分论)下,东北沦陷十四年史吉林编写组译,1990 年版,第 55 页。

在农作物生长期。

每年春秋两季,东北都会出现大风。春季风力尤大,风力最快时可达每秒31.9米。[①] 季风期间,空气趋于干燥,平地尘土飞扬,空气湿度很低,年平均湿度仅为60%左右。东北的降水量也相对较少,年平均仅为500—700毫米。不过,夏季雨量很大,60%的降水出现在6月下旬至8月上旬,7月下旬雨水最多,"足资植物之发育","气候洵不妨农"。[②] 一旦秋季来临,天空阳光普照,"无狂风暴雨",[③]对农作物生长非常有利。

(3)东北西暖东冷,南湿北干。各地气象有较大差异,农作物栽培受纬度限制。

东北年平均气温由西南向东北方向递减。最热时,扎兰屯曾达到42.6°(1919年7月23日);最冷时,免渡河可达到-50.1°(1922年1月16日)。[④] 长白山脉地区降水量最多,每年可达800毫米;大兴安岭西部降水量最少,还不到300毫米。南部林区、沿海一带降水相对较多;北部平原、沙地降水较少。各地降水量因地形而异。见表3。[⑤]

表3　东北各地年平均降水量　　单位:毫米

	满洲里	安达	哈尔滨	牡丹江	长春	沈阳	大连
年平均降水量	229	429	580	542	559	735	610
降水最多月份平均雨量	91	112	178	114	150	262	230

在东北出产的农作物中,高粱、谷子喜温耐寒,多生长在南部

① 《满洲国史》(分论)下,第55页。

② 白眉初:《满洲三省志》(中华民国省区全志)第二卷,吉林省志民国十三年八月版,第17页。

③ 《中东经济月刊》六周年纪念专号,第11页。

④ 《满洲国史》(分论)下,第53页。

⑤ 《中东经济月刊》六周年纪念专号,第13—14页。

干燥地带；大豆、玉蜀黍喜温喜湿，在各地生长都很普遍；小麦、大麦比较耐寒，多分布在北部、中部地区；水稻、陆稻喜欢潮湿，大多出现在江、河地带。据当时日本人判断，20世纪初东北各种农作物栽培北限如下，见表4。①

表4 东北各地农作物栽培北限

	高粱	粟	玉蜀黍	大豆	水稻	陆稻
北纬	49°	50°	50°	52°	51°	48°
地区	嫩江	呼玛	呼玛	呼玛		绥化

2.农业土地

20世纪初，满铁调查部对东北调查、统计最多，有关统计比较接近实际。

1932年以前，东北可耕地面积约3350万(陌)公顷，②占东北总面积的28%。在东北全部土地中，不可耕地通常为无法利用的某种土地，如倾斜15°以上的丘陵、山地，沙地、砾石地、河川、沼泽、地隙、沟谷等等。另外，还有公用土地不可耕种，如城市、村庄、道路、林地、寺庙、墓地所占土地。此外，自然界的土地并非均可耕种。无限度的砍伐森林，填湖、改林为田，都会造成对生态环境的破坏，结果得不偿失。相反，适当建立防护林带，保护江河湖泊，有益于农作物生长，有利于农业的发展。

据满铁调查部统计，1929年，东北南、北部地区已耕地面积为1286.68万公顷；1930年为1306.29万公顷③，1931年为1373.32

① 《满洲国史》(分论)下，第57页。

② 《满洲资源论》，第52页。一陌等于一公顷。

③ 见《中东经济月刊》六周年纪念专号第133页所引满铁调查部资料。南部八区包括：辽宁南部区、北宁路区、开原区、沈海路区、长春公主岭区、四洮路区、吉长路区、延边区；北部七区包括：中东路南部区、哈尔滨区、中东路东部区、松花江下游区、呼海路区、中东路西部区、北部各地方区。下有关引文同。

万公顷(陌)。1932 年由于“九一八事变”,东北南、北部地区已耕地下降到 1266.488 万公顷(陌)[①],1929—1932 年,东北已耕地面积约占可耕地面积的 37%—41%。

在东北已开垦土地中,奉天以南、奉山线地区、开原、公主岭、长春、哈尔滨等地,已耕地大约相当可耕地面积的 80%—90%,只剩下约 10%—20%的土地未得到开垦。主要城市附近、主要交通干线,南部、中部地区已耕地占可耕地面积比例大;边远地区、交通不便地区,已耕地占可耕地面积比例小。辽宁、吉林土地开发较早,黑龙江土地开发较晚,但土地开发速度在逐渐加快。

东北各地土壤质量有所不同。“南满黄色土壤分布多,表土浅,含氮量低,土地一般贫瘠;而中、北满是黑土地带,耕土深,含氮量高,土质肥沃”。[②] 特别是黑龙江地区,“除少许碱地、沙丘、荆棘、高原而外,殆尽为平原。洪荒草木,朽腐积层,构成一天然肥沃之地域。一经开垦,百谷皆宜。……十余年内,不用肥料。”[③]“一般来说,南部(土壤)有缺氮的特点,但磷酸、钾、钙丰富;北满黑土地带氮最多,是无肥料也能耕种的肥沃地区。”[④]当然,新开发的黑土带仍需维持地力,否则,土壤肥力损耗太大,影响未来的农业生产。

1932 年前,全国耕地面积为 1248775 千市亩,其中,辽、吉、黑、热河四省耕地为 206186 千市亩,[⑤]东北耕地面积占全国耕地

① 《满洲经济年报(1933 年版)》,第 495 页。

② 《满洲开发四十年史》上卷,第 515 页。

③ 《满洲三省志》第一卷,第 265 页。

④ 《满洲国史》(分论)下卷,第 61 页。

⑤ 许道夫:《中国近代农业生产及贸易统计资料》,上海人民出版社 1983 年版,第 9 页。

面积约 16.5%。尽管东北耕地占全国比例不大,但人均耕地面积为 0.44 陌,超过关内人均耕地面积,也多于当时日本(0.09 陌)、英国(0.12 陌)、德国(0.33 陌)的。人均耕地水平与印度 0.45 陌水平相当;低于法国(0.58 陌)、西班牙(0.73 陌)、美国(1.23 陌)、澳洲(1.56 陌)和加拿大(2.46 陌)。[①] 因此,与国外这些国家相比,东北耕地数量没有优势,人均耕地数量有限,农业生产应精耕细作,讲求品种、质量,不应总是采取粗放经营。

3. 农业产品

东北主要农业产品分别是(1)谷类:大豆、高粱、粟、杂豆、玉蜀黍、小麦、大麦、黍子、稗子、荞麦、燕麦等;(2)油料作物:芝麻、苏子、麻子等;(3)蔬菜:白菜、大头菜、土豆、萝卜、韭菜、芹菜、菠菜、芥菜、青菜、黄瓜、西红柿等;(4)菌类:蘑菇、木耳、猴头等;(5)水果:西瓜、香瓜、苹果、梨、李、杏、海棠、山楂等;(6)坚果:松子、榛子等;(7)麻类:亚麻、蓖麻等;(8)烟草;(9)人参。

大豆又名黄豆,是当时东北的首要农产品。生产遍及辽、吉、黑、热河等省,各地产量由北向南递增。1930 年,大豆在南部八区中种植面积占 26%;在北部七区中种植面积占 35.8%,南北合计占 31.3%[②]。年产量超过 500 万吨,大部分产品用于出口。

高粱又名红粮,为民众主要食粮。各地栽培非常普遍,产量仅次于黄豆。1930 年,高粱在南部八区种植面积占30.5%;在北部占 15.2%,南北合计占 22.9%,年产量约为 470 万吨。各地所产高粱除用于口粮外,主要用于酿酒、饲料,少量用于出口。

---

① 《满蒙资源论》,第 55 页。

② 《中东经济月刊》六周年纪念专号,第 136 页。

粟又名小米，在南、北地区种植各占17%，年产量约327万吨，与黄豆、高粱并称为“三色大粮”，为“日日必须之品”，[①]部分产品对朝鲜出口。

玉蜀黍年产量约158万吨(1930年)，在南部种植比例占9.9%；在北部种植比例占3.8%，南北平均占6.9%。大多数玉蜀黍供当地人食用，每年出口量极小，但种植比例逐年增加。

小麦生产遍及南、北各地，南部种植比例为2.8%；北部种植比例为17.8%，主要分布在呼海铁路、北满铁路、松花江下游地区，年产量约135万吨(1930年)。仅有1%的产量用于出口，生产水平不敷需求。东北各地农作物种植面积、产量见表5。[②]

表5　东北农作物1929—1931年平均种植面积与产量

	辽宁、吉林、黑龙江		“关东州”及“满铁”附属地	
	种植面积(千陌)	产量(千吨)	种植面积(千陌)	产量(千吨)
大豆	4103	5125	31.9	17.6
其他豆类	337	353	54.5	160.2
高粱	2992	4653	23.6	33.4
粟	2191	3196	17.3	23.4
玉蜀黍	910	1633	92.5	124.3
小麦	1422	1413	1.4	1.2
水稻	89	150	0.8	1.5
陆稻	113	159	0.3	0.3
其他杂谷	1121	1723	9.2	7.4
合计	13278	18405	231.5	369.3

农产品出口能力取决于产品成本，也取决于生产余额。东北土地肥沃，作物高产，地广人稀，为农业市场提供了丰富的商品资源，详见表6。[③]

① 《满洲三省志》第一卷，第268页。

② 《满蒙资源论》，第56页。

③ 同上，第62页。

表6 东北农产品1929—1931年平均生产输出比率

	产量(千吨)	出口(千吨)	产出比率(%)
大豆	5142	4059	78.9
其他豆	513	207	40.3
高粱	4686	213	4.5
粟	3220	222	6.9
玉蜀黍	1758	71	4.1
小麦	1414	18	1.3
其他杂谷	2041	151	7.4
合计	18774	4941	26.3

在东北各地农产品产量、出口量和产出比率比较中,大豆产量、出口量及产出比率均占第一,拥有出口商品的绝对优势。其他农产品出口比率较小,只有其他豆类出口所占比重较大,但也不超过41%。因此,东北农产品出口贸易兴衰与否,完全取决于大豆的生产与销售。

工矿业资源[①]

东北有丰富的工业资源,以往“人们把满洲称为世界矿藏的宝库”。[②] 已探明的重要资源有煤、铁、菱镁矿、油母页岩、锰、铜、铅、锌、滑石、金、石灰石、耐火粘土、矾土、木材等。其中,煤、铁、菱镁矿号称“东北三大矿藏”。

1. 能源资源

主要能源有煤、油母页岩、水力。三种能源中,煤的地位最为重要。

当时,东北的煤主要被用于燃料、炼焦,约50%的产量用于出口,煤田的分布遍及辽、吉、黑、内蒙与热河。1930年,年产10万吨以上的煤矿主要有抚顺(725万吨)、本溪湖(58万吨)、五湖嘴

① 这里所述资源状况主要根据当时的各种勘探和调查。

② 见《满洲开发四十年史》上卷。

(20.6万吨)、烟台(17.8万吨)、穆棱(32万吨)、鹤岗(17万吨)、北票(50万吨)等,抚顺一矿就占东北煤炭产量的70%左右。[①] 是东北产量最大的煤矿。

抚顺煤矿在地质上属于新生代第三纪,与油母页岩掺杂共生,煤田储量约为9亿吨。其他储量较大的煤矿还有鹤岗(50亿吨)、阜新(40亿吨)、札赉诺尔(39.8亿吨)、密山(15.85亿吨)。[②] 满铁调查部估计:辽宁煤炭藏量约为15亿吨;吉林煤炭藏量约为9.5亿吨;黑龙江煤炭藏量约为5亿吨;热河煤炭藏量约为15亿吨;全部合计约为45亿吨。[③] 由此可见,东北煤炭资源主要集中在东北地区的南部。

煤炭,一般可分为无烟煤、沥青煤、褐煤;还可分为强粘性煤、弱粘性煤和不粘性煤。强粘性煤可用于工业炼焦;不粘性煤可用于工业和取暖。东北各地主要煤矿煤炭成分如下,见表7。[④]

表7 东北各地煤矿煤炭主要成分 %

	水分	灰分	挥发	固定炭	硫磺	热量	性状
阜新	4.92	10.83	34.61	49.64	1.22	6673	粘性
鹤岗	2.01	7.90	31.57	58.51	0.28	7478	强粘性
穆棱	2.04	12.54	34.01	51.54	0.46	7270	弱粘性
北票	1.42	13.12	33.64	51.82	0.25	7120	粘性
札赉诺尔	20.47	3.82	37.61	38.10	0.40	5106	不粘性
抚顺	4.20	6.75	37.79	51.16	0.76	7155	膨胀粘性
烟台	1.68	13.00	11.25	24.07	1.82	7293	不粘性
本溪湖	0.41	11.30	17.87	70.42		7236	强粘性

在以上各地煤田中,抚顺煤属于弱粘性煤,主要供一般工业和

① 《满洲经济年报(1933年版)》,第555页。

② 《满洲国史》(分论)上卷,第920页。

③ 《满蒙资源论》,第126页。上述估计比现在调查数字要少,《中国东北经济》称东北煤炭保有储量为669.1亿吨,预测储量为910亿吨。另参考《满洲国史》上卷,第920页。

④ 《满洲国史》(分论)上卷,第921页。

日常民用;本溪湖煤质最好,属强粘性煤,“色黑,光泽极强,富有固定炭素,燃烧之火焰虽不甚大,终能发生八千加路里之热量,灰分、硫磺都是稀少,没有损伤锅炉扳格之虑……可为炼焦之良材”。[①]

20 世纪初,东北还没有发现石油,不过,在抚顺、三姓等地发现了与煤层共生的油母页岩。抚顺勘探表明:整个油母页岩矿储量为 50 亿吨,平均含油量为 5.4%,矿藏十分丰富。然而,从油母页岩中提取石油费用很高,当时技术把握不大,不如使用煤炭价廉,所以,油母页岩的开采远不如煤炭。

2. 冶金资源

东北冶金资源十分丰富,各种矿产几乎都有。铁矿主要分布在鞍山、本溪、辽阳等地,全部储量约为 12 亿吨。主要铁矿情况如下,见表 8。[②]

表 8　东北主要铁矿情况表

铁矿	平均含铁量%	预测储量(吨)	开采状况	矿石种类
鞍山	50—60	1300000	开发中	磁铁矿
*	35	456400000		赤铁矿
庙儿沟	60—68	3000000	开发中	赤铁矿
*	33	227000000		赤铁矿
弓张岭	60—68	3000000	勘测中	赤铁矿
*	40	377000000		赤铁矿
八磐岭	35 以上	87000	试开采	磁铁矿
歪头山	30 以上	150000000	未开发	磁铁矿
大粟子沟	50	1350000	停业中	赤铁矿
七道沟	55	1250000	停业中	赤铁矿
于西沟	40—58	100000	停业中	磁铁矿
矿铜子	50 以上	1000000	停业中	磁铁矿
合计		1221487000		

* 原文不清

① 白眉初:《满洲三省志》第一卷,第 228 页。

② 《满洲经济年报》(1933 年版),第 550—551 页。

尽管鞍山、本溪、辽阳等地集中了东北铁矿的半数以上,但各矿贫矿、富矿掺杂,富矿少,贫矿多。鞍山含铁30%—40%的贫矿约有3.07亿吨;含铁40%—60%的富矿只有130万吨。庙儿沟等地含铁60%—65%的铁矿约有300万吨,而含铁35%的矿石竟有2亿吨。[①] 由于东北各地铁矿普遍富矿少,贫矿多,出铁量当然要打上折扣。不过,许多铁矿尚未开采,一些矿床正在勘探,东北铁矿蕴藏潜力仍然很大。

1913年,日本人在辽宁发现了规模巨大的菱镁矿,"历来菱镁矿的用途,主要用做耐火材料。轻烧氧化镁和硬烧氧化镁熔块是盐基性高温炉炉床及炉壁不可缺的耐火材料。"[②]辽宁菱镁矿集中在中心台、白虎山、官马山、圣水寺、平二房等地,矿床面积约为60平方公里,矿"层厚竟达2000米之大,呈白色或淡灰青色的结晶"。储量为15亿吨以上,是"世界上首屈一指的大矿床"。[③] 经开采后,一部分产品用于内需;另一部分产品用于出口。

除此而外,东北的熔剂石灰石、熔炉耐火黏土、白云石、矾土等矿储量都相当充足,铅、锌、锰、铜等矿仍在勘探,硅石、萤石等也在开采,冶金资源十分突出。见表9。[④]

3. 建筑资源

天然的建筑资源有木材、石料、细沙、砾石及水泥、砖瓦等原料。东北的各项建筑资源都比较丰富,尤以木材最为重要。

---

① 《满洲资源论》,第123页。

② 《满洲开发四十年史》上卷,第628页。

③ 同上。

④ 《满蒙资源论》,第120页。

表 9　东北矿产储量与产量

矿藏	储量	产量(千吨)	备注
铁矿	1221(百万吨)	1000	平均铁含量 40%
硫化铁矿	499(千吨)	4	含 30%—40%
沙金	45(亿元)	30(千两)	
铅矿	51(千吨)	1.5	平均铅含量 56%
铜矿	37(千吨)	0.8	平均铜含量 12%—13%
锰矿	50(千吨)	0.3	平均锰含量 48%
菱镁矿	384(百万吨)	50	
滑石	相当量	40	
白云岩	稍多量	100	
石灰石	多量	600	平均含量 50%以上
石棉	少量	0.2	品位良好
硅石	稍多量	20	品位良好
长石	80(千吨)	1	品位良好
方解石		1	品位良好
耐火黏土	9070(千吨)	50	
油母页岩	5400(百万吨)	1300	平均含油率 6%
煤炭	4804(百万吨)	10000	
萤石	稍多量	0.1	

东北的森林主要分布在长白山和大、小兴安岭山脉。鸭绿江、浑江、松花江、图们江、拉林河流域,北满铁路沿线、三姓、大小兴安岭都形成了大片森林带。据满铁农务课统计,满蒙地区森林面积为 3600 万町步①,相当于东北总面积的 34%。其中辽宁森林面积约占当地面积的 9%,吉林约占 40%,黑龙江约占 41%。全部木材蓄积量为 150 亿石,②相当于日本内地总蓄积量的 1.7 倍,各森林面积与木材蓄积量情形如下,见表 10。③

① 每町步等于 0.99174 公顷。

② 木材每石等于 0.2782 立方米。

③ 《满蒙资源论》,第 88 页。

表 10　东北各地森林面积与木材蓄积量(1931 年)

地区	森林面积(千町)	针叶林(千石)	阔叶林(千石)	合计(千石)	蓄积量(千石)	面积当量每町(石)
鸭绿江右岸	903			433,352	362,333	401
松花江	1437	401584	501539	903123	874036	608
图们江	823	162374	271227	433601	420401	505
牡丹江	635	211933	209018	420951	420951	663
拉林河	634	103731	197419	301150	300490	474
北满铁路	2435	273883	650770	924652	898296	369
三姓	5291	904618	1713984	2618602	2615302	494
大兴安岭	14000			5600000	5600000	400
小兴安岭	10000			3500000	3500000	350
总计	36168			15135431	14991809	

东北地区有主要针叶林树种 5—8 种,阔叶林树种约 21 种。针叶林主要树种分别是:(1)红松(果松),为东北最重要的树种。红松直径可达 4 尺,高百余尺,木质优良,纹理美观,易于加工,主要用于建筑材料、船舶、家具制造和铁路枕木;(2)杉松(柏松、沙柏),直径 4 尺,高 130 尺,易于加工,用途与红松同;(3)鱼鳞松,直径 3 尺,高百尺,木质细美,用于建筑材料,电线杆,包装箱和家具制造;(4)落叶松(黄花松),直径 2—3 尺,高 90 尺,材质刚硬,耐久力强,常用于建筑、桥梁、船舶、枕木、坑木、电线杆等材料;(5)臭松,直径 2—3 尺,高 90 尺,木质轻、软,纹理顺,常用于建材、家具、包装箱等等。阔叶林主要品种有:(1)水曲柳,木质坚硬,为建筑良材;(2)柞树,常用于制造车轴、橹、船舶等。此外,还有桦树、胡桃楸、黄菠萝、白杨、榆树、椴树、青杨柳等。从经济价值来看,针叶林远比阔叶林重要。根据 1937 年的统计,东北针叶林约 15 亿立方米;阔叶林约为 22 亿立方米,合计约 37 亿立方米(约 133 亿石)。①

① 《满洲开发四十年史》上卷,第 533 页。

虽然东北每年都要从朝鲜、俄国、日本输入木材,但木材年出口量仍然很大。1925—1929 年间,东北平均每年输入木材 735434 石,输出木材 1230983 石,[①]净输出为 495549 石。森林为缓生性资源,生产与抚育应保持在一定比例,东北林地有限,过度的产、销会加速森林的枯竭。

4. 轻工业资源

轻工业资源包括棉纺织业所需的棉花,毛纺织业所需的羊毛,丝织业所需的生丝和麻织业所需的亚麻。……东北轻工业资源有限,质量也处于低水平。

由于气候条件所限,东北棉花产量很小,产地主要分布在奉天以南、奉山线和开原等地,种植面积约为 6 万町步,年产棉花 2000 万斤,[②]产量、质量都不能满足需要。每年所产 2000 万斤皮棉中,可用于纺织原料的只有 500 万斤,仅能纺 20 支左右的棉纱,所以,东北大部分纺织用棉需要从印度、美国等地进口。

东北羊毛多产于内蒙乾阳、达赖罕、巴林喀喇泌等地,“九一八事变”前,有绵羊 400 万只,山羊 200 万只,主要为肉用,羊毛是副产品。一般来说,东北羊毛品质不佳,张力、弹力都不大。粗毛多,毛质不均,还夹杂着土沙。“因品质粗劣,只能混用于下等绒中,或者作为原料,提供给织粗质毛布用”。[③] 1931 年,东北每年向关内输出绵羊毛 1 万担,山羊毛 405 担,向海外输出绵羊毛 1 万担,山羊毛 41 担,[④]多用于纺织地毯和粗呢等物。

① 《满蒙资源论》,第 105 页。
② 同上,第 200 页。
③ 《满洲开发四十年史》上卷,第 533 页。
④ 《满洲经济年报(1933 年版)》,第 509 页。

清朝前期，山东、河北移民进入关内，东北始有柞蚕生产。光绪年间，盖平、海城等地“制丝工业，络绎发生……逐渐推广至岫岩、安东、宽甸、西丰等处，产额丰富，足与该省大豆相抗衡”。因当地织丝技术落后，蚕丝多用于外销，输出额常占生产额“十分之八九”①，成为出口最多的轻工业原料。

5. **水运资源**

东北有广袤的平原、山脉和丘陵，相形之下，海岸线却只有西南狭小水域，优良港湾少，河流水量不多，水运事业受到限制。

汉代时，当地民众已经利用旅顺老铁山下的鸠湾为海港。经过历代变化，明朝至清朝时期，辽东沿海出现了钓鱼台(兴城)、厂子沟(绥中)、娘娘窝、金州、蓖子窝、普兰店、庄河、大孤山等港口。众多港口中，大连、旅顺、营口、安东、葫芦岛、大东沟等港口规模较大，可以进出大型海轮，称得上海港，其他港口，只能作为渔港。

大连、营口、安东并称南满三港，货运占东北各口60%—90%以上。大连港水深天暖，地形适宜，有得天独厚的地理条件，是东北唯一不冻港，规模属东北之最；营口开发较早，位于辽河河口，港口周围深度不够，大型海船行使困难；安东在朝鲜新义州对岸，河口水量过浅，大船多在河口抛锚，货物、旅客由小船转运，海、岸往来颇为不便。营口、安东冬季有冰，水运条件不如大连。

1861年，营口开港，辽河首先沟通内地至海口，主流、支流航线共达2250公里，其中只有部分航道可通小型轮船。每年11月末，辽河进入封冻，全部船只停驶，直到第二年三月，河流才恢复通航。

---

① 《满洲三省志》第一卷，第274页。

松花江由长白山发源,流经吉、黑两省大片地区,汇入黑龙江,支流有嫩江、洮儿河、呼兰河等,流域面积占东北各江流域面积的40%,为东北最大的内河。主要河道长2308公里,[①]其中约有1500公里可通轮船。平时,松花江运输量居各江之首,但当地冬季冰期漫长,旱季水量变小,对航运有较大的影响。

黑龙江、乌苏里江为中俄界河,两河分别由额尔古纳河、兴凯湖等地发源,在伯力一带汇合,进入俄境,流入鄂霍茨克海。黑龙江主、支流航程为8800公里,在河水最深之处,可行驶排水量1000吨左右的轮船[②];乌苏里江虽然航程只有450公里,但河水平均深度大大超过黑龙江,轮船航线超过400公里。由于黑龙江、乌苏里江为边境河流,河流走向不尽人意,平时运输反不如内地。

鸭绿江、图们江为中朝界河,两河分别发源于长白山,流向黄海与日本海。鸭绿江长790公里,上游水流湍急,船只无法航行,距海口150公里区域内,始有轮船行驶;图们江长520公里,上游险滩较多,距海口303公里,才有“舟楫之便”。[③] 因两河缺乏支流,上游难以通航,水运能力有限。

东北河流虽多,但南北分布不均,南部河流较少,北部河流较多,70%的航运集中在北部地区。[④] 冬季结冰期漫长,航道不能使用。南部河流水量太少,北部河流不通海口,特别是缺少像长江那样适宜于贸易发展的较大河流。不过,东北有平坦的土地,无险山

---

① 《杨光浴主编:《吉林》(中华人民共和国地名词典),商务印书馆1994年版,第328页。

② 《中东经济月刊》六周年纪念专号,第92页。

③ 《满洲国史》(分论)下卷,第384—385页。

④ 《满洲国史》(分论)下卷,第381页。

大川,有适宜铁路、公路发展的自然条件,自然可以弥补水运能力欠佳所带来的种种不便。

总之,“九一八事变”前,东北仍然处于经济开发和经济起步阶段。当时的东北与全国各地区相比,无疑拥有土地资源、农产资源和矿产资源的许多比较优势,这些优势为近代以来东北的开发和生产提供了相当大的方便条件。东北的大豆、煤炭、铁矿石和丰富的林产几乎成了东北地区经济的象征。然而,经过日本帝国主义的拼命掠夺和几十年来的风雨变幻,东北的豆产不再像以往那样风光,矿产资源走向枯竭,森林砍伐已近殆尽,以前的比较优势已经失去光彩,人们开始怀念老东北的自然风光和令人难忘的东北特产,也不能不感叹漠视自然和环境会带来怎样的后患!

尽管东北地区的比较优势已经发生了变化,但以往的某些比较优势在今天仍然存在。这是振兴东北的物质基础,也要求在东北新的建设和开发中仍要扬长避短。

第一,东北仍有农业资源的比较优势,在农业土地、农业气候、农业产品上形成了自己的风格,有关内农业无法比拟的许多特点。由于气候、纬度、土壤等因素,东北的许多农产品在品质、口感上并不逊色于关内,而且还远在其上。东北的大米、鱼类、肉类所含蛋白、脂肪比例较高,往往为关内产品所不及。特别是东北有大片的平坦农业经济区,适合于机械化和集团化作业,因而可以有更高的投入产出比。

第二,东北仍有部分矿产资源的比较优势,有改造和开发重工业的许多基础与条件。和全国相比,东北仍有大量的铁矿产量、煤矿产量、石油产量,有一定的重工业基础和工业发展布局,东北不能忽视已有的经济基础而完全改弦易辙,只能提升而不能摒弃。

中国不能没有重工业,而重工业也离不开东北。

第三,东北相对人少地多,在很多方面具有全国人均资源的比较优势,有利于发展集约化生产,进一步提高劳动生产率。以往东北农业经过了上百年的粗放式经营,工业产品也难以向高、精、尖靠拢,所以东北的经济发展必须利用现有的比较优势对工、农等产业实行脱胎换骨的改造,积极学习北欧国家的发展经验,争做中国新型农业和新型工业的典范。

第一章　俄国染指东北与对东北的经济扩张

19 世纪后半期，俄国在欧洲和近东地区的扩张遭到了一系列的失败，沙皇和他的近臣把注意力转向了包括中国东北、朝鲜在内的远东地区。当时，俄国的远东政策有两个具体计划：第一是把西伯利亚铁路支线穿过中国东北，并使这条支线继续向东北重要地区或朝鲜延伸；第二是在远东地区取得一个“不冻港”，便于俄国海军和必要的商业活动。如果这些计划实现，中国的东北或朝鲜势必处于俄国的军事、政治和经济力量的影响下，从而有助于实现俄国的“黄色俄罗斯”计划，使俄国成为在远东地区列强角逐中最大的赢家。在列强纷争的时代，俄国的扩张自然遭到了日本、英、美等国的猜忌和抵制，但是，俄国通过种种手段，对懦弱、轻信的清政府软硬兼施，对其他列强协调、对抗，还是基本上实现了自己的既定方针。虽然中东铁路和旅大租借地的取得对于当时的俄国来说，首先具有的是军事意义，其次才是经济意义，但对于中国东北地区的经济发展来说，却导致了三个必要条件的出现：即中东铁路、中东铁路支线和大连港为后来东北的经济发展和贸易繁荣提供了必要的运输条件；清政府担心东北被一国独占而被迫向各国实施“遍地开放”；俄国向东北投入的巨额资本等等。日俄战争后，俄国的势力虽然退居北满，然而中东铁路和大连港的修建已经为东北的经济布局奠定了大致走向。从经济变化角度上说，东北经济发展中许多基础性的建设是与俄国的经济举措相关的，但是却伴随着东北经济权益的不断丧失而令人惋惜。同时，俄国在东北经营的事业对于自己来说也是得不偿失的。

一、从西伯利亚铁路到中东铁路

19 世纪 80 年代，俄国横贯欧、亚两洲的西伯利亚铁路开始动工兴建，这一举动不仅开创了铁路建筑史上的“奇迹”，而且也大大改变了远东力量的对比，使远东与太平洋地区的国际竞争进入了新的历史时期。事实上，西伯利亚铁路是俄国国内外形势不断变化的产物。

19 世纪 60 年代，俄国吞并了黑龙江以北、乌苏里江以南广大地区，当俄国殖民者还没有从最初的得意中清醒过来时，他们很快就发现这块土地给他们带来更多的不是喜悦而是烦恼。“1860—1890 年这一期间，还有许多人认为，由于气候严酷、人烟稀少、运输困难、缺乏粮食基地以及防卫力量不足，这一大片土地没有多大经济价值。而在取得这片土地后，反倒引起了失望，甚至招来了严厉的批评”。[①] 由于气候寒冷、缺乏经验，新来的移民难以应付陌生的生存环境，种下的庄稼“只长叶茎，谷粒很少，有时根本长不饱满”。后来，农作物产量逐渐增加了，但发现“用当地谷物做的面包味道不好”，“使人产生头晕或‘酒醉’的感觉”，[②]经研究才发现，这

① 〔美〕安德鲁·马洛泽莫夫:《俄国的远东政策(1881—1904 年)》，商务印书馆翻译组译，商务印书馆 1977 年版，第 1—2 页。

② 同上，第 3 页。

是谷物上长有一种微生物。因当时移民人数太少,大部分移民不得不从事建筑,开辟路途,承担运输,只有少部分移民进行农业耕种。这样,黑龙江流域没有像俄国东西伯利亚总督穆拉维耶夫·阿穆尔斯基伯爵希望的那样成为俄国在远东的粮仓,反而需要从俄国内地运粮。

当时的运输条件很差,黑龙江在正常情况下,每年有173天为冰层覆盖,只有192天可以通航,封冻、解冻前后各有一段危险的航行时间。冰冻和融解期间,交通基本中断,只有电报还能维持与俄国内地的联系。很多移民不堪忍受当地的艰苦条件,身无分文的返回了内地。因粮食供给困难,鄂霍次克海沿岸的哨所和堪察加的军事哨所都被放弃了。1865年,整个黑龙江和乌苏里江地区只剩下了一支驻在尼古拉耶夫斯克港的海军分遣队,有7名军官和732名士兵。这些军队被分散在各个哨所内,以便他们能就近打猎、筹集粮食。因同样原因,俄国远东舰队不得不到日本港口加粮、加煤。甚至到1886年,俄国在远东的军港还没有停靠设备,需要利用日本、上海或更远的港口。在这样的条件下,俄国在远东只有简单的防御力量,毫无进攻能力可言。

直到19世纪末,俄国远东地区也没有解决粮食问题。它需要从外贝加尔地区供给粮食,需要通过尼古拉耶夫斯克港、海参崴港从欧洲、美洲进口粮食,需要从中国东北地区、朝鲜输入谷物、肉类及各种食品。1860—1880年,俄国占领黑龙江左岸和滨海地区的政府赤字共达5500余万卢布。[①] 如果俄国不解决俄国内地至远

① 〔美〕安德鲁·马洛泽莫夫:《俄国的远东政策(1881—1904年)》,第9页。

东的交通，远东地区的粮价会仍然居高不下，人口难以增长，军事力量受到限制，俄国对远东土地的控制会在无形中动摇，更谈不上进一步向周边地区扩张！

当时，沙皇政府对远东的漠视并不是没有原因：19世纪60—80年代，俄国把主要的精力用于处理与西方国家的关系，向中亚地区扩张，它接连吞并了中亚好几个弱小政权，进一步扩充了俄国的版图。1871年，俄军强行占领伊犁。随后，在与清政府伊犁问题的交涉中，又通过《伊犁界约》等占领了中国巴尔喀什湖以西大片土地。加上《勘分西北界约记》的领土规定，俄国的版图向中国西北整整扩充了约50万平方公里。俄国国内也交织着各种矛盾，农奴制度虽然废除了，但俄国经济发展水平仍然落后，工农业生产水平大大低于英、法、美、德等国家，甚至对华贸易也连年入超，缺乏获取支付能力的商品。俄国民粹派的活动已经让沙皇政府头疼，此伏彼起的工人运动更使沙皇的走卒应接不暇。由于俄国的注意力集中在西方，对远东的控制一时顾不上，派到那里的总督大都是“异常怠惰的”。1881年前，没有一个总督到过堪察加，25年中，只有一个总督去过库页岛。[①]

到了19世纪八九十年代，远东地区的局势悄悄地发生了变化，俄国随之把注意力由近东转向远东。自从伊犁交涉以来，俄国与中国的关系一直紧张。俄国注意到清政府对移民东北的禁令逐步放松，东北三省的居民在迅速增加。“1882—1890年，在北满的中国移民比在阿穆尔河和滨海边区的俄国移民多三十倍。”[②]俄国

① 〔美〕安德鲁·马洛泽莫夫：《俄国的远东政策（1881—1904年）》，第17页。
② 同上书，第26页。

总参谋部发现,自1881年以后,清军在东北的数量不断增多,1885年,东北清军全部进行了重新装备和改编,其中有5万人按新编制进行了训练,并得到了较好的装备。俄国人注意到,与此同时,中国还为使东北地区获得日本海出海口进行了努力。在这一时期,英国插手于远东地区和日本的崛起也令俄国日益不安。1876年,日本势力进入朝鲜,后来,英国又占领了朝鲜巨文岛。这样英国、日本都相继成为俄国在远东地区扩张的最大威胁。经过多年的军备扩充,日本海军建成了亚洲一流舰队,尤其是日本具备了亚洲独一无二的制造先进军舰的能力!

在上述情况下,俄国在远东地区的状况不能不使俄国政府感到担心。1861—1891年期间,俄国有57—60万人在俄国亚洲部分定居,其中在东西伯利亚定居者只有6—7万人;①尽管俄国有意抑止东方人进入俄国远东土地,但仍有不少中国人、朝鲜人进入这些地区。1882年,俄国阿穆尔地区有4.125万俄国人,有1.5万东方人,两者的比例是2.75∶1;1885年,在乌苏里地区东方人与俄国人的比例是1.43∶1。俄国每个移民平均耕种的土地为0.6俄亩,每个中国人平均耕种的土地却为1.1俄亩。② 不少地方的谷物生产和商业贸易不是控制在俄国人手里,而是控制在东方人手里,这样下去,俄国在远东地区的主权就会在无形中转移。当时对俄国来说,解决问题最有效的办法是增加向远东的移民,但这需要改善当地的生活环境,采取积极的相关措施,为此,必须提高交通运输条件。同时,改善交通还有利于军事扩张。1886年,俄

① 〔美〕安德鲁·马洛泽莫夫:《俄国的远东政策(1881—1904年)》,第280页。
② 同上,第13页。

国在远东的陆军除定居的哥萨克外只有1.5万人，其中有1.1万人驻在海参崴。一旦出现事件，最近的援军将来自4000英里之外。据阿穆尔军区的官员计算，行走这段路程需要18个月的时间！由于俄国远东舰队缺乏供给，实力已不如清朝的北洋水师，因此清政府并不害怕俄国的海军示威，不过，如果铁路能把俄国内地与远东连成一体，俄国的力量将今非昔比！

1884年，俄国重新把贝加尔湖以东地区分为伊尔库次克总督辖区和阿穆尔河沿岸总督辖区，伊格纳提耶夫中将和科尔夫男爵分别担任了两地的总督。科尔夫采取“俄国人的俄国”措施，野蛮地驱逐住在距中国边境50俄里外的中国人，同时向俄国境内阿穆尔河沿岸与南乌苏里地区人口较为稠密的中国人征收人头税，迫使中国人离开了他们的家园。1886年，科尔夫与伊格纳提耶夫认为有必要修建一条横贯西伯利亚的铁路，把俄国内地与远东连接起来，鉴于当时俄国财政存在危机，建议先修建托木斯克至伊尔库次克、贝加尔湖至斯列坚斯克两端的铁路，从而使俄国向远东调兵的时间缩短到“一个半月到两个月”。①

实际上，不仅仅是科尔夫或伊格纳提耶夫，在俄国当局内部，修建横贯西伯利亚的铁路本是“1886年间大量讨论的题目”。当然，这些要求得到了沙皇的支持。当年春季，亚历山大三世写到：

> 我阅读了西伯利亚各总督的许多报告，我必须以遗憾和抱愧的心情承认，对于这块富饶的地区，政府以前实际上没有

① 有的学者认为，1858年俄国合并阿穆尔地区后，关于西伯利亚铁路内部的分段计划就被提了出来。1875年，波谢特方案对伏尔加河至阿穆尔河铁路进行了设想。见鲍里斯·罗曼诺夫：《俄国在满洲(1892—1906)》，陶文钊等译，商务印书馆1980年版，第50—51页。

做任何事情来满足它的需要,它被忽视了。但现在是时候了,而且早就是该采取行动的时候了。[①]

无论是过去还是现在,沙皇亚历山大三世从来没有漠视过对远东地区的关心,他想做的只不过以前还来不及去做。同年,亚历山大三世发布了修建西伯利亚铁路的敕令,命令说:“要按最短的路程修建一条横贯西伯利亚的铁路。”在远东事务上,当时的俄国皇太子(不久后的尼古拉二世)后来比他的父亲走的还远,他被任命为西伯利亚铁路委员会主席并一直兼任这个职务。曾经主持俄国19世纪末前后主要国务的大臣维特写到:“皇帝(尼古拉二世)曾经想把俄国的势力扩大到远东,他之所以有这个念头,是因为他第一次出巡时就到过远东。不过,他当时当然没有形成任何肯定的计划;他只是自发地想涉足远东,攫取那里的地方。”[②]1887年6月18日,俄国在彼得堡召开了有交通大臣、财政大臣、陆、海军大臣、参谋长以及政府高级检察官等在内的高级官员会议。会议决定修建有关铁路,决议中说:

为了国家利益,特别是从战略上来考虑,年来愈益迫切需要在欧洲俄国和遥远的东方之间建立起更迅速的交通设施,尽管由于西伯利亚货运数量有限,将来建成之后也还要经过一段时间才能得到利润。

第二天,亚历山大三世就批准了这个决议,同时命令交通大臣对西伯利亚铁路进行线路勘探。

然而,由于这一时期近东发生的一些事件吸引了俄国的注意

---

① 〔美〕安德鲁·马洛泽莫夫:《俄国的远东政策(1881—1904年)》,第30页。

② 〔美〕维特:《俄国末代沙皇尼古拉二世》,张开译,新华出版社1983年版,第34页。

力,俄国财政大臣维什涅格拉斯基对西伯利亚铁路颇有异议,铁路的修建又被拖了下来。[①] 直到1890年7月,俄国获悉清政府派遣英国工程师到中国东北地区南部勘查铁路路线,准备把铁路修到珲春一带,终于感到时机紧迫,抓紧行动。亚历山大三世要求:“快些动工修建这条(乌苏里)铁路!”1891年2月,俄国举行大臣会议,认为仅仅修建零碎的乌苏里铁路已经不能满足俄国的远东战略,决定修建横贯西伯利亚的铁路,并讨论了修路的资金和计划。3月31日,皇太子尼古拉在海参崴亲自主持了西伯利亚铁路的开工典礼,还亲手倒空了一辆满载石渣的手推车。西伯利亚铁路自此从东、西方两端同时开始修建。

俄国政府不顾财政和技术等困难修建长达7000多俄里的铁路,开创了当时世界铁路建设史上的先例,也使英、日等国大吃一惊。当时,财政大臣维什涅格拉茨基的谨慎和抵制已经成为沙皇及其走卒满足贪欲的障碍。1892年8月,精明强干的交通大臣谢尔盖·维特取代了维什涅格拉茨基的位置。维特是沙皇意志坚定的执行者,多智多谋,他主持了西伯利亚铁路和中东铁路的修建,尽管后来有人在扩张道路上比他还激进。

在维特执政的生涯里,他不仅深得沙皇的信任,成为事实上的“首相”,而且把主要的一部分精力用于俄国在远东的扩张。维特不满足于俄国在远东获得优势与利益,他要利用俄国在远东力量的加强带动俄国的经济增长,用稳健的、周全的办法与英国、日本、中国等国家周旋,使俄国的势力稳固地遍及长城以北、朝鲜、日本

① 1886—1887年,俄国曾想在保加利亚制造一个亲俄政权;维什涅格拉茨基认为西伯利亚铁路造价太高,建造这一铁路太冒险!他只从经济和商业利益上考虑这条铁路,从这一角度说,维什涅格拉茨基有他的道理。

海和太平洋。

尽管在维特就任财政大臣之前没有什么证据表明在西伯利亚铁路问题上他比别人更积极，但维特就任财政大臣之后，难以否认他成了西伯利亚铁路和中东铁路建设的灵魂。1892 年 11 月，维特向沙皇上《关于西伯利亚大铁路的建筑方法以及讨论此事会议的宗旨》，全面地阐述了修建西伯利亚铁路对于俄国的主要意义。

维特承认，俄国修建西伯利亚铁路对俄国有财政和军事意义，但他反对把修建这条铁路狭隘地理解为仅仅具有财政和军事意义。他强调，修建这条铁路有重大的战略意义。通过修建西伯利亚铁路，可以建立“欧洲与大洋以及东亚不间断的有轨交通”，使俄国欧洲部分和西伯利亚都可以获得“经济、文化和政治利益方面的最大好处”，“不仅为俄国，而且为世界贸易”开创了“新的道路和新的前程”。“将它置于世界性事件之列，这类事件开创了各民族历史的新纪元，而且常常引起各国之间既定经济关系的根本变革”。[①]

撇开维特这些表面的、空洞的词藻，维特真正感兴趣和有意的是建立一条新的欧亚交通要道，这条新的交通要道不仅能够使俄国沿途各地逐步繁荣，而且能开辟新的欧、亚商业渠道，从而吸引各国的物产，加强在太平洋的防御力量，使俄国能够取得“对其他欧洲各国的重大优势”。

当时，加拿大铁路的成功曾使维特受到启示，维特强调：“加拿大铁路在最短的时间内在以前最荒芜的加拿大中部引起了农业的极大发展”，在铁路修建之前，当地为数不多的居民粮食勉强够吃，

① 〔苏〕鲍里斯·罗曼诺夫：《俄国在满洲(1892—1906)》，商务印书馆 1980 年版，第 55 页。

铁路建成后仅仅五年，“荒漠苏醒了”，“一批大城市发展起来了”，“变成了物产丰富的地方”。在同一地区，仅小麦的收成便“有 3000 万蒲式耳的剩余可供外运”。维特设想：西伯利亚铁路建成之后，沿线的繁荣当不在加拿大铁路之下，因为加拿大“铁路通过的区域的人口不到西伯利亚现有人口的一半。”铁路由俄国内地修到远东，远东将不再缺粮，移民会增加，军事力量会大大增强，西伯利亚的谷物会得到新的市场，俄国乌拉尔山至远东地区将呈现巨大的新变化。

为了打破英国对欧、亚海上交通的垄断，使欧、亚贸易方向对俄国有利，维特强调：西伯利亚铁路可以大大缩短从欧洲到亚洲的时间，从欧洲经苏伊士运河到上海需要 45 天；经加拿大铁路可缩短到 35 天，而经过西伯利亚铁路只需要 18—20 天。西伯利亚铁路在运输时间上将占有绝对优势。

维特不甘心于英国在亚洲的巨大商业优势和对亚、欧中介贸易的垄断，他希望俄国能够更多地分享中国的原料和商品市场，取代英国在亚、欧贸易上的中介地位。维特指出，在中国港口起运的货物中，英国已经占有三分之一。与此同时，英国在印度生产的茶叶正在迅速地覆盖欧洲市场，中国茶叶出口“不断迅速下降”。从长远的观点来看，“中国、日本和朝鲜三国的人口总和不少于四亿六千万，三国的现代国际贸易额不少于五亿金卢布，他们还远未尽可能的发展其同欧洲的贸易关系，甚至不如说在这一方面尚处于初级阶段。”正因为亚洲市场存在巨大潜力，“欧洲文明民族为了控制东亚市场而不惜任何代价，付出巨大的努力，这是不足为怪的。”维特认为，为了俄国的利益，要利用中国的茶叶。“西伯利亚铁路在这一方面能够对中国茶叶给予巨大支持，它能够把中国最危险的竞争者从中国茶叶向欧洲国家销售的中介人的地位排挤掉，”同时，俄国又

"能够大大增加棉布、毛织品以及金属对中国的销售"。这样,"欧洲与东亚之间交通方向的变革",将使俄国成为"东亚和西欧产品贸易的中介人"、"和东亚各国相距最近的大宗生产者兼消费者"。[①]

当然,至于西伯利亚铁路的军事和战略意义,对于任何俄国重要官员都是不言而喻的。维特强调:西伯利亚铁路"将保障俄国舰队得到一切必需品,并将在我们的东方港口中为它提供一个坚固的据点","随着铁路的通车,这支舰队可能大大增强,一旦在欧洲或东亚发生政治纠葛,它将控制太平洋水域的一切商业活动,从而具有极其重要的意义"。[②]

不过,维特显然过高地估计了西伯利亚铁路的商业意义。谁能设想英国等西欧国家会使用一条受竞争对手控制的商路,一个凋零、空旷的市场吸引不了什么大宗货物,何况海洋运输成本毕竟要比同距离铁路运费更为低廉。的确,随着西伯利亚铁路通车,俄国确实在某些方面能够取得"对其他欧洲各国的重大优势",但是,要开辟新的贸易商路,繁荣俄国的经济贸易,必须进一步进入中国、日本、朝鲜等市场,活跃东北亚地区的商业、经济。对此,维特不是没有考虑。

按照预定计划,西伯利亚铁路将分六段、三期进行建筑。[③] 在这一期间,俄国财政捉襟见肘,[④]可西伯利亚铁路仍以狂热地速度

---

① 〔苏〕鲍里斯·罗曼诺夫:《俄国在满洲(1892—1906)》,第56—57页。

② 同上,第58页。

③ 1891年,俄国交通大臣丘别涅特提出了这一计划,预计铁路需要12年时间和3.5亿卢布的款项。

④ 19世纪60年代以后,俄国一直陷入财政危机。据说,1887年,俄国财政大臣维什涅格拉茨基从法国借到5亿金法郎,修建西伯利亚铁路的经费也就准备就绪了。见〔美〕安德鲁·马洛泽莫夫:《俄国的远东政策(1881—1904年)》,第43页。

飞奔向前,它"平均建筑速度每年为587俄里,超过了一切先例,到1895年就已建成1254俄里"。[①] 1894年,维特在西伯利亚铁路委员会提出加快速度的方案,预定到1899年,西伯利亚铁路除阿穆尔河至贝加尔湖段外全线通车,到1901年,除贝加尔湖外西伯利亚铁路终于全线通车。

西伯利亚铁路既然加快了俄国向远东地区扩张的步伐,俄国对远东地区的扩张就不会仅仅局限于西伯利亚铁路。早在1887—1890年,俄国海军上将科佩托夫就提出了《论横贯全俄的东方大铁路干线的最有利方向》的报告,主张将贝加尔湖以东的西伯利亚铁路穿过中国领土。1893年,巴德马耶夫向维特提出俄国应把铁路修到中国境内,穿过蒙古,直到兰州,并策划、组织在当地的暴动。自然,在西伯利亚铁路计划实施初期,提出这些要求还为时过早。维特承认:在当时情况下,"甚至根本无法设想我们能使中国(同意俄国)在满洲北部修筑铁路"。[②] 然而,甲午战争却给予了俄国实现野心的契机。俄国有了加快向远东地区扩张的动力,又有了向远东地区进一步扩张的具体目标。

1894年11月,日军相继占领中国旅顺、大连及辽东半岛,俄国又一次体验到俄国在远东实力不足。这一年,日本利用新的外国军舰在日本停泊条例排除了俄国远东舰队在长崎过冬的可能,俄国太平洋舰队迫切需要一个不冻港。面对日军对中国东北的入侵,维特认为这实际上是对俄国利益的侵犯,他后来曾经解释道:"我觉得这个条约(《马关条约》)对俄国十分不利,"坚决主张:"决

① 〔苏〕罗曼诺夫:《俄国在满洲(1892—1906)》,第12页。
② 〔俄〕维特:《俄国末代沙皇尼古拉二世》,第33页。

不能让它(日本)取得满洲”,即使军事实力不足,也要开始行动。同时,维特认为俄国的行动也等于帮助了中国,中国将会感激俄国的帮忙。[①] 1895 年初,俄国新任外交大臣罗拔诺夫向新的沙皇尼古拉二世提出了俄国在远东准备采取的进取或消极两种政策,罗拔诺夫就进取的政策解释说,俄国要“一方面在太平洋上取得一个不冻港,另一方面吞并为了西伯利亚大铁路取得方便的线路所必要的部分满洲领土”。沙皇在引文旁边批到:“完全正确”。“俄国确实需要一个终年免于冰冻的港口,这个港口必须在大陆上,而且一定要有一条陆地把它和我们现在的领土切实地连结在一起”。[②] 不久,谢尔盖·维特就成为“不冻港”和俄国领土之间“一条陆地”的主要“连结”人。

自从海军上将科佩托夫提出西伯利亚铁路穿越中国以后,维特曾于 1892 年拒绝过他的建议,可是,维特很快就改变了态度,开始支持把铁路支线穿越中国的有关提议。在西伯利亚铁路东线勘测中发现,沿阿穆尔河修路会遇到许多技术上的困难:为了穿越山脉,需要修建不少隧道;跨越大大小小的河流,要建立一些大桥;在哈巴罗夫斯克至结雅河之间 50% 的线路将穿越沼泽。这样,付出较大代价修成的铁路将经过没有什么货物来源和需求的地区,对铁路的投资难以进行补偿。同时,西伯利亚铁路东线与阿穆尔河平行,铁路、河运将互受影响。如果把铁路穿越中国东北,西伯利亚铁路里程将缩短 700 俄里,经费将节省 3500 万卢布。从技术、效益来看,西伯利亚铁路穿越中国东北

① 〔美〕马洛泽莫夫:《俄国的远东政策(1881—1904 年)》,第 72—73 页。
② 同上,第 70 页。

不失为一条捷径线路。

但是，促使维特支持铁路穿越东北计划的不仅仅是铁路修建中的技术、经费困难，而是他建立新的欧、亚商路，确立俄国在远东优势思想的延续。西伯利亚大铁路已经使俄国在远东具备了扩张的力量，俄国为什么不能以此为基础，把铁路支线延续到任何俄国想去的地方？为了说明西伯利亚铁路穿越中国的意义，维特写道：

> 这条铁路在政治方面和战略方面的重要作用在于它将为俄国提供这样的机会，即：随时可以以最短的路程将俄国军队运送到符拉迪沃斯托克；集中到满洲，集中到黄海沿岸；集中到离中国首都非常近的地方。即使是相当大的俄国部队出现在上述各地的可能性，也会大大加强俄国不仅在中国而且在整个远东的威信和影响，也会对俄国同中国各附属民族之间的更亲密关系作出贡献。[①]

维特清醒地看到，西伯利亚铁路的建设已经对远东的国际局势产生了后果，俄国不抢先行动，就要落在别人之后。他认为："日本进行的（甲午）战争是我们动工建筑西伯利亚铁路的后果。看来，所有欧洲大国、以及日本都意识到，对中国的瓜分在不久的将来定会发生，而一旦发生这种瓜分，西伯利亚铁路将大大增加我们的机缘。……我们不能容许日本占领南满，若是我们的要求不予实现，我们就不得不采取相应的措施"。[②] 如果穿越东北的铁路能够完成，它就能使符拉迪沃斯托克"成为满洲大部分地区的主要港口"。"会提供非常有利于俄国商业的条件"，俄国就"能在满洲及

---

① 〔美〕马洛泽莫夫：《俄国的远东政策（1881—1904年）》，第84页。

② 〔苏〕罗曼诺夫：《俄国在满洲（1892—1906）》，第68—69页。

毗连满洲的中国省份牢牢地站稳脚跟”。[①] 不仅如此,“客观情势本身就将使这条铁路的支线迅即向中国内地敷设,”否则,“敷设这些支线的工作会长时间地,而且压根遥遥无期地延宕下去”。为了确保俄国在当地的垄断地位,维特强调:“自此以后,没有俄国同意,任何铁路或支线都不能在中国北部修建”。[②] 由此可见,维特不仅要利用铁路把对中国北部的扩张持续下去,而且要形成排他性的势力独占,力阻任何他国对俄国势力的侵犯。

当时,维特的铁路扩张计划在国内遭到了非议,卡普尼斯特伯爵指责维特的计划过于冒险,特别是他片面地强调了有关经济利益,而经济利益“在当前仅仅是一个未来的问题”。的确,俄国经济实力较弱,没有经济力量撑腰,俄国西伯利亚支线铁路可能将“为他人做嫁衣”。但是,也许维特头脑发热,也许维特另有办法,卡普尼斯特的反驳没有受到重视。与此同时,阿穆尔沿岸总督杜霍夫斯科伊也忧心忡忡地询问沙皇:“将两千俄里长的西伯利亚大铁路的一段修建在长时期内将属于外国的地区内,难道不会是一个很大的历史错误吗?”沙皇尼古拉二世寓意深长地批示到:“不是!”[③] 这一批示意在言外:俄国不会让自己控制的铁路长期位于“属于外国的地区”。

说服清政府接受俄国西伯利亚铁路支线穿过中国东北的计划是19世纪末俄国远东扩张计划的第一步,也是最关键的一步。它关系到俄国的远东扩张能否顺利,像俄国以往那样在远东兵不血

① 近代史所:《沙俄侵华史》第四卷上,人民出版社1990年版,第55页。

② 〔美〕马洛泽莫夫:《俄国的远东政策(1881—1904年)》,第84页。

③ 同上,第83页。沙皇的态度正说明,他与维特的观点是一致的,随着俄国力量的扩张,中国东北对于俄国已不同于一般意义上的“外国的地区”。

刃地"得到好处"。翻开 19 世纪中叶以来的俄国东扩史，就不能不惊叹俄国人的狡诈和令人叹服的外交伎俩：它通过"没有人能和它匹敌的领域—外交领域"，"挺身出来充当衰弱的中国的秉公无私的保护人，"竟然从中国远东地区"夺取了一块大小等于法德两国面积的领土和一条同多瑙河一样长的河流"，[①]连同它以后在中国西部地区夺取的领土累计竟达到了 150 万平方公里！沙俄的外交不一定总是高明，但是对清政府的外交却显得十分圆滑——乘人之危，居中调停，趁火打劫，索取报酬！以往的俄国政府对清政府这样做了，结果得到了很大好处。以后它还要继续这样做，把自己巧装伪善、软硬兼施的手段淋漓尽致的施展出来，为达到既定的目的什么都在所不惜！

由于沙皇尼古拉二世已经把西伯利亚铁路及支线事务都交给财政大臣维特了，他对这些事"最为操心，也最了解情况"，所以和清政府方面的有关交涉也主要由维特来主持。维特后来不无自夸地说："当时处理远东问题的只有我一人，""在当时很少有人了解中国是什么样的，很少有人对中国、朝鲜和日本的地理状况有明确的概念。我们的人，甚至高级官员对所有这些国家之间的关系，对中国是一无所知的。"就连新任的外交大臣罗拔诺夫对远东事务也毫不了解，他的中国东北地理知识甚至"可能只相当于中学二年级学生的水平"，"更何况，不仅罗拔诺夫—罗斯托夫斯基一人如此，大多数官员都是如此"。"所以在大臣中只有我才能处理这个问题。"[②]不难想象，在维特这种自负和表功的独白中，他在筹划这些

① 中共中央马恩列斯著作编译局编：《马克思恩格斯选集》第二卷，人民出版社 1972 年版，第 36—37 页。

② 〔俄〕维特：《俄国末代沙皇尼古拉二世》(维特伯爵的回忆)，第 33—34 页。

事件中担当了什么角色!

不过,维特在沙皇的众多大臣们中,确实显得比较有头脑。虽然他不是外交大臣,但他对俄国利益全局的考虑和对远东事务的策划不逊于俄国任何一位外交官。和后来沙皇受其所诱的外交大臣穆拉维叶夫、别佐勃拉佐夫集团的狂妄急进政策相比,维特的办法和手段就显得温和狡诈多了。他要稳健地一步步达到目的,尽量避免不必要的矛盾和冲突,以最小的代价在微笑中逐步实现俄国的远东计划。维特很注意在处理事务前先分析对手,投其所好,迷惑引诱,软硬兼施,迫其就范。与此同时,维特的外交又是以臭名昭著的贿赂而著称的,对甲午战败的清朝大员也在所不惜地倾注赌注,这确实反映了沙俄外交的狡猾伎俩和阴谋手段。

《马关条约》签订后,由于策划"三国干涉还辽"成功和借给清政府"俄法洋款",俄国和清政府的关系因此变得十分微妙,俄国政府有理由让清政府对它表示"感恩"了。早在 1895 年 5 月,俄国交通大臣希尔科夫经沙皇批准就偷偷向中国东北地区派出了铁路勘测队,调查西伯利亚铁路穿过东北的合适走向。但当时财政大臣维特和外交大臣罗拔诺夫对此都不知道。[1] 直到 10 月清朝对此表示惊讶,维特才发现俄国同胞已经将自己的意图泄了密。在这种情况下,维特不得不于同年 11 月首先开始向清朝驻俄国公使许景澄进行"借地修路"的试探。他对许景澄表示希望由俄国组织公司来为中国东北地区修路,因为中国自造铁路既无钱又无技术,不如由俄国与中国订立这样的合同。许景澄看出俄国"明系托名商

① 〔美〕马洛泽莫夫:《俄国的远东政策(1881—1904 年)》,第 81 页。

办,实则俄廷自为”,向总理衙门进行了报告。[①] 清政府不敢接受俄国的要求,担心此例一开,各国效尤,令许景澄告诉俄国:“中国现拟自造铁路与俄路相接”。[②] 维特明白,在东北中国人自造的铁路与俄国人造的铁路根本就不是一回事!修铁路本身也许说明不了什么问题,重要的是俄国人能够控制、使用这条铁路并达到相应的目的,否则那些铁路对俄国的远东计划将没有任何意义,甚至适得其反。尽管出师不利,但俄国对此没有死心。1896 年 4 月,俄国驻华公使喀西尼奉命“务使中国政府‘将满洲铁路干线及其附加线的租让权无条件地给与俄国公司’,不让任何外国染指”,直接向总理衙门提出了交涉。总理衙门在十余天的交涉中敷衍了事,最后只同意“在尽可能短的时期内借助俄国工程师的帮助并使用俄国器材建造满洲铁路”,[③]即铁路将由中国自造。喀西尼威胁总理衙门说:中国若拒绝我们筑路,就将直接招致对它说来最严重的后果!并声称:“中国既不顾邦交,我与日本联络,另筹办法”,[④]不惜扬言要与清朝的死敌日本合作。喀西尼的鲁莽行事,使中俄的有关谈判不能不陷入僵局。

其实,维特对在华的有关交涉并没有抱多大希望。尽管清政府对俄国存有“感恩”心理,但仅靠“感恩”是靠不住的,实际利益还要自己进一步争取。维特准备进行一次更大的赌注,这次赌注不仅要压在清朝“有影响的”大人物身上,而且有关地点必须脱离北京其他官员和各国势力的不利干扰,更重要的是要抓住清朝在甲

---

① 转引近代史所:《沙俄侵华史》第四卷上,第 57 页。
② 转引近代史所:《帝国主义侵华史》第二卷,人民出版社 1986 年版,第 29 页。
③ 〔苏〕罗曼诺夫:《俄国在满洲(1892—1906)》,第 96—97 页。
④ 同上,第 97 页;《翁同龢日记》第 5 册,中华书局 1997 年版,第 2895 页。

午战败后急于向外国寻求同盟的迫切心理。维特看清楚了,这才是清朝统治者的软肋,也是俄国以“和平方式”实现在中国东北接路计划的钥匙。

1896 年 5 月 26 日,俄国沙皇尼古拉二世将在莫斯科举行加冕典礼,维特选准了这一机会,开始进一步实施俄国的修路计划。像当年日本要清朝议和大臣须有“爵位”或名望那样,俄国拒绝了清政府派湖北布政使王之春前往俄国祝贺俄皇加冕的安排,要求清政府改派大学士或王公前往。1896 年 2 月,清政府派李鸿章为“钦差头等出使大臣”赴俄国庆贺俄皇加冕,并前往英、法、德、美等国联络邦交。对清政府派来李鸿章,维特是满意的,但不放心李鸿章受其他国家所诱。“因为据我所知,其他国家,即英国、德国和奥地利,也都千方百计地在拉拢李鸿章,他们想要李鸿章途经欧洲来到彼得堡。我则相反,希望李鸿章在到达我们这里以前不要到任何地方去,因为我看得很清楚,他如果先到欧洲,就会受到欧洲各国人物各种阴谋诡计的影响。”①尽管当时维特和俄国比其他各国对清朝有两张更有利的牌,即“由于我们皇帝的帮忙,才保住了中国领土的完整性”,及“我们在贷款问题上对中国的帮助”,可以让清朝对俄国有感恩的心理愧疚,但为使计划实施成功,俄国还是做了极为周全的外交安排。

鉴于有情报在北京的“外国人争先恐后地力图用贿赂来诱惑中国大臣”,②无论消息的真假,维特准备不能落人之后。经沙皇批准,由乌赫托姆斯基公爵乘船前往苏伊士运河口,保证李鸿章所

① 维特:《俄国末代沙皇尼古拉二世》(维特伯爵的回忆),第 38 页。
② 〔苏〕罗曼诺夫:《俄国在满洲(1892—1906)》,第 99 页。

乘的法国轮船一到，就将其迎到俄国船上。同时，在离开敖德萨前，维特向乌赫托姆斯基“概要的叙述了向中国特使进行会晤的计划，并赋予全权，让他在谈判过程中向使团随员中最有影响的人物，或者通过他们向他们在北京的朋友和盟友慷慨许诺”。[①] 俄国外交部也出面转告清朝公使，“奉国主谕，李相及从僚在俄境内一切概由俄国供给，以表格外交谊”。[②] 在随后的时间里，李鸿章受到了俄国的格外欢迎和器重。因为当时李鸿章经苏伊士运河河口登上俄国船是临行前同俄国公使已经安排好了的，计划不会改变。乌赫托姆斯基此行不过是正式谈判前对李鸿章的笼络。他与李鸿章早就认识，“同他关系不错”，在迎接李鸿章的俄国船只开往敖德萨期间，乌赫托姆斯基和李鸿章进行了足以让后人百般猜疑的“必要的秘密亲近”。李鸿章也没有想到，他本人甲午战败失势后，俄国人竟对他施以最高国宾的礼节。在敖德萨，黑海舰队排列欢迎，鸣放了礼炮。李鸿章登岸后，漫步花茵般的地毯，接受了面包和盐、当地少女和儿童的鲜花，下榻在中国式的居室，出行有俄国专派的伙食轮车。70多岁的李鸿章从未在国外受过如此款待，“俄水路提督及地方文武接待甚恭”。[③] 因俄国的“一切预备必使贵爵相一路舒服，不至稍受辛苦”。[④] 不免得意洋洋，“傅相顾而乐之，几忘身在异乡矣”。[⑤] 随后，李鸿章又被用专列从敖德萨送往彼得堡。

---

① 〔苏〕罗曼诺夫：《俄国在满洲(1892—1906)》，第101页。

② 《近代史资料》总73号，第4页。

③ 同上，第8页。

④ 同上，第5—6页。

⑤ 蔡尔康等编译：《李鸿章历聘欧美记》，湖南人民出版社1982年版，第45页。

在没有见到李鸿章前,维特就这样对李鸿章施展了种种伎俩。他认为:“李鸿章是一位卓越的人物,他的确是一位杰出的国务活动家,当然,他是中国人,没有受过一点欧洲教育,但受过高深的中国教育,而主要的是他有一副出色的健全的头脑,善于清晰地思考”。对李鸿章显然不能小觑,重要的是要投其所好,弄乱他的逻辑和思维,清朝统治者往往顾及面子更甚于利益,李鸿章的虚荣心得到了满足,其他的就都好商量了。梁启超曾描述李鸿章说:“李鸿章接人常带傲慢轻侮之色,俯视一切,揶揄弄之。”维特看到,当他与李鸿章初次见面时,李鸿章还摆上架子,让一个仆人为他拿着水烟袋,另一个仆人则毕恭毕敬地为他的水烟袋点烟。这不仅让维特感到好笑,也进一步查觉了李鸿章的为人。这反而证明了维特对李鸿章的一切没有白做!

在俄国沙皇加冕典礼前20多天,李鸿章与维特已经在彼得堡开始了实质性的谈判。据李鸿章5月3日发往总理衙门的密电,李鸿章与维特、罗拔诺夫见了面,最初的接路提议俄方只有维特参加。维特在他的回忆录里说:“我同李鸿章开始谈判的内容是:我们给中国带来了巨大好处,中国依靠我们才得以保持领土完整,我们宣布了保持中国完整性的原则,我们将坚持下去。但是,为了我们能够坚持我们所宣布的原则,首先必须使我们在一旦有事的时候真正能给中国以援助。但如果没有铁路,我们就无法援助。因为我们全部军事力量现在都配置在俄国欧洲部分,并且将一直驻扎在那里,可见,一方面,在必要时我们应该能够从俄国欧洲部分运送军队;另一方面,我们还应该从符拉迪沃斯托克运送军队。……可见,要使我们能支持中国的完整性,首先需要铁路,需要一条通往符拉迪沃斯托克的捷径,为此,它要通过蒙古和满洲北部;此外,这铁路在经济方面也是必需的，因为它能够提高沿路我们俄国地区的生产力，也能提高沿线中国地区的生产力。”[1]因为在谈判外需要做的已经做了，维特没有必要绕圈子，一开始谈判就直言不讳地表明了俄国的意图：俄国已经有恩于中国，现在俄国需要把铁路穿过中国领土，这对于俄国和中国都有好处。如果中国方面一旦拒绝，俄国就“无法援助”中国了！在这里，维特索性把清朝考虑的“结盟”与“接路”两件事变成了一件事，而且相互间联系着！对于清政府来说，要想与俄国结盟，必须赞同接路；不同意接路，就不能实现与俄国结盟，也达不到防御日本的目的！

在表面上，清朝寻求与俄国结盟的愿望要比后者强烈得多，但实际上俄国西伯利亚铁路支线穿越中国的计划才更为迫切。随着形势的发展，俄国已经感到了最近许多对其不利的变化。发现在“三国干涉还辽”和举借“俄法洋款”后，清朝对俄国感恩的心理在逐渐消退，而对俄国防范的心理反而在加强。清朝重要官员刘坤一、张之洞、许景澄等人曾提出“联俄制日”，但不久即对俄国在东三省勘路感到忧心忡忡，唯恐其中包有祸患。其中恭亲王奕䜣、湖广总督张之洞均反对俄国在东北“借地筑路”，要求将东三省铁路采取“自办”。俄国驻华“公使甚至发现：‘中国大臣对于履行我们的一些不大重要的要求，也远不如几个月以前情愿了’”。[2]后来，刘坤一、张之洞等人竟与日本、英国人打得火热。不仅日本人在华中内地对清朝地方实力派百般拉拢，设法缓和清朝大员对日本的心理反感，美国人、英国人也在中国频繁活动。一个拥有2.5亿美

① 维特：《俄国末代沙皇尼古拉二世》(维特伯爵的回忆)，第41页。

② 〔苏〕罗曼诺夫：《俄国在满洲(1892—1906)》，第89页。

元资金、由美国最大的铁路公司、轮船公司和银行的代表组成的实力雄厚的辛迪加成立了华美启兴公司，其注册资金为100万美元，准备“承担中国现正急待兴建的所有铁路建筑工程”，这一公司不仅把主要注意力放在京汉、粤汉等铁路上，而且同时认为必须借助于满洲铁路把中国本部的铁路网与西伯利亚铁路衔接起来。[①] 作为这一辛迪加使者的美国人布什，分别同俄国驻华公使、有关官员及李鸿章的幕僚进行了接触，欲将东北铁路由辽东湾接至东北各地、进而与西伯利亚铁路和朝鲜铁路衔接，并取得对东北铁路网建设30年的垄断权。在这样的背景下，清朝的决策者们就越有理由放宽心态，设法同俄国人讨价还价，可是，围绕在慈禧太后身边的朝廷大员们，不仅置个人私利远在国事之上，而且办事显得格外缺乏头脑理智、外交手段十分拙劣，不知道怎样利用一切机会与俄国人讨价还价。

当时，李鸿章出使俄国祝贺俄皇加冕典礼并赴英、德等国联络邦交，并不是清朝这次外交活动的主要使命。能否“联络西洋、牵制东洋”才“是此行要策”。因事关重大，“密结强援”问题在清廷只有慈禧、恭亲王奕䜣、庆亲王奕劻、军机大臣荣禄、李鸿藻、翁同龢、总理衙门大臣张荫桓、吴廷芬等少数人知道并参与其中。与李鸿章往来的电文均为翁同龢等亲译，以防泄密。临行前，李鸿章曾面见慈禧太后，翁同龢还上门与他谈了“密接外援”的问题，交谈内容“尚结实”[②]。对于“结盟”谈判中可能要付出一定代价和俄国有接路意图，清朝大员是有心理准备的，但不想让俄国人染指东北铁

① 〔苏〕罗曼诺夫：《俄国在满洲(1892—1906)》，第95页。

② 陈义杰整理：《翁同龢日记》第5册，第2876页。

路，唯恐引起各国仿效，致使日后不测。可在谈判上怎样应对俄国，尽量不使俄国人为所欲为，清朝的决策者们却显得“毫无主意”，[①]一筹莫展。

在最初的谈判中，李鸿章向维特表明中国欲自办铁路。维特不无讥讽地说：“今中国虽认自办，但素习颟顸，恐十年无成。”在中国“自办又无期”下，“从此俄国不能再助中国矣”。[②] 李鸿章本来就没有应对的适宜准备，再加上缺乏自办的底气，又被维特说中了要害，第一次谈判就败下阵来。其实李鸿章及清朝决策者们寻求与俄国结盟完全是多余的，没事找事。既然已经看出俄国在东北修路与己不利，为什么还要急着与俄国进行结盟谈判？

然而，谈判已经开始，李鸿章总要履行自己的使命。经过第一次谈判，他已经不再强调东北接路须由自办，而更关心起沙皇本人对“结盟”的态度，如果俄国最高统治者有心援助中国，而不仅仅是一些大臣，那么接路的事也就可忍可让了。维特也看出了李鸿章的犹豫，请示了尼古拉二世，又安排了沙皇与李鸿章的特殊会面。5月4日，李鸿章向沙皇面呈国书、宝星。尼古拉二世对其“慰劳周至”，还有意“询及马关伤痕是否作痛”，因为沙皇做太子时同李鸿章一样在访日时遭过日本人的黑枪！5月7日，尼古拉二世借回宫验收礼物秘密接见了李鸿章。李鸿章在给清廷的回电中复述了当时尼古拉二世的话：“谓我国地广人稀，断不侵占人尺寸地，中俄交情近加亲密，东省接路实为将来调兵捷速，中国有事亦便帮助，非仅利俄。华自办恐力不足，或令在沪俄华银行承办，妥立章

① 陈义杰整理：《翁同龢日记》第5册，第2898页。

② 《近代史资料》总73号，第9页。

程,由华节制,定无流弊。……将来倭、英难保不生事,俄可出力援助"等等。[①] 双方会面谈了有六刻钟,李鸿章觉得沙皇的话比维特的意思更为"和厚",天平的杠杆终于倾斜,他决心接受以"接路"为代价的"结盟"。5月9日,李鸿章向总理衙门表示:"鸿案我自办接路实恐无力,又难中止,两事相因,应否先修订援助,后议公司"[②]。实际上,李鸿章已经认可俄国的要求,既然已是两事相因,一件事都不能少,他对朝廷所用的委婉口气已暗示在谈判中要让步。

当维特再次见到沙皇时,尼古拉二世忍耐不住内心的喜悦,伸出手来,脸上发出光彩,对维特几乎像耳语似地说:"李鸿章上我这里来过了,我同他谈了话"。[③] 5月13日,李鸿章已经向清廷电发俄国拟定的密约条文了。在双方商定密约时,李鸿章只在条约第四款末加了两句话,即"惟此项让造铁路之事,不得借端侵占中国土地,亦不得有碍大清国大皇帝应有权利。其事可由中俄公司经理,其条款可由两国妥善商定。"李鸿章还向总理衙门致电说:"约文无甚悖谬,若回绝必至失欢,有碍大局"。[④] 此时,李鸿章已经不再是俄国远东计划的障碍,但在北京的清政府还在设法与俄国讨价还价。清朝军机大臣、总理衙门大臣当事者们绞尽脑汁地想了几条意见:在条款中除加上如有兵事,俄国与中国彼此援助;松花江、混同江彼此行船;中国500万两白银附入俄华银行三条外,要求接路仍然自办!而且中国西南有事,俄国如何援助,也应在条约

① 《近代史资料》总73号,第10页。
② 同上,第10页。
③ 维特:《俄国末代沙皇尼古拉二世》(维特伯爵的回忆),第42页。
④ 《近代史资料》总73号,第12页。

内说明。面对清廷的固执啰嗦,俄国清楚地表示:“但铁路无成,另约即无庸议”。随后,不断说服清廷的不是俄国人,而是李鸿章。5月24日,李鸿章致电总理衙门:“总之,俄既推诚,华亦当推诚相与,勿过疑虑云。……时促事烦,求及早请旨电复尊办。”5月28日,俄国沙皇加冕典礼完成,沙皇将回彼得堡皇宫,李鸿章又电催清廷“亟盼文电核准施行,迟则无及”。[1] 就在前一天的5月27日,翁同龢已邀总理衙门大臣张荫桓、吴廷芬商讨俄事,恭亲王奕䜣、庆亲王奕劻、军机大臣李鸿藻、荣禄相继来到,翁同龢“将所有密电录稿公阅”,大家面面相觑,又一次“毫无主意”了,“遂议照办”[2]。第二天,翁同龢请旨定约。5月30日,李鸿章收到了总理衙门寄来的电旨:“着派李鸿章为全权大臣,与俄国外务大臣画押。”[3]

在维特的回忆录里,他有许多事没有说真话。为了突出其个人,不惜贬低他人的作用,对李鸿章想了很多办法进行收买,事后却不肯认账,明白靠贿赂算计人并不那么风光。维特说:“皇上命我同李鸿章谈判,所以罗拔诺夫—罗斯托夫斯基公爵根本没有同他进行任何谈判,而且他也无法同李鸿章去谈,因为当时罗拔诺夫—罗斯托夫斯基公爵毫不了解我们对远东的政策和我们在远东的问题,况且他对此也不感兴趣”。事实上据李鸿章与总理衙门往来的密电,除最初几次谈判外,罗拔诺夫始终参与俄中谈判并成为俄方谈判主要成员。维特还说,就在两国代表已经准备在条约上签字了,他突然发现在条约文本上没有按他的意图进行修改,即俄

① 《近代史资料》总73号,第13、15、16页。
② 陈义杰整理:《翁同龢日记》第5册,第2902页。
③ 《近代史资料》总73号,第16页。

国在条约上承担的应该是针对日本的义务而不是除针对日本外还承担针对日本同盟国的义务。他当时对罗拔诺夫说了此事。罗拔诺夫先安排中国代表去吃饭,在此期间俄国人趁机将文件进行了修改,使条约在签订前被调了包,使俄国避免了条款中重大的隐患。但实际上维特"回忆"的所谓"掉包"情况根本就不可能存在!

因为早在5月19日中俄代表谈判时,罗拔诺夫已经正式向中方提出在条约的第一款中要删去"或与日本同盟之国"字样,免遭将来敌对英国等风险。6月1日,李鸿章已经就罗拔诺夫的要求向清政府做了汇报。当时,在李鸿章向总理衙门发去的中俄密约拟议全文中,只有中、俄两国针对"日本国"字样而已经没有了"或与日本同盟国"的内容。已经不存在维特所说的后来条款忘改的可能了。6月2日,李鸿章又致电总理衙门,表示"顷与外部校对约文已毕",即已经赴俄国外交部和俄国人共同校对了即将签约的条约全文。6月4日,李鸿章又在电文中说:"顷率同李经方、李经述、罗丰录、林怡游赴俄外部,与罗拔、微德互看彼此全权谕旨,复校中、法约文无讹,因各画押盖印"。这样,《中俄密约》签订前和签订时双方先后经过多次正式校对,在这种情况下,维特在自己回忆录中所说的签约前才发现关键内容忘记了更改和签约中把文件调包之事又怎么可能存在?

同样,维特也不承认在签约期间曾向李鸿章进行贿赂,他在回忆录中说:"当时欧洲有人说,李鸿章似乎从俄国政府那里收到了贿赂。其实没有这回事。李鸿章当时在彼得堡没有得到任何贿赂。"[1]的确,李鸿章在彼得堡当时是没有拿到贿赂,可是一些俄国

① 维特:《俄国末代沙皇尼古拉二世》(维特伯爵的回忆),第60页。

资料表明维特不是单为了鉴订《中俄密约》才贿赂李鸿章，是为了确保俄国西伯利亚铁路穿过中国东北计划的一步步最终落实去贿赂李鸿章。在《中俄密约》签订后的第二天，维特曾让李鸿章看了一份议定书，议定书是维特经沙皇同意由罗特什捷英草拟的，经乌赫托姆斯基和罗特什捷英签字，维特在议定书上批了“同意”的字样。根据议定书的内容，俄国要分三次各“自由支配”100 万卢布。这三次各“自由支配”100 万卢布的时间分别是：第一次，在得到清朝皇帝准许把铁路租让权交给华俄道银行的谕旨发布、李鸿章载明该项租让合同的主要条款文件颁布后；第二次，租让合同签字生效、铁路线完全确定并得到中国主管当局认可后；第三次，中东铁路工程全部竣工之后。后来，1896 年 8 月，清朝皇帝颁发了铁路租让权的上谕。然后，铁路建筑合同也签订了。不久，李鸿章在国内收到了俄国给他的第一个 100 万卢布，但以后没有收到另外的两个 100 万卢布。①

尽管有资料表明李鸿章曾拿了俄国人的贿赂，但维特所希望的是通过这些钱拴住李鸿章，有助于西伯利亚铁路在中国东北接路计划的逐步实施，更有利于俄国的对华政策。他对李鸿章的贿赂发生在双方签订《中俄密约》之后，而贿赂本身对签订《中俄密约》本身影响其实并不大。与其说维特为使李鸿章签订《中俄密约》进行贿赂，倒不如说为使西伯利亚铁路穿过中国东北计划顺利实施而对李鸿章进行贿赂。对于李鸿章来说，他这次出使俄国成功与否？关键在于是否能够与俄国达成结盟。如果结盟不

① 见〔苏〕罗曼诺夫：《俄国在满洲（1892—1906）》，第 108—109 页。近代史所：《沙俄侵华史》第四卷上，第 73 页。

成,就是出使失败,这对于甲午战败后亟待改变自身处境的李鸿章是至关紧要的。向俄国寻求“强援”是李鸿章的夙愿。《中俄密约》的签订,不仅使李鸿章一贯的外交方针得到重大进展,清政府也未必不松了口气,觉得自己背后有了一个强大的靠山。在这样的心态下,许多该计较的就不那么计较了。受到俄国那么多的招待,李鸿章也知道世界上没有免费的午餐。特别是在虚荣心得到极大满足之后,宁肯用利益再多换些虚荣!相形之下,维特比较务实,李鸿章反倒务虚,《中俄密约》对中俄两国就有了完全不同的影响和后果。

1896年6月3日,李鸿章与维特、罗拔诺夫签订的中俄《御敌互相援助条约》(简称《中俄密约》)在莫斯科签字,主要内容是:

“第一款,日本国如侵占俄国亚洲东方土地,或中国土地,或朝鲜土地,即牵碍此约,应立即照约办理。

如有此事,两国约明,应将所有水、陆各军,届时所能调遣者,尽行派出,互相援助,至军火、粮食,亦尽力互相接济。

第二款,中、俄两国既经协力御敌,非由两国公商,一国不能独自与敌议立和约。

第三款,当开战时,如遇紧要之事,中国所有口岸,均准俄国兵船驶入,如有所需,地方官应尽力帮助。

第四款,今俄国为将来转运俄兵御敌并接济军火、粮食,以期妥速起见,中国国家允于中国黑龙江、吉林地方接造铁路,以达海参崴。惟此项接造铁路之事,不得藉端侵占中国领土,亦不得有碍大清国大皇帝应有权利,此事可由中国国家交华俄银行承办经理。至合同条款,由中国驻俄使臣与银行就近商订。

第五款,俄国于第一款御敌时,可用第四款所开之铁路运兵、运粮、运军械。平常无事，俄国亦可在此铁路运过境之兵、粮，除因转运暂停外，不得借他故停留。

第六款，此约由第四款合同批准举行之日算起照办，以十五年为限，界期六个月以前，由两国再行商办展限。①

上述条约在《专条》中规定，条约备汉文、法文约本两份，"所有汉文、法文校对无讹，遇有讲论，以法文为证。"

根据《中俄密约》，中国和俄国秘密建立了针对日本的同盟，这一条约文件经过两国皇帝所派全权大臣正式签署，后经两国皇帝批准，符合国际条约的法律形式。但是，援助中国抵御日本等内容，俄国根本没有打算去做，也根本没有把当时的中国当成俄国的同盟国。19世纪末，对中国边疆地区威胁最大，并挑起列强参与对中国边疆地区瓜分的反而是俄国！《中俄密约》在建立同盟的实质上，根本不能和"英日同盟"、"英俄同盟"、"英法同盟"、"德奥同盟"等相比。中俄两国在国际关系取向上不仅没有调整一致，就是《中俄密约》对两国相互义务的约束也不平等：在战时情况下，如果俄国能够履行条约，中国可能会得到实际利益；在平时，中国不但没有得到任何利益，而俄国却实现了远东计划最重要的第一步，将俄国势力纳入中国东北，不论战时或平时，都可以利用西伯利亚铁路支线运送军队、物资。李鸿章在出使俄国、欧美等地回国后，总结这次使命的结局，认为中俄两国同盟后："二十年无事，总可得也"，既安慰自己又骗别人。所谓的中俄结盟，清政府不过得到了个虚名，无论从《中俄密约》签订的前因、内容或结局都看不出当时这个条约对中国是平等的，形式和表面的自愿代替不了问题的实

① 王铁崖：《中外旧约章汇编》第一册，第650—651页。

质。维特后来也承认:“可是我们自己——也可以说是背信弃义地,也可以说是轻率地——违反了这个条约,”没有履行同清政府的同盟义务,但是,由于条约规定在“这条铁路两旁划出的一段土地……我们将是主人”。当时,维特这样自信是有理由的。《中俄密约》虽然没有直接规定由俄国政府出面负责在中国东北接路,可是却以条约的形式把这件事委托给了华俄道胜银行。表面上,华俄道胜银行仅仅是普通的商业银行,而实际背后主要的操纵者就是俄国政府。19世纪末,沙俄的野心和财政实力往往不能协调一致,维特清醒地感到,俄国仅凭自己的力量很难实现预定的愿望,由于当时俄国经常陷入持续不断的财政危机,许多年来,俄国一直依赖法郎维持财政周转,同样,俄国的远东财政和修建西伯利亚铁路支线也需要利用法郎“借鸡下蛋”,华俄道胜银行就是这样的历史产物。

早在1895年清政府向俄、法4厘借款合同刚刚签字时,维特就迫不及待地邀请法国资本家共建一家银行,还保证银行将由俄国政府提供保护。经过运筹帷幄,1895年12月5日,法方代表在俄国西伯利亚铁路委员会起草的银行章程上签了字,12月22日,章程得到了批准,新的银行叫华俄道胜银行。[①] 维特说,道胜银行的目的是:“巩固俄国在华的经济势力,以便与英国人……在中国占有的极重要的地位相抗衡”。它拥有广泛的权力:贸易、货运、开展为中国国库服务的任何业务(其中包括征收赋税和发行货币)、获取在全中国范围内建筑铁路和敷设电线的租让权。特别是“在俄国政府建造与西伯利亚铁路工程的竣工具有最有直

① 〔美〕马洛泽莫夫:《俄国的远东政策(1881—1904年)》,第80页。

接关系的最后一批设施时，"道胜银行"可能成为俄国政府手中极其有益的工具"。①

华俄道胜银行在彼得堡设立总行，1896 年 2 月在上海设立分行，1897 年在巴黎设立分行。同时，在远东各地及中国设立分支机构。② 在开办时，道胜银行有资金 600 万卢布，分别由四家法国银行和一家俄国银行认购。尽管法国银行家提供了道胜银行资金总额的八分之五(375 万卢布)，俄国银行只提供了资金的八分之三，③法国银行家在董事会中却仅占有三个席位，而俄国则占有五个席位。俄国五个席位中有三名董事直接由俄国政府委派，其中一人担任董事会的董事长，④所以，道胜银行实际上由俄国一手控制。虽然法国人对银行董事会的人事安排表示不满，但银行毕竟对于双方都有好处可沾：俄国在远东的扩张需要法国的资本；法国资本在远东赢利需要利用俄国的力量。《中俄密约》签订后，道胜银行被赋予重大职责，它首先在俄国政府的安排下准备了为完成中东铁路"自由支配"的款项，又开始把西伯利亚铁路在中国东北的接路权转交给中东铁路公司。这样，《中俄密约》终于使道胜银行真的变成了"俄国政府手中极其有益的工具"。

① 〔苏〕罗曼诺夫：《俄国在满洲(1892—1906)》，第 85—86 页。

② 除上述分行外，道胜银行还在莫斯科、海参崴、哈尔滨、奉天、吉林、长春、营口、大连、天津、北京、汉口、横滨、长崎、神户等地开设了分行。在开办初期，道胜银行业务兴旺。1897 年，每股红利为 7.5 元，1898 年为 13 元，1899 年为 15 元。见尼鲁斯：《中东铁路之沿革》，《中东路问题》，第 250 页。

③ 清政府在道胜银行开办初期也提供了 500 万两白银，但没有得到相应的经济利益和待遇。

④ 道胜银行的法国股东是：巴黎霍丁格尔公司银行、巴黎荷兰银行、里昂信托银行、国家贴现银行。俄国股东是：圣彼得堡国际银行。道胜银行董事会的董事是：法国人霍丁格尔、内斯兰、夏布里厄尔；俄国人罗特什捷英、诺特加弗斯、罗曼诺夫(财政厅长官)、斯塔尔采夫、弗拉基米罗夫。见罗曼诺夫：《俄国在满洲(1892—1906)》，第 85 页。

至此,《中俄密约》使俄国人的一只脚迈进了中国东北,他的第二只脚或早或晚总会跟进来的。

二、攫取在远东的"不冻港"

早在1895年初,俄国外交部长罗拔诺夫就向沙皇递交了一份《备忘录》,谈到中日战争结束时俄国应该采取进取或是消极的政策。如果俄国采取进取的政策,那么它的目的只能是双重的,即:"一方面在太平洋上取得一个不冻港,另一方面吞并为了西伯利亚大铁路取得方便的路线所必要的部分满洲领土。"[①]沙皇尼古拉二世对此表示完全同意,他当时确实想使俄国在远东有一个不至于总是束缚俄国远东舰队手脚的"不冻港",而且"一定要有一条陆地把它和我们现在的领土切实地连接在一起"。但是,尼古拉二世对"不冻港"地点的考虑还是初步的,他意图中的"不冻港"应该是在朝鲜东南部。

在接下来的时间里,坚持把"不冻港"地点引向中国东北沿海地区的是俄国财政大臣维特。在维特的思想里,穿过中国东北的西伯利亚铁路支线不仅会使俄国在经济、军事、政治上取得很大好处,而且会使俄国势力随着铁路的延伸一步步向中国东北各地和关内扩张。1896年4月,维特在反驳杜霍夫斯科伊在中国东北修西伯利亚铁路支线计划批评的备忘录里强调了俄国的力量将会沿铁路到达"黄海之滨"。在不久后《中俄密约》谈判中,维特又向李鸿章提出通向"黄海一个港口"的铁路支线要采

---

① 转引自〔美〕马洛泽莫夫:《俄国的远东政策(1881—1904年)》,第70页。

用俄国的铁轨轨距,此事当时没有成功,可也充分暴露了俄国对中国东北的图谋。

《中俄密约》签订后,在俄国内部要求把西伯利亚铁路支线向中国东北"黄海之滨"延伸的就不仅是维特自己了。1897 年 1 月 8 日,中东铁路公司董事会成立。在 1897 年 2 月第一次会议上,代理董事长克尔别茨提议,授权乌赫托姆斯基访华时与李鸿章谈判,要求在中国东北修一条通向"黄海某港口"铁路的权利,如果中国当局反对采用俄国宽轨,可以先用窄轨而把路基修成符合宽轨要求,一旦需要,几天内就可以把铁路由窄轨改为宽轨。会谈中,罗曼诺夫等人对此表示反对,认为李鸿章当初谈判时对支线问题没有异议,但已经明确表示需用窄轨,因此俄国"就应该进行关于宽轨—而不是窄轨—铁路的谈判,"而且目前情况下,为避免导致中国当局敌意,不用"特别必需立即解决这一问题"。与会者实际上都承认:"尽快实现从中东铁路到黄海某个港口的铁路支线是极为可取的事",但现在向中国政府提出这一问题,时机并不合适。会议最后结论认为:"在目前情况下,提出允许公司建筑一条从中东铁路到盛京省煤矿产地的宽轨支线问题是最正确和最审慎的"①,然而,这条铁路究竟到达哪个地点,会议没有具体结论。同时,会议结论认为:如果中国政府同意俄国把铁路支线修到黄海某个港口,公司将享有建筑该铁路的优先权。至此,把西伯利亚铁路支线修到中国东北"黄海某个港口"已经成为俄国内部的一片呼声。但是,究竟把中国黄海沿岸哪个港口作为"不冻港",而且把"不冻港"和中东铁路哪个支线连接起来,在当时俄国内部许多意见中还是

① 转引自〔苏〕罗曼诺夫:《俄国在满洲(1892—1906)》,第 146、147 页。

朦胧的、不确定的,至少还没有明显公开表露出来!

许多资料表明,促使俄国占领旅顺、大连的有力因素是德国占领胶州湾。当俄国还在为自己的远东和平扩张小心翼翼、谨慎犹疑时,德国抢先行动,直接占领了中国领土,俄国不甘落后,贸然行动,对中国终于撕下了伪善的画皮,从而实现了俄国扩张远东进取政策的第二步。

甲午中日战争后,列强争夺远东的斗争逐步激化。随着西伯利亚铁路的修建和日本挑起对华战争,俄国、日本成为列强争夺远东的两个焦点,英国、法国也积极参与,但当时在远东行动最积极的是德国。作为后来者,德国不仅参与了“三国干涉还辽”,和英国实现了对华的英德借款,尽量攫取实惠,还与俄国频繁进行外交磋商,希望在占领中国土地的行动中得到谅解。1896 年 8 月,德国远东舰队司令、海军上将蒂尔皮茨在视察远东海域时就向德皇建议过占领胶州湾,建立德国在远东的海军基地。[①] 尽管在此前后德国已经向清朝总理衙门索取过港口停泊军舰权,但均遭拒绝。以后,德国便不再理会清朝的态度,决心直接动手。然而,德国对俄国却有所顾忌,对中国北部的行动不能不看俄国人的眼色。早在 1895 年冬天,清政府就曾经准许俄国军舰在胶州湾过冬。不过德国人当时也知道,俄国人在胶州湾所获得的仅仅是一种待遇,而不是什么权利。关于这一点在李鸿章访问德国时,德国外交大臣马沙尔·比伯施泰因已经从李鸿章口里得到了证实。[②] 可是,德国的对华军事行动不想过分刺激俄国人,以至出现对自己什么不

① 丁名楠等:《帝国主义侵华史》第二卷,第 39 页。

② 转引自〔美〕马洛泽莫夫:《俄国的远东政策(1881—1904 年)》,第 106 页。

利的结果。1897 年底，德国政府通过外交渠道一再试探俄国对德国占领胶州湾的态度，德国皇帝威廉二世在访俄期间还直接就此事询问了尼古拉二世。俄国外交大臣穆拉维约夫的回答闪烁其辞，声称俄国会保留在胶州湾过冬的权利。沙皇尼古拉二世没有直接回答威廉的问题，但据维特回忆录说当时威廉二世的问题使尼古拉二世非常尴尬，以至沙皇对此很不高兴。实际上在胶州湾问题上俄国是没有理由对德国人说不的！因为俄国虽然不愿意让德国人在中国北部行动中抢得先机，却也实在没有办法和借口对德国人的直接行动加以阻止。

1897 年 11 月，恰好有两个德国传教士在山东被杀，德皇威廉二世随即下令德国太平洋舰队开往胶州湾。11 月 6 日，威廉二世向尼古拉二世发去电报，希望尼古拉二世"会同意我的舰队开往胶州"湾。尼古拉二世并不想看着德国人比自己捞更多的便宜，又不好直接拒绝，第二天答复说："对你派遣德国舰队去胶州一事，不能表示同意或不同意"。可是他自己做得太笨了，在电文中所举的理由反使他把内心的不同意变成了外交文件上的同意，即："因为我最近得知，这个港口只是在 1895—1896 年间暂时属于我们"。这样一来，尼古拉二世等于自己否决了自己以前强调的俄国舰队在胶州湾有优先权的一切表示，使俄国等于承认自己目前在胶州湾没有任何权利。尽管穆拉维约夫随后不得不又致电德国强调了俄国在胶州湾的停泊权已经成为优先权，德国还是决心采取行动。11 月 14 日，德国舰队开进胶州湾。四天后，俄国太平洋舰队也得到指令，将随德国舰队进入胶州湾。但在 11 月 20 日，给俄国太平洋舰队的命令被撤销了。德国单独占领了胶州湾，并逐渐把山东变成了自己的势力范围。俄国为什么主动退却？因为穆拉维约夫突然发现了这时是俄国攫取“不冻港”千载难逢的契机——对于俄国来说,占领旅大比分享胶州更为有利!

德国占领胶州湾的消息传到李鸿章那里,他头一个想到的就是俄国。无论如何,俄国是大清的“盟国”,危难时刻怎能不依靠“友邦”? 11 月 15 日,他立即赶到俄国公使馆,要求俄国给予援助,直到亲眼看到俄国代办拿着发往彼得堡的密码电报时才肯离去。为使俄国伸出援助之手,清朝已经无条件同意一切不对外国人开放的港口立即、随时、无条件地对俄国船只开放,而且当俄国提出要求时可以使用中国政府的军火库和仓库等等。俄国会帮助中国吗? 李鸿章就没想到即使根据《中俄密约》,俄国对清朝承担的只是针对日本的义务,而没有承担针对其他国家的义务吗? 与其说当时他对俄国寄予的仅仅是一种期望,倒不如说他在是向清廷表现出朝廷大员应对的一种姿态,除此之外,他实在没有解决问题的更好办法了!

让清朝官员们失望的是,俄国这次要趁火打劫了! 俄国不仅没有同情、援助中国,反而背后插刀,助纣为虐。11 月 23 日,穆拉维耶夫向沙皇递交了长篇备忘录,要求俄国不失时机地占领旅大地区,夺取在远东的“不冻港”。穆拉维约夫认为,在山东发生的既成事实已经使俄国舰队进入胶州湾毫无疑义。“假使甚至可能永远占领它,那么把它建为我国的港口是不合适的。因为离海参崴既遥远,而且完全与俄国隔绝。”但是,俄国“决不能甘心于这个事实,在太平洋上根本没有一个适宜及设备良好的港口以应我国舰队之需”。穆拉维约夫说,海军部提出的釜山港“早已是日本内心渴望的目标”。“由于朝鲜没有其他合式的港口是位于离我国作战基地不远的距离,看来我们只应注意中国的海岸并在那里为我们的舰队寻找支柱”。根据各种情报，广阔的大连湾有四个单独的良好港湾，都适宜停泊吃水 22 尺或吃水更深的船只。在冬天从来不冻。“无疑大连湾还较其他位于朝鲜东岸的港口有若干战略优越性。”[①]特别是“大连湾和我国西伯利亚干线的距离会比朝鲜的港口为近”。既然中国政府请求俄国政府的保护，俄国就可以为防止太平洋上万一发生对中国更不利的事件为借口，占领大连湾。被德国人的行动搞得心烦意乱的尼古拉二世，当天就批准了穆拉维约夫的备忘录。穆拉维约夫说出了他想说还没有想清楚的话。尼古拉二世说：“我完全同意备忘录里提出的结论……我一直认为我们未来的不冻港应当在辽东半岛，或者在朝鲜湾的东北角上。”[②]

不料，在 11 月 26 日的大臣会议上，立即占领辽东半岛的意见却遭到了维特的坚决反驳。维特认为，俄国已经同中国签订了同盟条约，还曾经迫使日本归还了辽东半岛，“做了这些事情却要去夺取中国领土，那岂不是冒天下之大不韪，太背信弃义了。”“我们同他们的关系很不错，在这种情况下占领旅顺口或大连湾，那势必激怒中国，使中国由一个同我们关系亲密友好的国家变成我们的对头”。维特认为，“旅顺口和大连湾这两个点将来显然要同中东铁路连接在一起，通过这样的方式来牢牢的掌握这两处岂不更好？”他强调，如果这样做了，会使俄国陷入一种复杂的境地，弄不好会产生极其可悲的结果！维特极力反对对中国采取激进路线，担心这会毁掉以往罗拔诺夫和他所做的一切，把穆拉维约夫的主

① 张蓉初译：《红档杂志有关中国交涉史料选译》，生活·读书·新知三联书店 1957 年版，第 182、183、184、185 页。

② 转引自〔美〕马洛泽莫夫：《俄国的远东政策（1881—1904 年）》，第 110 页。

张看作是嫉妒维特和罗拔诺夫以往远东政策的成果而拼命地表现自己。在这次会议上,穆拉维约夫的建议仅得到了陆军大臣万诺夫斯基的支持,海军总监蒂尔诺夫表示疑虑,认为现在时机还不够成熟。在维特的要求下,会议没有决定占领辽东半岛。

其实,穆拉维约夫并不是维特笔下十足的庸人,哪怕以往他是怎样的笨蛋,但这次他对时机的把握却没有错。这确实是利用清朝之危,当机立断的好机会。一来清朝已经主动向俄国请求了援助;二来俄国正好可以借援助之名把军舰开进旅顺口,而平时这样的机会等都等不到。穆拉维约夫告诫沙皇:“东方民族最尊重力量及威力;在这些民族的统治者面前耗费任何建议或忠告都不能达到目的”。“当我们无益地及无目的地浪费时间去给总理衙门提出友好的劝告而满足于中国大臣的饶舌保证时,一切其他欧洲强国将会利用德国政府在山东半岛南部成功地为其船只所获得港口的方法来达到他们所想达到的目的”。[①] 当尼古拉二世还在回味穆拉维约夫的劝告,思考接受维特的观点是不是合适时,维特当时与德国外交官私下接触的一些文件已由穆拉维约夫那里交到了沙皇的手中。特别是听到英国军舰正在黄海一带游弋的消息后,尼古拉二世不再犹豫,没有再召开大臣会议,当即下令俄国的太平洋舰队开进旅顺口待命。对此连维特事先也被蒙在鼓里。

让清朝官员料想不到的是,“盟国”军舰还没有开进中国港口时,俄国与德国已经进一步勾结起来。德国要感谢俄国对德国行动的放任和默许,俄国要感谢德国使他们的对华行动有了借口和理由。12 月 14 日,穆拉维约夫将沙皇的决定通知了威廉二世,并

① 张蓉初译:《红档杂志有关中国交涉史料选译》,第 185、186 页。

说沙皇之所以发出这一消息的通知，"是因为深信德国和俄国能够而且应当在远东携手行动"。威廉二世非常高兴，12 月 17 日，通过外交部通知俄国，表示赞成这一行动；12 月 19 日，直接打电报给沙皇"请接受我对贵国舰队到达旅顺口的祝贺"；同一天，又托人转告沙皇"现在你们的敌人就是我的敌人，不管它是日本人或是英国人；德国舰队和俄国军舰将共同对付一个想要用武力阻挠你的意图的挑衅者，不论他是什么人"。[①] 这样，在德国和沙俄协调侵华步骤的兴高采烈中，12 月 19 日，俄国的军舰开进了旅顺口。可是，靠撒谎借口占领中国港口容易，想"合法"地呆下去还得费一番力气。俄国军舰占据旅顺口几个月了，怕引起麻烦，行动不得不设法"规矩"一些，部队没有登陆，也没有在陆地上建造任何工事。开始，清朝还认为俄国人是来帮助自己的，命令旅顺清军将领宋庆对俄船接济，"勿听将牟讹言，致启衅端"。然而时间一长，俄军并没有对德军下手，清朝官员才知道允许俄舰开入旅顺不啻于引狼入室，不相信俄国了，还产生了很强的敌意。这时，合法占据中国港口成了件麻烦事，对此，穆拉维约夫的智商显得不够了，还得维特出面。

维特不主张俄国直接占领旅顺，并不证明他比穆拉维约夫对中国的狼心少多少。1898 年初，俄国把争取实现对清朝第二笔大借款和占据"不冻港"两件事搅在了一起，前一件事没有成功，后一件事维特对清朝官员又一次采取了不光彩的手段，可见，他的办事伎俩也仅此而已。

① 转引自〔美〕马洛泽莫夫：《俄国的远东政策(1881—1904 年)》，第 112 页。

在维特回忆录里,维特说当租借旅大的交涉形成僵局时,他才插手此事,实际上他早已在1897年12月就展开了有关活动。当时,清政府为了筹措对日赔款的最后一次外债,正和俄国进行谈判。维特在俄国的借款条件中增加了许多索取,从而增加了让清政府不堪忍受的许多额外要求。这些要求是:(1)只有俄国有权在中国东北和蒙古地区建筑铁路和经营工商业;(2)中东铁路公司有权修建一条通往黄海,至营口以东任一港口的铁路支线;(3)俄国可以在它任意选定的港湾修建港口,一切悬挂俄国旗的船只均有权进入。[①] 这些要求进一步证明了维特"和平的"扩大在华权益的方式,实际上也是俄国官员在第二次鸦片战争等许多事件中对中国使用过的一贯伎俩——乘人之危,索取代价。如果清朝同意维特的要求,维特在中国取得的进展就会大大超过穆拉维约夫的对华鲁莽行动。不过,俄国的胃口实在太大了,李鸿章也感到失望。他只好又转向英国联系借款。不料英国也提出了苛刻的借款条件:要求取得从缅甸至长江的铁路修筑权;清政府宣布"不割让"长江流域;将大连开放为商港。李鸿章只好再次转向俄国,但对俄国提出取消关于东北和蒙古的条款,拒绝俄国占领旅顺,仅准备对俄国开放鸭绿江的一个口岸,并试图使俄国人撤出旅顺。在这种情况下,穆拉维约夫准备做一些让步。为了实现对华借款,不得不放弃部分其他要求。1898年1月20日,穆拉维约夫通知驻北京临时代办巴甫洛夫,指示他要求清政府将旅顺口租给俄国,告诉他"为了不损害我们的借款谈判,提出这一要求要非常慎重"。[②] 与

① 转引自〔美〕马洛泽莫夫:《俄国的远东政策(1881—1904年)》,第113页。

② 同上,第114页。

此同时，英国为了抢到借款机会，也在悄悄地降低借款条件。最终让俄国人感到扫兴的是，3 月 1 日，清政府在借款上选择了英、德集团。数额仍为 1600 万英镑。答应了英国“不割让”长江流域的要求和做出了英人继续担任海关总税务司的保证。3 月 6 日，中德《胶澳租借条约》也签了字。因为对于清政府来说，在利弊权衡上，总是“两害相形取其轻的”；对于俄国来说，情况则有些不妙，想要的还没有得到，别人却抢了先。不由得恼羞成怒，对中国准备动武。

就在这一期间，俄国举行了由阿列克谢·亚利山德罗维奇亲王主持的大臣会议。新任陆军大臣库罗帕特金认为：俄国“不仅应该要求中国让出旅顺口和大连湾，而且还应该要它让出整个辽东半岛……必须加速建筑从中东铁路通往旅顺口的支线”。[①] 在库罗帕特金狂妄的叫嚣下，俄国欲夺取中国的将是辽东半岛而不仅仅是中国的一个海港。会议最后决定：(1)要求租借辽东半岛南部，北部作为中立区；(2)要求修筑一条从中东铁路通向辽东半岛一个港口的铁路的权利；(3)派遣两栖部队到旅顺口。[②] 在俄国军事力量的配合下，3 月 3 日，俄国驻华临时代办巴甫洛夫到达总理衙门，正式向政府提出租借辽东半岛和中东铁路支线至黄海的要求，并限期答复。同一天，清政府派驻德公使许景澄至彼得堡与俄国谈判，当时交涉实际上在北京和彼得堡两地同时进行。由于在彼得堡的交涉长期没有进展，主要谈判地点又回到了北京，李鸿章和张荫桓成为清朝的全权代表。

---

① 维特：《俄国末代沙皇尼古拉二世》（维特伯爵的回忆），第 110 页。

② 转引自〔美〕马洛泽莫夫：《俄国的远东政策（1881—1904 年）》，第 115 页。

许多迹象已经表明,俄国对旅顺口和辽东半岛是志在必得,但俄国并不是单靠贿赂取得了辽东半岛,清朝和李鸿章也不是仅靠收取贿赂就能放弃主权的。维特说:"当时的情况是:皇帝陛下不会让步,如果缔不成关于将关东州租借给我们的条约,那么我们的军队就要登陆;要是对方抵抗,就会发生流血事件。这时,我插手此事了:我打电报给财政部的代表波科季洛夫,请他去见李鸿章和另一名官员张荫桓,以我的名义劝告他们施加影响,使我们提出的协定被中方接受,同时我答应赠给他们各一份厚礼;给李鸿章五十万卢布;给张荫桓二十五万卢布。这是我在同中国人的谈判中唯一的一次对他们行贿"。"这两名官员看到,把关东州租给我们已势在必行……于是他们决定去见太后……经过长时间的说服,太后让步了。"[①]维特承认这一次他们向清朝官员行了贿,事实上俄国外交档案资料表明对清朝大臣的行贿早在1898年1月清朝与俄国借款谈判时就已经开始了。由于巴甫洛夫"有根据的假定",声称英国人为了向清朝取得借款权力已经向清朝总理衙门官员提出贿赂,俄国当然也不能落后。1月21日,经沙皇签署"同意"的电报已经发给了巴甫洛夫:"皇上准您和璞科第一起在华俄道胜银行存款中拨出百万卢布,作为对中国大臣秘密送礼之用"。[②] 1月24日,巴甫洛夫致彼得堡密电说:"昨晚极秘密地将李鸿章请来我处,通过璞科第告诉他,如果和我国成立借款——一俟签订契约及宣言——当酬谢他五十万两,作为他在办此事必需的秘密开支,李鸿章同意竭力协助"。1月27日,巴甫洛夫在密电里说:"昨日与

① 维特:《俄国末代沙皇尼古拉二世》(维特伯爵的回忆),第111页。
② 张蓉初译:《红档杂志有关中国交涉史料选译》,第204页。

璞科第一起和张荫桓秘密会谈，答应酬他银二十万两，条件与李鸿章相同。张荫桓保证说，我们在此事及以后的事情上可以完全相信他”。[①] 但后来的结果是，清朝却同英、德两国签订了借款，李鸿章与张荫桓对俄国人都食言了。是不是由于英国人答应的贿赂比俄国人多？目前还没有资料可以证明。但是俄国人对李鸿章和张荫桓并没有死心，在借款事件失败后，又把希望放在租借辽东半岛问题上。3月21日，璞科第发给维特的密电说：“今天我得到代办的同意，和李鸿章及张荫桓作机密谈话，允许他们，假使旅顺口及大连湾问题在我们指定期间办妥，并不需要我方的非常措施时，当各酬他们银五十万两。”[②]后来，事情的发展是否像巴甫洛夫说的“允许的报酬起了应有的作用”？可能未必。假使清朝大臣所做的一切都得靠受贿的话，在借款事件上俄国允诺的贿赂就没有起作用。维特也承认，“要是中国政府不向我们让步，那么，在中国拒绝以后的几天内，总司令杜巴索夫海军上将就会奉命占领关东州。要做到这点其实是很容易的，因为旅顺口的堡垒就像玩具一样，中国在关东州根本没有任何军队。”俄国人对动武很有把握，但为什么不动武呢？因为使用贿赂可以避免许多麻烦。可是贿赂有时并不能决定一切，往往它只是起某种催化的作用。

真正促使清朝官员屈服俄国压力的是国力软弱和朝廷腐败。甲午战争后，清朝无论是在军事上、财政上、意志上都不具备与强敌抗衡的条件。列强环伺，“盟友”反噬，“以夷制夷”不灵，朝廷上下、君臣之间几乎无计可施。张荫桓在日记里记下了光绪召见他

---

① 张蓉初译：《红档杂志有关中国交涉史料选译》，第204—206页。

② 同上，第207页。

和李鸿章以及军机处大臣们"迄无办法"中的无奈：

三月初一日甲申(3月22日)

……少顷宣诏，与合肥(李鸿章)同进仁寿殿南里间……上(光绪)询合肥："俄事如此，尔去年密约如何立的。"合肥奏言："现事不破裂，密约仍有"。随请旨作何办法。上谕："尔们打算怎样?"合肥奏言："皇上曾商太后否?"上谕："尔们都无办法，如何能商量太后?"合肥伏喘无言。上谕："荫桓有办法么?"当奏言："容通筹妥当，请旨遵行。"……

至军机值庐，庆邸(奕劻)坐候，合肥与谈俄事。未几，枢辅进见后论一遍。余以俄情不测，拒之即生变，此在人人意中；允之，而俄交能否永固，实不可必。且各国能无违言，亦不可必。以故委决不下。庆邸、仲山韪余言，合肥置不答。[①]

在中俄交涉的关键时刻，光绪皇帝召见李鸿章和张荫桓，本应商讨并做出必要的对策，但是，即使是光绪器重的李鸿章和张荫桓——"总理衙门事，责成尔两人"——也没拿出任何办法！就《中俄密约》事，光绪责备了李鸿章。意在"盟友"怎能如此相逼？李鸿章辩解的意思是，只要顺从了俄国，两国仍然是"盟友"。作为朝廷重臣，他本应该举出对策，可是李鸿章却把麻烦推给了光绪。在光绪机灵的反问下，李鸿章只好进一步询问慈禧太后的意见。光绪巧妙地作了回答。李鸿章不肯再作任何表示了，光绪只好又问张荫桓，结果被张荫桓推到了无限远，这次君臣奏对无结果而终，给人的印象不外乎一场上下斗智。对俄国对策"上亦不能断"，军机大臣们左右为难，"衡量时局，诸臣皆涕泪"。当天，军机处散值后，

① 任青等整理：《张荫桓日记》，上海书店出版社2004年版，第519—520页。

庆亲王奕劻、李鸿章、翁同龢、张荫桓再次进行了磋商，“大约除允行外别无法”。[①] 1898 年 3 月 23 日，光绪皇帝指示翁同龢传令“派李鸿章、张荫桓画押”。[②] 辽东半岛的命运就这样被决定了！

19 世纪末，沙俄政府在对外活动中使用贿赂不仅仅只涉及清政府，而清朝被贿赂的主要对象也不仅限于李鸿章。在众多有关俄方资料中，只有李鸿章得到的贿赂超过 100 万卢布。1897 年 5 月，乌赫托姆斯基到了上海，通过北京的璞科第把第一个 100 万卢布交给了李鸿章。[③] 1898 年 3 月 28 日，璞科第向俄国财政大臣报告：“今天我付给李鸿章五十万两……李鸿章甚为满意，嘱我对您深表谢意”。第二天，巴甫洛夫也发密电报告说：“允付李鸿章的五十万两昨天已经照付”。[④] 而当时，因张荫桓“对目下收款一事非常害怕”，所以俄国官员没有机会把钱款交给他。目前，在俄国档案里提到贿赂清朝官员的资料很多，所以沙俄政府采取过贿赂手段收买清朝大臣的事情已经很清楚了。但是，李鸿章究竟拿没拿过俄国人的钱？贿赂到底起了多大作用？人们一直还在争议。然而，要想从中方资料中找出李鸿章受贿的直接文字证据几乎是不可能的。如果李鸿章受贿了，他不可能留下对自己不利的证据，由于付款是秘密的，其他无关的人也不可能在场。即使有关人员留下了当日的文字，如果担心日后出事，许多记载也有可能有意无意的不真实。同时，也必须看到，贿赂的作用是有限的。李鸿章的傲慢是出了名的，对俄国人的贿赂在很大程度上会看作一种馈赠，觉

① 陈义杰整理：《翁同龢日记》，第 6 册，第 3104 页。

② 同上。

③ 〔苏〕罗曼诺夫：《俄国在满洲(1892—1906)》，第 151 页。

④ 张蓉初译：《红档杂志有关中国交涉史料选译》，第 209—210 页。

得收下应得应份。何况,这些钱也可能在慈禧太后、李莲英的钱柜中出现。李鸿章对此不用太顾忌。但对俄国没有遵守《中俄密约》,反而出尔反尔,却肯定感到非常恼火。特别是在得到乌赫托姆斯基交给他的100万卢布后,得知俄国要得到中东铁路至黄海支线的修筑权时,也会愤怒地谴责:"我们让你们进入院里,你们却想闯入我们家小住的内宅!"①但是,答应俄国要求,还能维持两国表面的关系,"至英、日、法同时将起,更无法也",②惯于推行"以夷制夷"的李鸿章,在朝廷上却对俄国拿不出一点办法来,在光绪的诘责下只会"伏喘无言",这种表现本身就值得怀疑。因此,说李鸿章没有受贿,对他的许多表现反而不好解释了!

1898年3月27日,中俄《旅大租地条约》在北京签订。清方代表是李鸿章、张荫桓;俄方代表是巴甫洛夫。条约主要内容规定:

(1)清朝将旅顺口、大连湾及附近水面租与俄国,租限为二十五年,期满后展限,由两国相商。

(2)俄国官有权在租借地调动军队,治理地方,建立军事设施;中国军队不得驻扎在内。

(3)在租借地以北定一"隙地",中国官员有权管理,不经俄方允许,中国军队不得入内。

(4)旅顺对中国、俄国船只开放,不对他国船只开放;大连湾除一港军用外,其余港口对其他国家商船开放。

---

① 〔苏〕罗曼诺夫:《俄国在满洲(1892—1906)》,第151页。

② 陈义杰整理:《翁同龢日记》,第3104页。

(5)允许俄国在中东铁路"干线某一站……至辽东半岛营口、鸭绿江中间沿海较便地方修支线铁路"。铁路方向及经过地点由(清朝大臣)许景澄与中东铁路公司商定。

后来,经清朝全权大臣许景澄与俄国外长穆拉维约夫谈判,5月7日,中俄《续订旅大租地条约》在彼得堡签字。主要内容有:

(1)辽东半岛俄国租地北界从辽东半岛西岸亚当湾之北起,穿过亚当山脊,至辽东半岛东岸皮子窝湾北尽处止。准许俄国使用租界附近水面及陆地周围各岛。

(2)俄国租地之北"隙地"北界从辽东西岸盖州河口起,经岫岩城北至大洋河,沿河左岸到河口,此河也在"隙地"内。

(3)俄国西伯利亚铁路至辽东半岛支线终点,在旅顺口及大连湾海口,不在该半岛别处。该铁路经过之地,清政府不得将铁路利益让与别国。

(4)清政府允许,非经俄国应允,不将"隙地"地段让与别国,不将"隙地"东西沿岸让与别国通商,不得在"隙地"内将造路、开矿及工商利益让于别人。

经过1896—1898年的持续努力,俄国对远东的扩张大获成功:通过欺骗、压迫、威胁和贿赂清政府,俄国不仅取得了把西伯利亚铁路支线穿过中国东北的权利,还在辽东半岛旅顺、大连湾地区攫取了"不冻港",并通过修建中东铁路支线的权利把西伯利亚铁路和旅顺、大连湾连接起来。这些举措加强了俄国内地与远东各地的各种联系,强化了俄国在远东和中国东北地区的影响,提高了俄国远东水、陆打击力量,进一步巩固了在列强争夺中国中的领先地位。然而,也如同维特后来所说的那样:俄国"致命的一步就这样迈出去了,它遭致了种种恶果"。最麻烦的是"这次占领破坏了我们同中国的全部传统关系,再也建立不起来了”。特别是“发生了给我们带来不幸的对日战争,然后是一片混乱”![①] 在俄国强行租借旅大之后,英国强行租借了威海卫,展拓了香港界址,除了在中国一南一北打入两个楔子外,把长江流域作为自己的势力范围;法国强租广州湾,把云南、两广作为自己的势力范围;日本也不甘落后,强迫清政府不把福建省割让其他国家,从而把福建看作自己的势力范围。列强纷纷角逐中国,一时造成“赤县神州分割地,黑风罗刹任飘船……”的危局,中华民族到了生死存亡的边缘,对沙俄的面目和嘴脸不仅是憎恨,简直将其列为首恶了!与此同时,俄国在中国东北的急进政策,也大大激怒了日本人。尽管为了平息日本的不满,俄国在朝鲜问题上对日本不断让步,1898 年 4 月,和日本达成协议,表示“不阻挠日朝两国发展工商业方面的关系”,即承认日本对朝鲜支配性的地位,可是在实际上也没有缓和日本针对俄国的扩军备战。从地理上看,俄国攫取的“不冻港”与海参崴的海上联系被朝鲜半岛隔开,这对俄国不利,反而对日本有利。1896 年时,俄国太平洋舰队有战列舰 2 艘、装甲巡洋舰 6 艘、无装甲巡洋舰 1 艘;而日本有战列舰 3 艘、无装甲巡洋舰 12 艘。1897 年时,俄国在远东可调动军队约 4 万人,日本平时的陆军就有 17 万人;[②]由于以往旅顺、大连的防务设施极为简陋,俄国不得不要掏出很大一笔钱来加强有关的舰队、港口和铁路等设施。因此“俄国在其近几年的预算中纳入了一项 9000 万卢布的造船补充规划,不少于 3000 万卢布的装备和加固新港口的费用,以及不少于 1 亿

① 维特:《俄国末代沙皇尼古拉二世》(维特伯爵的回忆),第 111—112 页。

② 〔美〕马洛泽莫夫:《俄国的远东政策(1881—1904 年)》,第 119—122 页。

卢布的建筑 900 俄里新铁路的开销”。[①] 而这些费用很大程度上是没有回报的非商业性项目。即使没有发生日俄战争，俄国在远东的政治扩张中，能不能在经济上、财政上支撑下去，恐怕也是个棘手的问题！

然而，当时俄国总算取得了不小的进展。这样一来，俄国对东北的扩张就大获成功！旅顺军港将大大加强俄国在远东的打击力量；东省铁路干线、支线把中国东北、俄国远东地区与俄国内地连接起来，使北京和英、日等国必须顾及俄国人的影响；俄国的产品会大量出现在远东，东北的原料会出现在俄国的工厂；俄国远东经济在东北亚商贸交流中会逐步走向繁荣，从而进一步增强俄国扩张的力量。

三、中东铁路与东北的经济发展

1896 年 9 月，俄国代表乌赫托姆斯基、道胜银行代表罗斯坦与清朝钦差大臣、驻俄公使许景澄分别签订了《银行合同》、《合办东省铁路公司合同章程》，规定中国以库平银 500 万两做股，加入道胜银行“做生意”；[②]穿越中国东北的西伯利亚铁路支线由道胜银行“建造、经理”，中、俄“另立一铁路公司”，称为中国东省铁路公司[③]。这样，中国被拉入东省铁路公司做幌子，而实际上控制与操

① 〔苏〕罗曼诺夫：《俄国在满洲(1892—1906)》，第 118 页。

② 据说，清政府参与道胜银行的 500 万两白银由俄国在中俄“四厘借款”中拨扣充抵，见汪康年：《记道胜银行之存款》，《汪穰卿笔记》。还有的说清政府承担的 500 万两白银为虚数，并未拨付。见雷麦：《外人在华投资》。以上见近代史所：《沙俄侵华史》第四卷，第 49 页。

③ 清朝时西伯利亚铁路穿越东北的支线被称为东清铁路、东省铁路；北洋政府时改称为中东铁路。

纵铁路事务的仍是俄国政府。

《合办东省铁路合同章程》规定：铁路股票只“准华、俄商民购买”，铁路自通车后80年“限满之日”，将铁路及有关铁路的一切产业归还中国政府。事实上，俄国既不想让中国控制股票，又不想把铁路归还中国。俄国早先与道胜银行签订的东省铁路公司秘密协定曾达成一致：“华俄道胜公司认购公司的全部股本(共一千股，每股5000卢布)。其中，预定归俄国政府者不少于700股，这些股份应由华俄道胜银行掌握，代存至转交政府所有时为止。在认股开始后，上述股份将立即由华俄道胜银行转交国家银行。”[①]为了使铁路股票不落在外人之手，12月29日，俄国官方报纸《政府公报》早晨才宣布东省铁路公司招股，结果9点钟开市，“连一个人影也没有”，“认股在开始后只过几分钟就结束了”，俄国政府购买了近25%的股票，同时还得到了公司为它保留的剩余股票特别购买权。[②] 在维特的策划下，《合办东省铁路合同章程》虽然规定在铁路通车36年后，中国政府有权给价收回，但中国必须将铁路“所用本银并因此路所欠债项并利息，照数偿还”。由于中国赎路时将面临支付一笔巨款，“从而使赎回满洲铁路的可能性变得微乎其微”。[③] 这样，俄国政府在东省铁路公司中确立了绝对统治权，维特后来承认：

---

① 〔苏〕罗曼诺夫：《俄国在满洲(1892—1906)》，第109页。

② 〔美〕马洛泽莫夫：《俄国的远东政策(1881—1904年)》，第91页。根据道胜银行与东省铁路公司的秘密协定：俄国政府可随时收买公司股票，以所发之贷款抵偿股票之价额，但政府收买700股时，同时以可以收买未经私人认购之300股。见尼鲁斯：《中东铁路之沿革》，《中东路问题》，第258页。

③ 1896年粗略估计：东省铁路的修建经费是1.14亿卢布，至1914年，它对俄国政府所欠的债务已达7.3亿卢布。见《俄国的远东政策(1881—1904年)》，第315页；《俄国在满洲(1892—1906)》，第112页。

"这个公司无论是过去还是现在，当然一直完全是由政府经营的，但是因为它名义上是私人公司，而所有私营公司又是属于财政部管辖，所以那里的官员不算是公务员。或者说，他们同私营铁路公司的职员处于同等地位，或被列为派驻私营中东铁路公司的职员，正像交通部管辖的交通工程师在俄国欧洲部分的私营公司中工作一样。"

既然俄国已经把东省铁路公司变成了国家财政部的一个分支机构，自然"该公司章程应照俄国铁路公司成规一律经理"，"铁轨之宽窄应与俄国铁轨一律。①不仅如此，在1896—1898年间，俄国通过胁迫清政府签订的中俄《合办东省铁路公司合同章程》(简称《合同章程》)、中俄《旅大租地条约》、中俄《续订旅大租地条约》(简称《续订条约》)和中俄《东省铁路公司续订合同》(简称《续订合同》)等条约，不但取得了将东省铁路支线延伸到旅、大地区的权利，还为东省铁路公司和俄国在东北的扩张增添了许多新的特权。除了这些条约，维特还亲自主持起草了一个《东省铁路公司章程》，自己为自己扩大了中国政府并没有给予俄国或东省铁路公司的有关特权。在俄国取得或自我给予的权利中，有一部分与铁路控制有关，有的还扩张了铁路公司与俄国本国在东北的各种权限。

根据《合办东省铁路公司合同章程》规定，东省铁路公司总办由中国政府选派，可是，总办权限只限于"查察该银行及铁路公司与中国政府所委办之事是否实力奉行"，"经理"该银行及铁路公司与中国政府及京外各官交涉事宜，"随时查核"该银行与中国政府往来账目，并无权过问其他事项。《东省铁路公司章程》规定：在公

① 王铁崖：《中外旧约章汇编》第一册，第672页。

司设立董事局,董事局由总董事一人和董事九人组成,总董事由中国政府委派,其余董事由股东全体会议选举,并由董事选举出协董一人。总董事的权限如《合同章程》有关规定那样有限;而协董的责任则为"就近管理公司的一切事物"。[①] 该《章程》特别强调,俄国政府担保东省铁路公司的进款,因此,"俄国政府对于铁路之工程营业有监督进行之权",凡是公司选举协董,派撤总工程师及铁路局各处处长,决定铁路路线方向,铁路工程的规划等都要呈报俄国财政大臣核准。[②] 由此看来,东省铁路公司没有什么能够脱离俄国财政部的控制。

事实上,无论是清政府,还是道胜银行,都无法继续插手东省铁路的行政事物。清政府仅仅是在《中俄密约》中得到了俄国与中国"共同御敌"的允诺,这种允诺只是在战时的情况下才对中国有利,而中国为了这种理论上的利益却花费了巨大的代价:俄国利用《东省铁路公司合同章程》、《续订合同》趁机扩张了在中国许多的重要特权,这些权利包括:

(1)东省铁路公司享有建设运输免费、免税、减税权。根据《合同章程》规定,"凡该公司建造、经营、防护铁路所必需之地,由于铁路附近开采沙土、石块、石灰等项所需之地,若系官地,由中国政府给与,不纳地价","凡该公司之地段,一概不纳地税","凡该公司建造、修理铁路所需料件,应免纳各项税厘";"凡有货物、行李,由俄国经此铁路,仍入俄国地界者,免纳一概税厘……至货物由俄国经此铁路运往中国,或由中国经此铁路运往俄国者,应照各国通商税

① 中国公使许景澄被任为东省铁路公司总办,实际上这一职务是虚衔,1900年许景澄被清政府处斩,总办职务一直空缺。

② 雷殷:《中东路问题》,国际协报馆民国十八年版,第15—18页。

则……减三分之一交纳，若运往内地，仍应交纳子口税”。①

(2)东省铁路公司享有铁路运价决定权。《合同章程》规定：“凡搭客票价，货物运费及装卸货物之价，概由该公司自行核定”。②

(3)东省铁路公司享有辽河等河流、沿海航行权。根据《瑷珲条约》规定，俄国已经取得了在黑龙江、乌苏里江的航行权。《东省铁路合同章程》又要求：“中国政府谕令该管地方官，凡该公司建造铁路需用料件……及水、陆转运之舟……等事，皆须尽力相助”，《续订合同》进一步规定：“现准公司用轮船及别船挂公司旗，行使辽河并该河之枝河及营口并隙地内各海口”，“公司可自行担当备设行海商船……搭客票价及货物运价由公司自行酌订”。③

(4)东省铁路公司享有为满足铁路所需开采木材、煤矿的权利。《续订合同》规定：“中国政府允准公司开采木植、煤斤为铁路需用，”“并准公司在此枝路经过一带地方，开采、建造、经理铁路需用之煤矿，计斤纳价”。④

除上而外，俄国通过《东省铁路章程》还给自己扩张了中国政府并没有给予它的权利，其中比较重要的有：

(1)东省铁路公司将在东北开采煤矿、举办实业。《章程》规定：“中国政府准许公司开采煤矿……并准在中国组织一切工商矿务之实业”。⑤ 实际上，清政府只同意东省铁路公司开采满足铁路所需的煤矿，并没有同意公司“在中国组织一切工商矿务之

① 王铁崖：《中外旧约章汇编》第一册，第673—674页。

② 同上。

③ 同上，第784—786页。

④ 同上。

⑤ 雷殷：《中东路问题》，第10页。

实业”。

(2)由中、俄官员将共同审判东省铁路“租界”内的刑事、民事案件。《东省铁路合同章程》规定:“所有铁路地段命、盗诉讼等事,由地方官照约办理”。可是,在《东省铁路章程》中,把“铁路地段”故意说成是“铁路租界”,在第七款中,把上述规定篡改为“凡中东铁路租界内之一切刑民事诉讼案件由中、俄两国当地官署按照约章会同审判”。①

(3)东省铁路公司将对铁路界内组织“担负警卫”。《东省铁路章程》声称:“为防卫铁路界内秩序起见,由公司委派警察人员担任警卫之职任,并由公司特定警察章程通行全路遵照办理”。② 俄国当局明明知道《合同章程》曾规定:“凡俄国水、陆各军及军械过境……经此铁路者,应责成该公司迳行运送出境,除转运时或必须沿途暂停外,不得藉他故中途逗留”。可是,俄国不但不遵从《合同章程》规定,后来,还派来了由正规军组成的“护路队”,“护路队”人数最多时竟达数千人。

就是在《合同章程》、《续订合同》里没有规定或没有明确的一些权利,俄国也是牵强附会、生搬硬套,给自己的扩张找一些不着边际的理由。东省铁路通车后,俄国仍然在为东省铁路公司继续扩张森林采伐权、内河沿海航行权、采矿权、土地开垦权、行政权等等。20世纪初,东省铁路公司的实力已经大为增强,它以铁路建设、经营为中心,兼营煤矿、森林采伐等实业,旁涉内河、沿海航运,以房地产开发、城市建设、公用事业、通讯等行业,操纵着东北与北

① 雷殷:《中东路问题》,第12页。

② 同上。

满的近代运输与贸易，影响着东北近代经济的发展，又拥有独立的行政、司法与治安，俨然形成东北的国中之国，成为俄国在华利益的主要代理人。

为使俄国在远东地区的竞争中抢先，东省铁路干线、支线的建设速度非常快。1897 年 3 月，东省铁路公司正式成立，其总公司设在彼得堡，分公司设在北京，许景澄任总办，克尔别兹任会办，尤哥维奇担任铁路总监工和工程总局局长。8 月 28 日，东省铁路公司在五站小绥芬河左岸三岔河举行开工典礼，西段、东段、南段铁路各由两端同时建筑，大部分工人来自直隶、山东，建筑材料除一部分进口外均“就地取材”。1898 年 4 月，尤哥维奇宣布东省铁路干线、支线以哈尔滨为中心，同时向东、西、南三个方向施工，首先完成铺轨，其他工程居次，南满支线列为重点工程。为便于指挥，工程总局由弗拉迪沃斯托克迁至哈尔滨。[①] 1898—1899 年，“分段敷成之铁轨，约有 4300 里有奇”。[②] 义和团运动中，部分铁轨遭到破坏。[③] 经过重新修建，1901 年 10 月，铁路在西线乌固纳尔站最后接轨，1901 年至 1903 年，开始非正式营业。1903 年 7 月，全部工程尚未完毕时，就由建筑筹备处移交东省铁路公司管理局经营并正式营业。[④] 至此，俄国在东北共敷设东省铁路干线、支线 2373 俄里，耗资 3.7495 亿卢布。[⑤] 由于西伯利亚铁路和东省铁路的建设，俄国内地到远东的速度大大加快了，乘火车由彼得堡到旅顺只

---

① 近代史所:《沙俄侵华史》第四卷上，第 85 页。

② 雷殷:《中东路问题》，第 23 页。

③ 俄国宣布:义和团事件中，东省铁路仅 400 俄里轨路完好，其他轨路损失达 7101.5878 万卢布。

④ 雷殷:《中东路问题》，第 23 页。

⑤ 近代史所:《沙俄侵华史》第四卷上，第 414 页。

需要13天时间。[①]

东省铁路建成之后,俄国铁路经营策略经历了明显的变化:先是全力以赴发展大连,把东方不冻港经东省铁路与俄国内地连成一气,吸引各国商品从大连进出口,使旅大租借地和俄国经济得到繁荣。日俄战争后,俄国势力退居北满一带,又利用东省铁路差别运价与日本控制的南满铁路分庭抗礼,吸引东北特产从海参崴出口。在这一时期,东省铁路的建设仍在继续发展,各种铁路线路以不同形式在继续延伸。到1931年,铁路全长已经达到6224公里。见表1[②]。

表1 东省铁路历年延长里程 单位:公里

年度	广轨铁路	轻便铁路	合计
1903	2928	——	2928
1908	3000	363	3363
1913	3480	29	3509
1918	3587	55	3642
1923	4000	113	4113
1924	4072	166	4238
1925	4135	191	4326
1926	4604	230	4834
1927	5181	230	5411
1928	5557	230	5787
1929	5808	230	6038
1930	5936	230	6166
1931	5994	230	6224

① 近代史所:《沙俄侵华史》第四卷上,第420页。

② 哈尔滨满铁事务所编:《北满概观》,商务印书馆1937年版,第59页。

不能否认，在漫长的岁月里，东省铁路为俄国提供了军事和政治价值，可是，事情的发展并没有使俄国如愿：由于工业水平较低，俄国生活消费品难以扩张在东北的市场，俄国既没有消化东北特产的胃口，又无法吸引各国货物经俄国周转，在经济竞争的浪潮中力不从心。它只能眼看着英、日、美等国的商品沿铁路涌入东北，闯关东的中国移民在迅速增加，东北的土地在大量开发，大豆特产遍及欧、美、亚市场。俄国在远东巨额投资真是得不偿失，谢尔盖·维特建立欧亚新商路的计划成了梦想。俄国的工业真是太落后了，仅靠伏特加和烟草征服不了市场！① 由此看来，俄国修建的东省铁路大动脉没有躲过为他人做嫁衣的下场。

东省铁路通车之后，由关内向东北移民的速度明显加快，火车把一批批移民带到以往人烟稀少的边远地区，使大片的荒芜地带出现了生机。19 世纪末以前，由于地理和交通条件所限，吉林东部和黑龙江仅有满、蒙、鄂伦春、赫哲等少数民族居住，汉族移民人数很少。除牡丹江流域宁安开发较早外，在铁路未建之前，黑龙江许多地区都是"数十里不见一村，数百里不见一人，"齐齐哈尔附近"仅有少数小村落，极目荒凉"。后来农业极为发达的安达地区，在当时也只有"少数游牧人民居之"。② "荒烟蔓草，""渺无居人"之地竟占黑龙江"全省面积六分之五以上"。③ 东省铁路经济调查局编《北满农业》指出：20 世纪初，吉林、黑龙江人口不过 200 万，

---

① 例如，英、美、日各种商品甚至可以在东北边缘的齐齐哈尔地区找到市场。然而，在铁路线之外，除了伏特加和烟草外，再也找不到什么俄国商品了。见《俄国的远东政策(1881—1894 年)》第 209 页。

② 东省铁路经济调查局编：《北满农业》，1928 年版，第 38—39 页。

③ 白眉初：《满洲三省志》(中华民国省区全志)第三卷，北京师范大学史地系，民国十三年八月版，第 5 页。

1908年,人口增至570万,较以往增加三倍;1914年,人口增至810万,1919年,人口增至900万。[①] 在此前后,东省铁路沿线地区人口增加最快,20年代,北满中东铁路沿线地区人口约占吉、黑两省人口总数的68%—70%。该地区人口详细情况见表2。[②]

表2 1922—1928年北满地区与中东铁路沿线地区的人口

	总人口(单位1000人)			单位人口(平方公里/人)		
地区	1922年	1925年	1928年	1922年	1925年	1928年
黑龙江省	2799	3422	5100	4.8	5.9	10.0
吉林省	6405	6764	8900	23.3	24.6	31.0
呼伦贝尔盟	55	79	75	0.3	0.5	0.5
共计	9259	10265	14075	9.1	10.1	14.7
中东铁路沿线						
呼伦贝尔区	55	79	75	0.3	0.5	0.5
龙江区	228	351	550	1.2	1.5	2.8
安达区	1175	1253	1900	15.1	16.2	25.9
哈尔滨区	1129	1326	1900	37.2	43.7	63.5
松花江下游区	781	912	1300	9.0	10.5	13.9
扶余区	690	823	1200	16.8	20.1	29.7
南区	1796	1843	2250	67.8	69.5	86.2
东区	492	717	950	9.1	13.3	13.8
共计	6346	7304	10125	9.0	10.3	14.8

① 清末民初中国人口统计资料是不能令人满意的。许多年代缺乏统计资料,已作的统计极不全面。因统计方法,统计范围常常不同,统计结果也不能一致。因此,过分追求数据的准确性是不切实际的。但是,各种统计所反映的趋向比较一致,可以用作各种参考。如清朝宣统年间调查吉林全省人口为5538405人,黑龙江全省人口为1858792人(梁方仲:《中国历代户口、田地、田赋统计》第269页)。与上文引用人口数字比较相符。

② 表中资料来源于雷殷:《中东路问题》第193—194页,东省铁路经济调查局:《东省铁路统计年刊》第517—518页。其中,1922年、1925年的数据取自《东省铁路统计年刊》,1928年的数据取自《中东路问题》。因两书对吉、黑两省各区面积计算不同,人口总数和单位人口数量略有差异。《中东路问题》个别数据计算有误,按书中有关数据订正。吉林、黑龙江两省各区所包括各县的情况详见所引书注释。另据1934年《中国经济年鉴》,1928年吉林、黑龙江人口分别为610万和372.5万。比东省铁路经济调查局的统计数字少。

1922年至1928年，吉林、黑龙江人口由925万增长到1407万，增长了约52%，其中东省铁路沿线区域人口由634万增长到992万，增长了约56%。位于东省铁路南线的五常、榆树、双城、德惠等县土地平坦，土质肥沃，非常有利于农业生产，人口总量和单位面积人口数量都名列前茅。东省铁路交通枢纽、北满工商中心哈尔滨地区人口总量和单位面积人口位居其前后。物产丰饶的安达农业区人口不在哈尔滨区之下，草原地带、寒冷的边远地区则人烟稀少。大量未开发的肥沃土地吸引了无数移民，农业劳动者、手工业者、贸易商人、钱庄商人等持续不断沿大小铁路线涌入北满各地。在滨江、双城、呼兰等商贸繁华地带，城市人口比例较大，一般超过当地人口的20%。偏僻地区农村人口占90%，江河森林地带农业人口不过3%，发达的农业地区农业人口可达总人口的98%—99%。[①] 据民国地方各县抽样调查，在农业移民中，男女人口比例大约为10∶8，男多于女，人口年龄比例由大至小递增。一个70户农家调查表明，40岁以上人口占20%，而40岁以下人口竟占80%，其中10—20岁、1—10岁人口分别占24.8%和27%，这无异于为农业生产提供了生力军，准备了后续劳动力。[②] 根据表1计算，1923年至1928年东省铁路里程增长了40.7%，几乎与北满人口同步增长。1923年至1927年，东省铁路旅客运输量增长超过了85%，同期乘坐廉价三、四等车的东省铁路旅客则占商业旅客总量的90%以上，[③]不言而喻，体力劳动者成为东省铁路商

① 东省铁路经济调查局：《北满农业》，第44—45页。

② 同上，第45、46页。

③ 东省铁路经济调查局：《东省铁路统计年刊》，民国十七年十二月版，第50—51页。

业客运的主要群体。

随着吉林、黑龙江地区人口的增长,当地的土地得到了广泛的开发。一部分森林、矿产被利用,新的村镇拔地而起,城市规模迅速扩大,农用耕地不断向周边和边远地区延伸。20年代,吉、黑两省总面积、已耕地、未耕地面积情况如下(单位:平方公里)①:

区域	总面积	已耕地	未耕地
龙江区	197020	4510	53120
安达区	73530	23380	17500
哈尔滨区	29880	10870	2910
松花江下游	93270	10000	29570
扶余区	40410	8650	6580
南区	26090	15270	2070
东区	69250	8000	20800
呼伦贝尔区	155600	80	17670
东省铁路区共计	685050	8076	150234
其他地区	177710	1560	38000
总计	862760	82320	188220

两个最主要的农业区安达和南区可耕地面积都超过当地总面积的一半,安达已耕地最多,南区居次,哈尔滨及松花江下游土地开发也不少,南区和哈尔滨地区耕地开垦已接近当时理论界限。然而,边远地带还有大量的土地未得到开垦,呼盟地区已开垦土地还不到可耕地面积的0.4%,吉林、黑龙江农业潜力仍然很大。清朝光绪末年,吉林、黑龙江拥有的耕地不过158万亩,②30年后,这个数字翻了近三番。而且,东省铁路沿线的耕地占吉、黑两省耕地的97%。据《北满农业》利用各种资料估算,1920年前后,中国全

① 根据《东省铁路统计年刊》第520—521页表编成,表中森林等其他土地面积未包括在内,因此已耕地面积与未耕地面积之和不等于总面积。

② 梁方仲:《中国历代户口、田地、田赋统计》,上海人民出版社1980年版,第380页。

国人口约为4.479亿，拥有的田地及园圃15.375亿亩，平均每农户拥有田地25.9亩。奉天、吉林、黑龙江拥有人口2208万，田地及园圃1.33亿亩，平均每农户有田地50.4亩。其中，东省铁路沿线人口627万，田地及园圃6606万亩，平均每农户有田地104.7亩。[①] 由此计算，奉、吉、黑三省和东省铁路沿线人口分别占全国人口总数的4.9%和1.39%，田地面积分别占全国田地面积的8.6%和4.2%。受气象因素影响，东北农业一般只有一年一熟，黄河流域和南方地区却可以达到一年两熟或三熟，因此同类农作物南方一年亩产可达北方亩产一至两倍。不过，东北地区地广人稀，东三省和东省铁路沿线地带每农户单位田亩仍是关内农户的一至三倍，肥沃的土质保持连年高产，农作物总产和剩余仍然很大，由东省铁路运出的粮食逐年增加，详见表3[②]。

表3　北满粮食收获量和东省铁路运出粮食量　单位：1000吨

年代	1922	1923	1924	1925	1926
收获量	8764	8354	9714	10484	11073
经东省铁路运出	1687	1278	1998	2490	2981
大车运出	369	262	410	328	328
外运共计	2056	1540	2408	2818	3309

1922年至1926年间，北满粮食收获量增长了26.35%，外运的粮食增长了60%，粮食商品化率明显增加。经东省铁路和大车运出的粮食占粮食总产量的18%—29%，在北满外运的粮产中，至少有80%—90%的粮食由东省铁路的火车运到境外。当时有人赞叹：在东北"驻足田庄，当天气清爽之日，登高眺望，青山远映，犁烟如抹，田间陇畔，种种色色，禾黍畅茂，郁郁青青，盖未有不叹

① 东省铁路经济调查局：《北满农业》，第78、79页。

② 东省铁路经济调查局：《东省铁路统计年刊》，民国十七年版，第524页。

关东为天赋之区者”。[①] 铁路的通行,使以往的空旷沃野逐步变成了万顷良田。

随着北满土地开发和对外贸易的发展,在铁路交通枢纽和铁路沿线,出现了一批批新的村镇、集市和城市。原有的城市规模迅速扩大,涌现出许多为进出口贸易服务的加工、制造、货物仓储、银行金融等行业。哈尔滨成为北满地区最大的中心城市,经济和社会进步出现新的气象,中东铁路沿线和哈尔滨地区的工商业也相当发达,见表4[②]。

表4 1928年哈尔滨及中东铁路沿线制造业情况表

名称	哈尔滨	中东铁路沿线	总数	比例%	哈尔滨%	中东路沿线%
油坊	60	19	79	100	76	24
磨坊	23	24	47	100	49	51
酒厂	8	8	16	100	50	50
糖厂		2	2	100		100
烟厂	2		2	100	100	
食品	10		10	100	100	
玻璃	1	1	2	100	50	50
五金	7		7	100	100	
木器	11	8	19	100	57	43
制皮	3	3	6	100	50	50
呢绒	1		1	100	100	
织造	5		5	100	100	
洗毛		5	5	100		100
皮毡	2	10	12	100	17	83
奶油	10	10	20	100	50	50
肥皂	3	7	10	100	30	70
化工	2		2	100	100	
电灯	3	27	30	100	10	90

注:1. 上表资料来源于东省铁路经济调察局的调查。

2. 上表所包括的企业赢利在1000美元以上。

---

① 白眉初:《满洲三省志》第一卷,第265页。

② 雷殷:《中东路问题》,第198—199页。

20世纪30年代之前，由于当地粮食生产余额很大，除一部分粮产由铁路运至内地，还有大量的大豆特产用于出口。为豆产和面粉出口服务的榨油业、面粉业十分兴旺。在北满制造业约15000—16000万元(1928年，货币为哈大洋)的资本中，油坊和磨坊资本就占3000—3500万元。产品价值每年约达6000—7000万美元。[①] 第一次世界大战前后，欧美豆油需求量大增，持续刺激了东北豆油的生产。传统榨油法一般采用楔式压榨法，生产效率较低。1912年，哈尔滨出现新的螺旋式水压机，当时使用新式机械的油坊在阜头和八区各有一家。随着新式榨油机的推广，豆油生产效率得到连续提高。由于油坊生产有很强的季节性，每年秋季新豆上市至次年春季为豆油产销旺季；其他时间大豆存量减少，生产便进入淡季。平时豆油的生产并不需要深奥的生产技术，油坊能否得利，主要在于原料收购和产品推销。华人在竞争中占有优势，“北满油坊……经营者殆全属华人”，[②]其中榨油、加工豆饼能力较强的有东济、豁大、同聚祥、协昌永、元孚等。到20世纪30年代初，北满地区哈市沿线有油坊62家，水压、螺旋式压榨机共2454台，一昼夜可生产豆油21855普特，豆饼120195枚。[③] 北满机器面粉业的发展历史同样悠久，1900年，磨面合名会社投资30万卢布，在哈尔滨开办第一家西式面粉厂。日俄战争和第一次世界大战时期，市场对面粉需求大增，北满机器面粉业迅速膨胀，在哈尔滨、安达、富拉尔基、昂昂溪、齐齐哈尔、宁安、海林、阿什河、绥

① 雷殷：《中东路问题》，第198页。

② 哈尔滨满铁事务所：《北满概观》，第272页。

③ 同上，第279页。

化等地出现了几十个机器磨面厂。20年代初期,北满面粉业仍然"蒸蒸日上"[①],投资总量达到1400—1500万元。[②] 但市场需求起伏不定,行业竞争逐渐加剧,由俄国人创办的面粉厂逐渐转入华人之手。尽管俄人投资较多,对商机的把握却远不及华人,华人开办的工厂在竞争中站稳了脚跟。当时生产能力较强、产量较大的面粉厂有哈尔滨的天兴福、双合盛、东兴、中兴富,昂昂溪的振昌等等。30年代前,北满地区共有机器面粉厂47个,每昼夜生产能力共达到90405普特。[③] 除油坊和磨坊外,北满其他制造业规模都不大,代表工业化起步的纺织业还没有发展起来,棉纺织工厂是零,毛纺织业只有裕庆一家,拥有固定资产170万元,每年生产毛毯约15—16万张。

东省铁路通车之后,北满采矿业的发展大大超过了原有水平,其中砂金生产有"急流勇进之发展",黑河砂金产量已占全国产量的57%,相当于北满产量的85%。[④] 煤田开采规模为当地矿业之最,穆棱、鹤岗、札赉诺尔煤矿远近闻名,鹤岗煤质、煤炭储量都位居前列。1928年,北满煤炭产量达到254300吨,其中约19%的煤炭被地方购买,70.7%的煤炭归东省铁路使用。[⑤]

丰富的物产为对外贸易提供了源泉,据哈尔滨日本商会计算,1921年、1925年、1929年东北北部对外贸易情况如下(单位:万元)[⑥]:

---

① 《东省经济月刊》第五卷第十二号,第1页。

② 《北满概观》,第280页。

③ 同上,第287页。

④ 同上,第241页。1926年,据满铁地质调查所计算,黑龙江砂金产量约为45672两。

⑤ 同上,第255页。

⑥ 同上,第310—311页。

年份	输出	输入	总计
1921年	17000	8000	25000
1925年	18000	12000	30000
1929年	22600	22000	44600

在短短9年间,东北北部对外贸易增长了78%,其中进口贸易增长了175%,在持续20余年的农业特产大量出口中,以日用工业品为中心的消费水平开始有了迅速的提高。由于经营国内、国外贸易均有利可图,东北和北满地区涌现出大量的商人、商业公司和金融机构,这些商人、商业公司和金融机构分别代表不同国籍。属于日本的北满商业公司、商业团体和金融机构有三井物产会社、三菱商事会社(经营一般商品和特产出口)、哈尔滨日本商会、哈尔滨输入组合、金融组合、哈尔滨商品陈列馆、正金银行、朝鲜银行的代理机构、正隆银行等;属于中国的主要商业组织和金融机构有滨江市商会、哈尔滨市商会、哈尔滨油坊公会、吉林哈尔滨面粉火磨公会、东三省官银号、永衡、黑龙江官银号、中国银行、交通银行的代理机构等;属于俄国及后来苏联政府的有北满商业、金融机构有俄国商会、远东银行、远东犹太商业银行、苏联国家驻哈尔滨代表机构通商部、洋油组合部、粮食输出部等等。此外,在北满地区还有英国、美国、法国、德国、荷兰、瑞典、意大利、瑞士、波兰、捷克等国大大小小的商业公司和商业团体,真是数不胜数,举不胜举,林林总总,难以概全。

"九一八"事变前,东北北部工商业以俄苏、中国、日本实力最强。1928年哈尔滨商业统计,哈尔滨有华人商店937家,俄人商店674家,日人商店264家,英人商店63家,法人商店22家,德国人商店65家,美国人商店31家,捷克人商店23家,荷兰人商店8家,但就纳税额来看,在30.8567万元总税收中,俄国商店以占

35%列举榜首，华人商店占31%，日人商店占12%，其他外国商店占22%。[①] 在商业经营上，俄、华商店多以零售为主，其他外国商店多搞批发，可见俄国商店业绩在华商之上。1905年草创的秋林洋行(秋林公司)在20年代已经拥有股本、公积金、红利约金票500余万元。这所洋行位于哈尔滨南岗大街与义州街交接之处，地理位置优越，设有呢绒、布匹、皮件、洋服等12部。自建的楼房十分宽敞，货物齐全，品种多样，吸引了众多的顾客，再加上设有许多支店，1929年度营业额已达到283.5万大洋。除去一切开销、公积金、税额之外，秋林洋行每股股票红利达到面值的15%，[②]从而成为北满地区商业之林的佼佼者。

20世纪初，北满工商业的发展，带动了文化教育的进步。为培养铁路员工家属，东省铁路公司在铁路沿线陆续创办了许多新式学校。各地中小学有公司自行设立直接管理的，也有由公司资助拨款的。经过多年的发展演变，1927年，东省铁路公司直辖和资助的小学有18所，中学及附属小学17所，补习学校15所，共有教职工543人，学生12600余人。此外，还有商务学校一所，有教工80余人，学生870人，公司每年为中小学提供的教育经费达120万卢布。当时，北满的两所私立大学也由东省铁路公司资助，其中，私立工业大学校舍由路局修建，拥有学生500余人，另设附属工业学校一所，有学生400人，每年从路局得到经费20万卢布；私立法政大学有学生800人，每年由路局提供经费10万卢布(1929年，私立法政大学由特区行政长官收回自办，私立工业大学

① 《中东经济月刊》第6卷第7号，第50页。

② 同上，第9号，第24页。

改为中苏合办)。在东省铁路公司所设学校的促动下,北满地区新式学校纷纷建立,传统教育迅速被西式教育逐步取代,20 世纪 20 年代后期,除东省铁路公司所属学校外,北满地区享受西式教育的学生已达万人以上。[①] 当时,东省铁路公司还在哈尔滨建立了中央图书馆,拥有俄、法、英、德、中文等图书 10 万册。为方便各地所需,中央图书馆在一些地方设立流动图书站,由中央图书馆向各站俱乐部提供有关图书,每年仅此一项经费就达 7 万卢布。1928 年,铁路员工、商人、学生、儿童等各层次读者平均每天在中央图书馆借书达 613 人次,当年图书借阅量达到 63 万余次,其中儿童进图书室阅书者达到 6300 人次以上。[②]

由上观之,不言而喻,在东省铁路通车和铁路网不断发展之中,东北北满地区确实出现了前所未有的新气象!

四、俄国经营东北的代价

西伯利亚铁路和东省铁路的修建,加强了俄国在远东的战略地位,为俄国提供了军事价值,使俄国在中国东北和周边地区的实力大为扩张,俄国经济也得到某些实惠,但是,俄国财政收支却连年拮据,国库收支入不敷出,俄国政府在远东的策略和措施并没有得到意愿中的回报,有人对此连声抱怨,俄国在远东何以会得不偿失,付出这么大的代价?

其实,西伯利亚铁路和东省铁路对俄国最主要价值是军用。

---

① 雷殷:《中东路问题》,第 135 页。

② 同上,第 136 页。

虽然目前人们还缺乏这两条铁路为俄国当局军事服务的系统资料，然而，几十万俄军在义和团运动及日俄战争期间迅速出现在东北并活跃在东北各地，已经明确显示出两大铁路的军事效率。除此而外，俄国经济也从两条铁路的运转中享受到许多利益，特别是俄国的钢铁工业因铁路需求增加生产曾一度猛增。从1896年到1900年，俄国钢铁工业呈现一片繁荣。生铁产量从159.5万吨增至282.1万吨，5年中足足增长了76%。大部分产品由政府购买，1899年购买100万吨，1900年购买97万吨，所购的生铁大部分用于铁路的建设，1899年，铁路需求即占国家全部生铁产量的43%。由于钢铁工业的过度膨胀，人们纷纷向钢铁工业投资，1896—1900年，钢铁行业各公司付出的股息平均已经达到股本的50%。[①] 铁路建成之后，远东地区的俄国居民可以比较方便地从东北输入粮食，同时把俄国的产品推销到东北的各个地区。

然而，几乎在铁路建设的同时，俄国在远东开支的不成比例已经成为俄国政策抉择中骑虎难下的难题。1901年，库罗帕特金就抱怨说："我们在东方的行动已使我们花去八亿多卢布，而这种无休无止的开销还远未到头呢！"[②]他说的真是一点没错，远东的花费和东省铁路开销已经成了无底洞。根据不完全的统计，东省铁路建设初期，俄国在远东和东省铁路的投入已经导致财政入不敷出。见表5。

① 〔美〕马洛泽莫夫：《俄国的远东政策(1881—1904年)》，第204—205页。

② 〔苏〕罗曼诺夫：《俄国在满洲(1892—1906)》，第43页。

表 5 1896—1902 年俄国政府在远东的收支 单位:1000 卢布。

年份	收入	支出	逆差	其中对中东铁路的支出
1897	9601	92726	83124	5000
1898	12573	123952	111378	26300
1899	15753	201030	185227	69200
1900	21914	263592	241677	84500
1901	29846	247647	217801	73111
1902	196885	220816	23931	69417
总计	286574 *	1140765 *	863190 *	327529 *

* 数字疑有误,应分别为:286572、1149763、863138、327528。

1897—1902 六年间,俄国在远东收入达 2.86 亿卢布,支出却达 11.4 亿卢布,赤字为 8.6 亿卢布,平均每年亏损 1.43 亿卢布,仅中东铁路的支出每年平均就达 0.5 亿卢布。① 俄国财政的严峻状况使决策者们再也不能对此视而不见、无动于衷了。当时维特心情复杂地承认:“中国问题的复杂化使我们迄今为止花费了数十亿卢布,”“继续这种蠢事已不可能:俄国再朝这条路走下去,那么,不论在财政上还是政治上,它都在走向破产”。可是,此时束手已晚,维特“不相信,倘若我们不花这笔钱,情况便会好些”,②俄国只能硬着头皮把这条道走下去,结果,俄国在远东与东北的耗费继续出人意料得多。据东省铁路公司理事会清单报告,从 1903 年东省铁路正式营业到 1914 年第一次世界大战,东省铁路公司从来也没有盈余过。在 1896 年到 1928 年 1 月 31 年期间,东省铁路的各种建设费用(不包括割让日本南满铁路价值)为 3.9766亿卢布,另有营业亏耗及特别费 1.7857 亿卢布,③两者相

① 〔美〕马洛泽莫夫:《俄国的远东政策(1881—1904 年)》,第 206 页。《俄国在满洲(1892—1906)》,第 43 页。

② 〔苏〕罗曼诺夫:《俄国在满洲(1892—1906)》,第 43 页。

③ 东省铁路 1903—1914 年营业盈亏,见《中东路问题》,第 95、144 页。

加为 5.7623 亿卢布。[①] 这也就是说,俄国政府投资 3.9 亿卢布建设铁路,不仅一钱未得,反而倒贴 1.78 亿卢布。从上表还可以看到,东省铁路支出 1899 年达到 6920 万卢布,1900 年达到 8450 万卢布,在非正式通车的 1902 年还达到 6941 万卢布,这几乎相当于俄国 1901 年、1902 年海军的每年全部预算。[②] 1900 年、1901 年俄国在远东的赤字超过 2 亿卢布,大致相当于俄国全部预算的 8.3%,直到 1917 年旧俄政府垮台,俄国政府也没有从东省铁路赚到一个戈比的纯利。不仅如此,以上俄国政府在远东的开支还不包括为保护俄国势力范围所付出的费用:1904—1905 年的日俄战争曾使俄国耗费了 23.47 亿卢布(直接货币支出),因战败转给日本的铁路、港口和沉没的轮船价值约 2 亿卢布,沉没的军舰价值约 3 亿卢布,需要归还的军事借款利息将支付 42 亿卢布,这些数字加起来总数将达到 70 亿卢布,[③]而俄国政府一年的财政预算不过十几亿卢布。

极度膨胀的政治军事野心和不相称的经济实力使俄国在远东付出了如此代价,同时,俄国政府也没有采取有效的措施来扭转局势。本来,1898 年后俄国逐渐占有了东北,控制了东北最优良的港湾,使维特有条件对建立欧亚新商路的设想进行试验。可是,日俄战争的失败使俄国在东北的地位变得十分不利,拥有良好地理位置和经济条件的南满被日本人分割,俄国只能退居相对偏僻、对外交通不大便利的北满地区。失去了主要良港,俄国也就失去了

① 雷殷:《中东路问题》,第 95 页。类似的资料又见〔苏〕阿瓦林:《帝国主义在满洲》,商务印书馆 1980 年版,第 159 页。

② 1901 年俄国海军预算为 9300 万卢布,1902 年为 9800 万卢布。见《俄国的远东政策(1881—1904 年)》,第 207 页。

③ 〔苏〕阿瓦林:《帝国主义在满洲》,第 113 页。

对东北外贸和经济的控制。尽管后来俄国拼命发展海参崴海港，吸引商品经海参崴进出，但是已经不大可能替代辽东半岛的商业优势。事实上，日俄战争决定了俄国后来在东北的经济格局。即使俄国没有在日俄战争中战败，维特建立欧亚新商路的思想也不大容易实现。他对欧亚新商路的设想太乐观了，以至于并没有冷静下来好好想一想其中政治和经济的各种问题。经一个野心勃勃的强国所控制的铁路运送货物，恐怕任何货主难免都没有顾虑。长期以来，西伯利亚铁路和东省铁路在经营、管理上都不完善，车辆不足，货运拥挤，军事运输常常妨碍正常的商运，运费高昂，以至于任何商人在货运路线选择上都会做明确的抉择。何况尽管由西伯利亚铁路运输时间较短，海上运输仍有陆路运输不可取代的优势：行动自由，而且费用更为低廉。当时用火车把货物由不来梅运到大连，每一长吨的费用是220马克；用德国劳埃德船舶协会的商船把货物同样运到那里，每一长吨的费用只需要22—23马克，[①]仅相当于陆路运输的十分之一。就算是俄国弥补了自己上述不足，它拿什么来覆盖东北亚的市场呢？仍然是一个短时期难以解决的问题。在经历1897—1900年短暂的繁荣后，俄国欧洲部分发生了财政和工业危机。以往重工业的过度发展呈现出了恶果，激增的投资和投机行为在钢铁市场突然萎缩下导致企业的大量破产，为扩大海军，更新陆军的装备，俄国财政部始终不渝地履行着既定的计划，进而又增加了恢复经济的困难。有的俄国驻华领事曾经抱怨：在东北“俄国商品竞争不过日本、美国和英国的商品”。

① 〔美〕马洛泽莫夫：《俄国的远东政策(1881—1904年)》，第209页。每长吨等于1.01605公吨。

还有的人指责俄国商人和各公司代理人不善于适应市场,也不积极争夺市场,俄国商品太贵,不适合市场的需要……奉天的中国商会报告说:1912 年,在奉天销售的洋货价值总额为 776.5 万卢布,其中俄国货价值约 17.4 万卢布;1913 年销售洋货为 819.6 万卢布,其中俄国货约 19.1 万卢布,两年来分别仅占洋货销售总额的 2.2%和 2.3%。[①] 就是在北满市场,俄国货除伏特加、卷烟外,也不见得是其他洋货的对手。在这个时期的东北,普通消费者最需要的是便宜、耐用的生活必需品,而这一点是俄国工业难以胜任的,当时它连自己的日常消费品都很匮乏,更不用说和英、美、日本等国的货物竞争。由于俄国超前开发市场,不免被他人利用。“中东铁路的南部支线,牛庄的通商口岸地位和大连的自由港地位,都为中国、日本、美国以及西欧货物的涌入满洲创造了条件,这些货物在依赖中东铁路过活的六万工人和他们的大批家属以及‘包办伙食者’中间找到有利的市场——花钱的却是俄国的财政部。”[②]

由俄国国家和国家财政部一手控制的东省铁路公司是当时官府意志、经营混乱、财务滥支的典型。虽然国营并非等于效率低下,但其背后总会渗透着长官意志,而有些管理企业经营根本无利。东省铁路公司的股票基本上由俄国财政部控制,因此有的开销就不那么纯商业性了。在东省铁路公司创办时期,沙皇就亲自发布谕旨,在政府给予东省铁路公司“满洲勘查铁路方向之费用”400 万卢布的贷款中提出 300 万卢布,余下的 100 万卢布作为国家的收入,另 300 万卢布存入国家银行或某家私人银行(后存入道

① 〔苏〕阿瓦林:《帝国主义在满洲》,第 156—157 页。
② 〔美〕马洛泽莫夫:《俄国的远东政策(1881—1904 年)》,第 208 页。

胜银行)，作为特别基金归政府钦准使用。这项基金包括“抵偿与中东铁路租让权有关的费用的特别基金”，也就是后来所称的“李鸿章基金”，专门用于贿赂、收买能满足俄国愿望的中国政府高级官员。[①] 当然，上述 400 万卢布将由东省铁路公司来偿还。即使没有上述因素，从经济角度来看，东省铁路公司作为商业性的组织也是弊窦丛生，难以适应竞争环境。它的人员过多，开支过滥，车辆不足，运费高昂。在东省铁路公司，有很多职员年薪超过 10000 卢布，使每年公司开支账上工薪比例居高不下。除了薪金外，职员还享受住房、煤炭、公费、马费、电灯、电话等待遇和有关费用的减免。拥有 18 个人的理事会，每年薪金竟达到 100 万卢布。一般的理事，年工薪 20000 卢布，理事长、副理事长则达到 40000 卢布，至于督办、会办的办公费每年也各有 10 余万卢布。整个东省铁路公司机构及附属机构十分庞大，其内部有大大小小几十个会、局、处、所等等；附属机关包括林场、矿山、航运局、电报局、电话局、旅馆、医院、园艺场、农业试验场、学校、毛皮厂、兽医处、防疫处、汽水厂、洗涤厂等等。在东省铁路沿线，约有 7—8 万俄国侨民依赖东省铁路为生。[②] 因此，上有政府开销，下有沉重负荷，外有强力竞争，内乏业务实绩，东省铁路公司焉有兴旺之理？

20 世纪初，许多俄国人已经开始对俄国在东北的经济前景产生怀疑，有一个目击者写道：

> 俄国在旅顺口以及在满洲其他地方的全部事业，至今还带有一种不牢靠的性质。如果没有军队，如果政府今后不再

---

① 这项基金到 1908 年 3 月尚有余额 126.4539 万卢布。见罗曼诺夫：《俄国在满洲(1892—1906)》，第 48 页、111 页。

② 雷殷：《中东路问题》，第 5、109、110 页。

进一步干些什么,那么俄国的企业家以及企业中所雇用的全部俄国工人……都会无事可做。为了使俄国企业家能够在满洲开展他们的活动,就必须保护他们免受一切外国的竞争,必须不准外国人接近,并用关税保护把这块地方包围起来。……要做到这一点,只有满洲全都成为俄国人所有才行。因此,在这一点实现之前,俄国的全部开销只是使外国人得到好处,我们的企业家离开政府的保护就无法同他们竞争。①

显然,这个俄国人已经看出,俄国经济力量的不足,需要通过政治手段来弥补,但仅用政治手段也是不够的,否则,在政治上的努力只能使他人享受更多的利益,自己却缺乏所得。20世纪初,俄国在东北的经济活动无疑证明了一个道理:经济的发展不仅需要采取政治上的措施,更需要在经济上的努力。政治和经济在任何时期都存在着密切的联系,在不同情况下应该各有侧重,但绝不能顾此失彼。

① 〔美〕马洛泽莫夫《俄国的远东政策(1881—1904年)》,第214—215页。

第二章　清朝、民国时期国内对东北的经济开发

清朝入关以后，长期对东北采取落后的封闭政策，东北的资源得不到有效的利用，当地经济始终落后于黄河流域和长江流域等地区。有很长时间，黑龙江、吉林肥沃的土地无人开垦，辽阔的原野人迹罕至，适于大豆、高粱生长的土壤、广阔的森林一直被人为闲置。由于害怕满族被“同化”，欲保住老祖宗的“发祥地”，清朝统治者顽固地不准汉人移民关外，企图把东北变成隔绝于尘世的超然之地。可是，19 世纪中叶以后，国际列强对东北的侵略纷至沓来。在中国极东地区，俄国移民抢先而入。甲午战争爆发，日、俄势力又先后侵入东北。义和团运动中，东北遭到十几万俄军的侵占。日俄战争后，东北进而被日、俄两国分别控制。在内外交困的环境下，人民生灵涂炭，清朝国势积弱，军事、经济千疮百孔，统治者已经没有了用武力抵御侵略者的信心和意志。20 世纪初，清政府企图通过将东三省向各国“遍地开放”，避免东北被一国独占，实现“以夷制夷”，东北就是在这样的外力、内力驱动下逐步全面开放。“九一八事变”前，清朝、民国政府积极鼓励关内民众向关外移民、垦荒的政策不断取得实绩，同时对列强在东北的经济渗透也想方设法地尽量进行抵制，东北的经济在纷纭多变的国内外政治经济环境下曲折地一步步发生着变化。

一、东三省的“遍地开放”

19 世纪 60 年代，东北的营口最早成为对外通商口岸，大约与此同时，中、俄陆路边贸也逐步展开。当时东北地区人烟稀少，同外界并没有较大的往来。20 世纪初，东北地区面临的国内外环境发生了变化，列强对东北步步进逼，俄、日等国觊觎、垂涎东北疆土，清朝无力在军事上有所作为，只好寄希望于“以夷制夷”，被迫将东三省“遍地开放”，希望以此形成列强的彼此牵制，避免出现更大的祸患！东北的开放虽然有利于东北地区未来的经济发展，但这种经济发展的方向、发展速度和经济布局却不免受到各种力量的影响和控制。

1. 抵制沙俄对东北的独占

1900 年，在中国北方各地相继爆发了大规模的义和团运动，英、法、德、日、俄、美等国惊恐万状，很快决定举行联合出兵，积极镇压在中国各地出现的“恐怖”。义和团运动期间，中东铁路遭到破坏，狂妄的俄国陆军大臣库罗帕特金闻之喜上眉梢，惊叹自己抓住了“夺取满洲”，“把满洲变成第二个布哈拉”的机会。7 月，经沙皇批准，约 10 余万俄军借口保护中东铁路，从北、东、南等方向兵分六路侵入中国东北，至 10 月上旬，俄军已经完成了对整个中国东北的侵占。

俄国在东北的军事行动，使英、日、美等国十分不安：俄国不仅破坏了八国之间的统一协调，还预示着俄国将独享某种利益。俄国深知自己已经触犯各国所忌，急于抢先与清政府“缔约”，以便将占领中国东北的行为合法化、条约化，完全吞下已经入口的果实。为此，俄国在联军占领北京后，首先提议将本国使馆人员和军队撤到天津；承认以慈禧太后为首的清政府和李鸿章谈判全权代表的资格。当时，在有关中国的问题上，俄国财政大臣维特不像陆军大臣库罗帕特金那样浮躁地认为“对于俄国最重要的是向前推进灭亡北京”，他于10月向沙皇提出建议，准备与清政府单独缔结条约，用“价值相当的特惠”来代替未来各国与清政府条约中的对俄赔款。为了弄清楚清政府到底能够满足俄国哪些“特惠”，维特事先就派他的亲信乌赫托姆斯基到中国去摸底。①

事实上，俄国东北占领军的类似行动已经在进行了。11月30日，南满俄军司令阿利克谢耶夫强迫盛京将军增祺签订了《奉天交地暂且章程》。《奉天交地暂且章程》规定撤销清朝在奉天的军队；收缴军械；俄军驻扎在盛京各地；俄国官员预闻重要公务等等。这一章程实际上使清朝的地方官员完全变成了俄国的傀儡，如果《奉天交地暂且章程》成为既成事实，中国东北南满地区将变成不折不扣的“黄色俄罗斯”。

由于李鸿章以往与俄国人走得很近，各国对李鸿章心有疑忌，一时还没有承认他的外交全权，李鸿章也知道表面上要对各国不偏不倚，才有利于完成议和使命，因此对俄国勒索不能任其为所欲为。他有意让儿子李经方在上海面见乌赫托姆斯基，与俄国进行讨价还价，同时试图达成某种交易。乌赫托姆斯基回忆道：他与李经方初次见面时，李经方就按他“父亲的吩咐”，“说，中国将使我们如愿以偿……并要付给我们一笔极大的赔款”，在“向我们分期偿

① 〔俄〕罗曼诺夫：《俄国在满洲(1892—1906)》，第228页。

付战争和破坏造成的损失外”,还准备“把与我国毗邻的蒙古和喀什葛尔的资源无条件交给我们开发经营,并准许俄国往那里大批移民,用一些虚构的私人公司的招牌把给予俄国政府的租让权掩饰起来”。除了这些给予外,清朝同时希望俄国在占领中东铁路时,在“原则上”宣布“不把全地区据为己有”,因为这可以在与各国的共同谈判中“给中国政府一种支援”。后来,李经方在与乌赫托姆斯基的交谈中也没有忘记“痛责”俄方没有支付以往答应的第二笔贿款,[①]声称哪怕先付给他50万,他也会拿着钱向太后炫耀,促使太后回銮,以便“等待更大的赏赐”。[②]

经过了这样的接触,俄国感到李鸿章在向俄国耍滑头,俄国明明感兴趣的是中国东北,而李鸿章却把俄国的视线引向中国的蒙古和西北,何况,李经方根本就没有什么谈判的全权,不值得与他浪费口舌。因此,俄国决心自己起草有关约款,绕过在北京的各国谈判代表,邀请清方代表在彼得堡直接与俄国谈判。

考虑到当时的中国环境,义和团活动已经平息下去,俄国实在没有什么理由继续占领东北了。可是,它却不肯放弃既得的利益。俄国外交大臣拉姆斯道夫询问了财政大臣维特和陆军大臣库罗帕特金如何索取在华权益的意见。库罗帕特金认为,如果俄国完全撤出了东北,将不能保证俄国的利益不会受到侵害。因此,即使把东北交还给中国政府,俄国也要保留军事占领的权利。而且,不能让中国在东北驻扎军队和建立兵工厂。维特则强调指出,俄国要

① 在签订《中俄密约》后,维特答应分三次付给李鸿章各100万卢布,后来仅支付给李鸿章第一笔100万卢布,其他两笔贿款没付。见《俄国在满洲(1892—1906)》,第106—109页。

② 转引自《俄国在满洲(1892—1906)》,第229—231页。

加强中东铁路在满洲的独占地位;同时应该把中东铁路附近的几个税关和长城以北的中国北方铁路完全交给中东铁路公司;中国不经俄国同意,就不能在“满洲、长城以北的中国所有地方、蒙古、伊犁地区和喀什葛尔”用自己的资金修筑铁路,不得把铁路和任何他种特权给予其他外国人。从这些意见来看,维特的意见比库罗帕特金更进一步,即不仅在军事领域,而且在经济领域要进一步强化俄国在中国东北的独占权益。经过反复讨论,三个大臣达成了共识,起草了《俄国监理满洲之原则》草案。12 月 17 日经沙皇批准成为俄国与清朝谈判的条款。①

在同意与俄国谈判前,清政府并不知道俄国已经背着清政府与盛京将军签订了《奉天交地暂且章程》。1901 年 1 月 2 日,清政府任命驻俄公使杨儒为清朝谈判全权代表,并对俄国有意交还东北表示感谢。但是,刚刚感谢了俄国,没想到 1 月 3 日英国泰晤士报就披露了俄国强迫中国地方当局签订《奉天交地暂且章程》的消息,并同时公布了条约的内容。清政府对此不啻于冷水浇头,对俄国谈判的意图不能不产生戒心。于是,清政府一面宣布增祺与俄国签约,未向中央政府报告,不能承认;一面指示杨儒,设法“废暂约,立正约”,“设法磋磨,不避其难”,一定要以新约换旧约。俄国私下与清朝地方官缔约本来就理亏,这时又受到各国的纷纷责难,为了更大的利益,只好考虑放弃《奉天交地暂且章程》,以便全力诱使清朝签订与俄国更有利的正式条约。

2 月 8 日,俄国三大臣会议通过了向清方代表提出的正式文本。2 月 16 日,拉姆斯多夫将文本 14 款内容交给杨儒。人们发

① 〔美〕马洛泽莫夫:《俄国的远东政策(1881—1904 年)》,第 171—172 页。

现，俄国的胃口远比想象的要大得多！《俄国政府监理满洲之原则》草案虽然承认“在满洲恢复中国政府的权利，该地仍归中国版图”，但规定在当地秩序未恢复前，以及中国皇帝能够履行该约其他条款前，“俄国政府暂将部分军队留驻满洲”；“俄军在其留驻满洲的整个期间，如有必要，将全力协助中国当局维护本地治安”；在中东铁路建筑与营业筹建工作完成之前，中国不能在满洲驻兵；驻兵时，中国驻兵的数量须与俄国政府协商；中国皇帝有义务根据俄国政府行文，撤换对俄国不友好的将军；中国政府有义务在华北的陆、海军中不聘用(其他)外国教官；俄国已租借的关东省以北设为中立区；中国政府不经俄国同意，不得在满洲、蒙古、与俄国接壤的甘肃、新疆等地向他国提供建筑铁路、开采矿藏和经营工业企业的租让权；在上述全境内，中国政府不经俄国同意，不得用本国资金修筑铁路，不得把地段提供给其他外国人使用；中国政府将赔偿因中国骚乱而造成俄国政府、中东铁路公司、俄国人和私人机关损失的费用；向中东铁路公司提供某些特惠，由中东铁路公司修建一条通往北京方向到长城的铁路等等。谁都能看出，一旦这个条约的内容实施，清朝在东北的权利将名存实亡。中国失去的不仅仅是一个东北，连同北方、新疆、甘肃等西北地区也会完全置于俄国势力的控制下。清政府行政权、军事权力将大为缩小。北京时刻会感觉到俄军的存在，整个朝廷将完全受到俄国控制，从而成为事实上的“黄色俄罗斯”！

俄国提出的要求，不仅清朝难以接受，就连与俄国共同侵华的其他国家也表示反对。俄国破坏了八国联军在华分赃的“规则”，想独吞更多的果实，自然而然地引起了在华其他列强的不满。英、日等八国(实际上是十一国)要与清政府共同议约，一起向清政府摊派勒索；俄国却想先与清政府单方面订约，取得清政府对俄国抢先攫取的确认，然后再以此约为借口享受比其他列强更多的在华利益，从而使自己处于优势的在华有利地位。各国当然不会看不出俄国的用意，因而极力"劝告"清政府不要与俄国单独先行签约。清政府为人为己，何尝愿意签约？可是，在当时的形势下，拒绝单独与俄国签约需要勇气。然而，懦弱的清朝何尝有过这样的勇气？

随后几个月，英、日、德、美等国纷纷采取行动，或是通过清朝驻本国公使转达，或是嘱托清朝地方大员代转，极力劝告清朝政府不要顺从俄国人的摆布，拒绝在条约上签字。日本政府向清朝公使李盛铎表示："此次中国万不可割地，如允割地于一国……他国必群起效尤，大局当不可问"。希望中国的"财政及各种利益归入各国公约并议"。英国警告中国："东三省不宜另立约章，致各国效尤"。[①]清朝两江总督刘坤一电转德国政府态度："和议未结以前，中国最好不与他国及公司定约，将土地钱银等利益相让，与中国甚有裨益！"[②]清朝驻美公使伍廷芳来电：美国外交部也要求他向中国政府代转意见，"劝中国勿与一国立密约让地，或借款别给利益，恐有大碍，蹈危机"。[③] 除此而外，意大利、奥匈帝国也表示了类似的态度。尤其是日本，签署俄约对它关系最大，一再活动，拼命阻挠，不愿让东北单独落入俄国的手掌。

眼见各国群起阻挠，俄国岂有不急之理？俄国驻华公使格尔思以李鸿章为突破口，对中国政府极力施加压力。他来到北京李鸿章处，"痛陈俄京约款一事，"扬言说："中国如听各国谗言，不愿

① 《李鸿章全集》，时代文艺出版社 1998 年版，第 6944 页。
② 同上，第 6965 页。
③ 同上，第 6959 页。

立约,则东三省必永为俄有。”他连连质问李鸿章:东北现在被谁占着?将由谁来交还中国?哪一国能管得了俄国的事?格尔思还撒谎说,俄国交还东三省一事,俄国陆军部和将军们都不愿意,幸亏财政部支持。如果中国再“听各国浮言,犹豫不定,两国邦交大局甚有窒碍!”[1]可能将东三省还给中国之事就要泡汤了。不过,在当时或后来,格尔思可能对李鸿章还说了什么别的话。因为不久后,维特曾电告道胜银行经理璞科第,如果李鸿章促成俄约,就给他50万卢布作为酬劳。[2] 不管巨额卢布是否起了作用,李鸿章的天秤总不免最终倾向于俄国人的一边。他电告西安行在军机处:格尔思说各国都没有向俄国表示过反对俄国与中国单独签约。在这件事上,各国对中国政府的游说只是有意令中国政府为难,对之不必理睬。李鸿章的电文,使已经游移不决的清政府更添烦恼,在远患或近忧之间不知何去何从!

已经被八国联军打服了的清政府,面临着对谁也得罪不起的窘境。它既不想“激俄廷之怒”,也不敢“动各国之愤”。虽然清廷已派杨儒为全权大臣,但是清廷知道:“此事关系重大,非杨儒所能了局”。“李鸿章熟悉俄情,此中国应机宜尤在该大学士之善为操纵耳”。“朝廷惟该大学士之赖”。[3] 可是,事已至此,李鸿章在朝中的势力、影响都今非昔比。与此相应的是,两江、湖广督抚对朝廷影响却在日益增长。两江总督刘坤一、湖广总督张之洞连续来电反对与俄国签约。刘坤一认为,俄国之所以逼迫中国尽快签约,是想在签约后“箝各国之口”,各国既然声称必然效尤,“则分裂之

① 《李鸿章全集》,第6968页。

② 转引自《帝国主义侵华史》第二卷,第140页。

③ 《李鸿章全集》,第6972、6973页。

祸即在目前”。他主张:“两害相形,宜取其轻。为中国计,与其使各国效尤,”听俄所为,不如拒绝签约。纵使俄国不归还土地,“亦系强占……其曲在彼”。[①] 意为中国得罪了俄国也比得罪各国强,如果引起各国“效尤”,恐怕中国失去的就不仅是东北的土地了!刘坤一、张之洞要求朝廷将俄国强迫与中国单独签约之事交给各国公议。他们指出:俄国之所以逼迫中国尽快签约,是“慑于各国公议”,外硬内恐,经英、日等国对俄不断诘问,俄国已感理亏,因此中国不难与俄国对条约进行商改。与此同时,来自国内外其他的反对声也不绝于耳。慈禧等感到刘坤一、张之洞等人的意见“尚为透澈”,较有道理,因而指示庆亲王、李鸿章、杨儒对之“详加参酌”,谈判原则“总期中国政权、利权不致全失,勿使各国效尤为断”。[②] 让李鸿章等设法继续与俄国人讨价还价。

随后,清朝政府对俄国拟定的条约条款至少提出了七点反对意见,对特别损害中国主权和权益的内容表示了异议。虽然维特认为对清政府提出的要求不加区分地统统让步行不通,但是俄国政府还是就条款的内容进行了修改,把满蒙、新疆路矿及他项利益非经俄国允许不得让予他国或他国人,改为“中国在满洲全境内,如未与俄国先行商明,不允他国或他国人造路开矿及一切工商利益”;把禁止将军火输入满洲的规定改为“临时”;修建至长城的铁路删去“往北京方向”;取消条约中不聘用(其他)外国教官的规定等等。3 月 13 日,俄国将更改后的条款交给清方代表,声称以两个星期为限,不能改易一字,“逾期则交收(东三省)作罢”。与此同

① 《李鸿章全集》,第 6983、7002 页。

② 同上,第 7015 页。

时,俄国驻北京公使格尔思也奉命前往李鸿章处,向李鸿章进一步施压。格尔思表示:这次前来系转述俄皇谕旨和外交部电文,约章已经删改,“不能增减一字,限期两礼拜”,“倘逾限不画,则东三省由我自便,所改约章作为罢论”。说完,起身就走。李鸿章赶紧追问:“尚容我商量否?”格尔思冷冷地说:“已改之约,不能再商;已定之限,若再迟逾,祸患甚大!”李鸿章拦也拦不住,赶紧询问:“英廷现商德、美、日四国,未回信,勿遽画押,俄廷看此事如何?”格尔思扬言:“俄廷不论他国意见,此约画后宣示,谁敢拦阻?”李鸿章又追问:“尚能展限否?”格尔思一口回绝:“展限非我敢说”。格尔思走后,李鸿章不顾惊出的一身冷汗,反复思考对策,深感大局棘手,何况,他与俄人还有一些不便示人的猫腻。顷刻之间,李鸿章就向西安行在军机处拍发了电报,报告俄国政府当前的态度,电文中字里行间流露出俄国并不顾忌各国的阻挠,因此,继续商改条约,“难措辞”;“若虑各国效尤,照现改之约似不至于贻祸”。所以,他请求:“速电画押,以保危局,勿多顾虑”。[①] 要朝廷批准答应俄国人的现有要求。

清廷对俄国的施压和李鸿章的建议颇费踌躇,总觉得目前条款“仍有窒碍”,十分担心各国藉此仿效,大局将不堪设想,“此约关系甚重,必须详经熟筹,”希望能够让俄国“宽以时日”,以便自己能够“从长计议”;同时也放松了签约的口气,要求李鸿章等人设法使条约避免后患,“总期订约以后,各国不至藉词贻祸为断,朝廷非必坚持也。”这时,虽然清廷口气有所松动,但是,当时清廷并没有正式批准清方代表与俄国签订有关条约。

尽管清廷要李鸿章等人继续与俄国商改条约而不是马上签

① 《李鸿章全集》,第7016—7017页。

约，李鸿章却迫不及待地电告清朝谈判全权代表杨儒马上与俄国签约。李鸿章称此时"内意已松……当立断，"要杨儒"明告英及各国驻使，势处万难，不能不允；一面即酌量画押，勿误"。[①] 不料，杨儒却回电李鸿章："画押须有切实电旨"，"非奉画押之旨，不敢擅专"，[②]拒绝在条约上签字，使李鸿章没能如愿。同样面对俄国政府的恐吓、威胁，杨儒比李鸿章更显得有骨气，他一一回绝了俄国方面喋喋不休的纠缠和引诱，甘愿冒犯庆亲王和李鸿章这样的显贵，始终在维护应有的尊严。相形之下，李鸿章就显得卑鄙。擅自指使杨儒画押没有达到目的后，李鸿章继续一次次电告清廷，各国阻挠中国与俄国签约，实际上并没有什么实际行动，"若不切实电令画押，俄必决裂，祸患即在目前"。李鸿章为促使清廷在俄约上画押所作的努力，连彼得堡也感觉到了——"李鸿章看样子确实尽了'一切可能，不断上奏，声言尽快与俄国缔约是何等的重要'，但'赞成此原则的仅他一人而已，谁也不支持他'"。李鸿章已经对俄国担保过，"'当与列强共同媾和时，中国为了永恒的友谊将欣然同意按俄国意愿签订单独协定'"。[③]

慈禧太后和行在军机处的亲信们在自身性命受到威胁时是不会顾及国家和民族利益的，但裁定他们命运的与各国议和的条约没有正式签订前，他们还会小心翼翼地看列强的眼色行事，决定着自己的进退。在一定的条件下，也会讨价还价，为自己的未来有所保留。这种保留在很大程度上不是取决于他们自己，而是决定于列强的意志。因而当英、日、美、德等国对俄约极为不满时，清政府

---

① 《李鸿章全集》，第7026页。

② 转引自丁名楠等：《帝国主义侵华史》第二卷，第142页。

③ 〔苏〕罗曼诺夫：《俄国在满洲(1892—1906)》，第262页。

的胆子也就大了起来,有意拖延时间,让各国有所反应。与此同时,两江总督刘坤一、湖广总督张之洞一再来电反对签订俄约。他们认为,两害相形取其轻,宁忍俄国相逼,不使各国效尤。要求"将(俄约)所索各条,布告各国公议,"请各国鼎力相助,"为中国计,一切条约必须与各国共同商议,才能保全中国"。[①] 不久,清政府密令清朝驻英、日、美等国公使,以东三省路矿、工商"利益均沾"为诱饵,与所在国相商有关办法,如何使清朝摆脱接收东三省中的困境? 很快,英国就向中国公使表示,"无论俄国如何举动,英自当以公论相助";但是,"如(俄约)将英国应有权利夺去,英必向中国取偿"。[②] 日本一方面频繁告诫清朝朝廷和地方大员勿签俄约,如果中国签约,"各国必怒,群起分裂,中国全局立危,公约亦无可商,势必停议。如能坚持不画押,俄怒亦不至决裂,即决裂强占东三省,各国必当主持公论";一方面又警告俄国外交部:"现在与中国缔结特别协定是危险的,"因为该条约"也侵犯其他大国的某些条约权利"。[③] 在英、日等国百般"劝阻"和多方外交交涉下,清政府经过反复权衡,天秤的杠杆终于开始倾斜,3 月 26 日,电令李鸿章向俄国公使表示清政府的最后态度:"先立公约,再议专约",将俄约"暂从缓议"。同时又卑贱地向俄国人保证"以后交涉之事苟可以相商相让者,皆当惟力是视",[④]小心谨慎地不敢过分得罪俄国人。俄国百般威逼清廷没有实效,英日等国的态度又咄咄逼人,继续一意孤行风险太大,因此眼下除了扬言保留自己在中国东北"行动自

① 《张文襄公全集》卷八十二,电奏十,第 10、11 页。
② 《李鸿章全集》,第 7037 页。
③ 〔苏〕罗曼诺夫:《俄国在满洲(1892—1906)》,第 261 页。
④ 《李鸿章全集》,第 7046 页。

由”的权利外,暂时无计可施了,不得不暂时放弃单独与清政府签约的打算,转而与各国共同和清政府签约。雷霆虽然过去,风雨还没有结束。清政府对东北的前途未见得松了口气,因为当时整个东北地区实际上还控制在俄国人的手里。

2. 吁请东三省“遍地开放”

俄国没有能够迫使清政府签约,在法律上确认俄国占有东北的“合法”,1902 年 4 月,只好与清政府签订中俄《交收东三省条约》,答应按三期撤军交还东北。尽管后来俄军虽然勉强撤走了一些军队,但在俄国强硬派的影响下,1903 年 4 月又向清政府提出了企图控制、垄断东北的七项条件,同时也流露出势力欲扩展到蒙古等地和不容他国染指东北的意图。清政府对俄国节外生枝的“要挟太甚”深感“断难应允”,但是,清朝实际上已经没有什么力量,也没有什么办法对付赖着不走的俄国人。与此同时,俄国在中国的所作所为引起了英、美等国的进一步反感,大大刺激了对中国东北深有“情钟”的日本人。在俄日强硬势力纷纷抬头的局势下,日俄战争终于爆发。战争从 1904 年 2 月打到 1905 年 9 月,俄军在海、陆作战中接连败北,日军虽遭受了陆战中的重大伤亡,却打得俄军苦不堪言。《朴茨茅斯条约》的签订使日本接收了俄国在旅大租借区的一切权益和公产,得到了长春到旅大铁路和沿线的支路及矿产。为协调俄、日两国及和其他列强的在华矛盾,《朴茨茅斯条约》规定东三省的行政权应全部交还中国,俄、日在东三省的铁路都应以发展工商为目的。《朴茨茅斯条约》还要求俄、日两国相互承认彼此角逐东北野心未遂的“现实”,防止列强间的继续对抗。因此,以后包括日、俄在内的各国列强在中国东北的角逐就此开始出现了经济化、商品化的趋向。

两个帝国主义大国在东北大打出手，令清政府处境尴尬，束手无策，它没有能力制止两个强敌在国门内斗殴，砸碎家里的坛坛罐罐，只能表示局外中立，也没有办法参与日、俄两国对中国东北家产的瓜分，只好事先强调“不承认”，不管嘴上如何强硬，清朝已经明白对付列强的宰割只能采取武力之外的办法了，无论它愿意还是不愿意。

日俄战争前后，不断有清朝的重要大臣、封疆大吏为朝廷献计献策，试图摆脱面前在东北的困境。1902 年 2 月，清朝驻美公使伍廷芳转达美国意图说：“中国若许俄国独占利权，有碍美国商务利益，大损中国主权，”如果“东三省通商，”才能使“俄不能专利”。1906 年 1 月，黑龙江将军程德全强调“修路”、“移民实边”、“自开商阜”等可挽救危局。1907 年 3 月，盛京将军赵尔巽称“详审官制”、“移民实边”、“建铁路”、“另开……口岸”都可以对现状进行“补救”。1910 年，东三省总督锡良认为不但要在东省设立垦务局招徕移民，还要大借外债发展实业对抗外敌。这些建议大都得到了清政府的重视和反响，对清末东北政策不无裨益，但在日俄战争前后更有分量的是两江总督刘坤一、湖广总督张之洞所上的奏折和电文。

20 世纪前后，清朝两江总督刘坤一和湖广总督张之洞经常连名上折评论时要，江楚会奏在朝廷内外风行一时。刘坤一是湘系老臣，事遇紧要不甘落后。张之洞在洋务军事、经济、教育、外交中多有建树，清末时锋芒经常外露。当时除了已经逐渐失势、处于疾病衰老的李鸿章外，刘坤一、张之洞都是清朝寄托的重臣。论资历，刘坤一应在张之洞之前，论建言，张之洞远不在刘坤一之下。20 世纪初，张之洞最早并连续向清廷提出了让东三省“遍地开放”

的建议：

> 中国无利益于各国，各国断不能用实力相助。今拟有一办法，于我及各国均有大益，莫如将东三省全行开放，令地球各国开门任便通商，所有矿务工商杂居各项权利俱准各国人任便公享，我收其税。……①

显然，张之洞所提议的东三省开放不算是主动开放，是为采取“以夷制夷”实行的被动开放。开放的目的是利用各国在华势力的争夺保住东北主权，让各有关国家来抵制俄国等对东北的独占，“非此无以慰各国均沾之望，亦无以杜强邻吞并之谋”②。张之洞认识到仅靠协约、同盟等都是不现实的，“中国无利益与各国，各国断不能实力相助”，这种思想也不是张之洞此时才有的，在甲午战争后他就提出：“如（俄国）肯助我攻倭、胁倭，尽废全（《马关条约》）约，即酌量划分新疆之地或南路回疆数城或北路数城以酬谢之，并许以推广商务；如英肯助我，则酌量划分西藏之后藏一带……亦许以推广商务”。③ 当时，他已经考虑到“惟有向英、俄、德诸国力恳切商，优予利益”才能进行利益交换，只不过彼时他提出交换的“利益”是中国的新疆和西藏，而此时他为保东北不失出让的代价是东北的经济权益。张之洞为什么能前后大方地向列强诱以利益，对于他来说是没有办法的办法。因为他不相信任何清朝军队，对中国军事能力已经丧失了信心，“虽有华兵，亦属无用”，觉得在外国将校训练下、带领下的清军才可与对手一战，因此，他认为：“所谓中国生计全赖各国牵制”。

---

① 《张文襄公全集》，电奏十，第 11 页。
② 《张文襄公全集》，电奏十三，第 21 页。
③ 《张文襄公全集》，电奏六，第 3 页。

张之洞提出东北“遍地开放”,几乎让列强分享东北的各项经济权利,但他也认为要控制、操纵主权,以平衡清朝与列强在东北的主客地位。为了区别东三省的开放与外国在中国建立的租界,张之洞强调“各国皆可在东北均沾内地杂居及开矿修路工作制造商务等一切利益,与寻常仅在口岸划给租界……不同……而管辖之权仍自我操之,一切利益我收,其税讼狱巡捕我司其权……地主之权丝毫不失”[①],以此表明东北的开放不等同于丧失主权的土地割让。其实,一个国家或地区的主权从来都不应是孤立的概念,它体现了政治、经济、军事、文化等范畴,又受这些范畴所制约。张之洞虽然要求让各国“公享”东北,却没有想到东三省只有在政治上主权完整、经济上能够自立才能与各国共享开放的利益。张之洞的东三省开放以保住疆土为前提,却又不能不付出经济权益的代价。各国列强在东北的利益究竟如何?东北无步骤、无节制、无系统的开放真的能像张之洞所说的那样如愿吗?这些只计暂时,不计长远的言论似乎自顾不暇,应付得了时局,却无法挽回国势!

实际上,张之洞把挽救东三省的希望寄托给外人,但对东三省如何变法之策却述说寥寥,是他已经在思想上、精神上倒向日本了。甲午战争后,张之洞曾对日本义愤填膺,不断劝清廷“联俄制日”,其慷慨铿锵之声不绝于耳。孰料曾几何时,日本参谋本部神尾光臣、议院议长近卫笃麿等人到过湖北后,张之洞对日本竟神奇般地变得有好感了,不知道他是怎样忘记了对《马关条约》的愤懑而青睐起日本对中国的“友谊”来。为使东三省变法,张之洞主张

① 《张文襄公全集》,奏议五十五,第 3 页。

“照东人所拟办法”对东北进行改革，因为“其所拟办法虽与中国旧章名旧名目略有变更，而按之实政皆与地方有益，即皆于国家有益。我若采取，尽可取其意而不必尽袭其名。”[①]为推行东三省变法，张之洞又指出“非参用西法，参用外国顾问官，断难控驭”，“官可东西洋参用，而日本人无妨稍多”。为保卫日俄战争后的东北，张之洞要求“中日兵（在东北）合力驻守”，“或婉商日本彼驻兵十万，分数年次递减撤，我即在东省速练新兵，用日本将弁教练统带，分年递增，增至十万，总以华兵添足，日兵撤尽为度。……（目前）日本断不能全不驻兵”[②]！在张之洞看来“日本在东方得何权利，皆胜于俄人远甚”，无论张之洞亲日态度从何而来，或是他对局势看得过于简单，清政府许多权要不会不在对日、对俄、对欧美态度中要左顾右盼、权衡利弊，清廷不一定对张之洞的话全都言听计从，但东三省的开放在当时的形势下确实已是清廷众论所归，大势所趋。

3. 东北的开埠与关税减让

根据《天津条约》，日俄战争前东北开埠的口岸只有一个牛庄。日俄战争后，为了使《朴茨茅斯条约》得到清朝的法律承认，日本代表小村寿太郎、内田康哉与清朝代表庆亲王、瞿鸿禨、袁世凯经过反复谈判，于 1905 年 12 月签订了中日《会议东三省事宜正约》及《附约》。《会议东三省事宜正约》规定“中国政府将俄国按照日俄和约第五款及第六款允让日本国之一切概行允诺”，即中国承认俄

① 《张文襄公全集》，奏议五十五，第 4 页。

② 《张文襄公全集》，电奏十三，第 21 页、第 22 页。

国将中国旅大租借地和长春至大连铁路及沿线权益转让于日本。《附约》规定:中国政府应允日俄军队撤退后,中国将奉天省内的凤凰城、辽阳、新民屯、铁岭、通江子、法库门,吉林省内的长春、吉林省城、哈尔滨、宁古塔、珲春、三姓,黑龙江省内的齐齐哈尔、海拉尔、瑷珲、满洲里共16个城市"自行开埠通商"。[①] 1909年前,东北实际开埠的情况见下表[②]。

港名	省份	有关条约	开埠年份
营口	辽宁	中英《天津条约》	1864年5月
安东	辽宁	中美《通商条约》	1907年3月
大连	辽宁	中日《东三省事宜附约》	1907年7月
大东沟	辽宁	中日《通商行船条约》	1907年3月
满洲里	黑龙江	中日《东三省事宜附约》	1907年2月
瑷珲	黑龙江	中日《东三省事宜附约》	1909年7月
三姓	吉林	中日《东三省事宜附约》	1909年7月
哈尔滨	吉林	中日《东三省事宜附约》	1909年7月
绥芬河	吉林	1908年自行开放	1908年2月
珲春	吉林	中日《东三省事宜附约》	1907年1月
龙井村	吉林	1908年中日条约	1908年设关
同江	吉林		1909年7月

从行政规划来看,当时的吉林、黑龙江省与现在两省并不是同样区域概念,三姓、哈尔滨、绥芬河属于吉林,不像现在这样属于黑龙江。从地理和经济区划分,营口、安东、大连、大东沟等属于南满;满洲里、哈尔滨、绥芬河属于北满;珲春、龙井村等属于东满。由于东北各地经济发展水平不平衡,南、北地区各种产品丰腴与否差异很大,开埠商港在经济上的比重是不等比的。就对外贸易而言,南满的商埠最为重要,北满次之,东满又次之。

在南满三港中,大连发展最快,地位最为重要,对外贸易总额

① 王铁崖:《中外旧约章汇编》第二册,第340页。

② 张念之:《东北的贸易》,东方书店民国三十七年版,第3—4页。

在东北对外贸易中过半数。1927 年,大连对外贸易总额为 3.76 亿海关两,其中进口 1.46 亿海关两,出口 2.3 亿海关两,出口远远超过进口。进口品多是制成品和消费品,日本产品占绝对优势,几乎为进口品的半数,其次是美国商品仅占进口品的十分之一。出口商品基本为原料和农副产品,大豆等豆产品数量极大,分别销往日本、荷兰、英国等地。大连的对外贸易格局几乎主宰了东北的对外贸易。安东 1927 年对外贸易总额为 1.07 亿海关两,进口的日本棉织品很多,但出口仍大大超过进口,特别是对朝鲜出口数额最多,其中主要是小米[①]。在南满三港中,安东发展的势头非常快。与上两商港相比,营口地位却在显著下降,处于相对衰落状态,1927 年对外贸易总额为 0.82 亿海关两,大致进口比出口多,其中外国产的商品占绝对优势,在南满三港中属于独特的现象,若与全部三港进口的外国商品相比,仍然位居其下。[②]

在北满地区,绥芬河关、满洲里关和松花江水运均受哈尔滨关管辖。在哈尔滨关中,1927 年对外贸易总额为 0.9688 亿海关两。其中绥芬河占第一位,满洲里占第二位,松花江水运占第三位。输入到北满的货物以俄国货居多,输出商品比例最大的仍是大豆、豆饼、豆油、杂粮。因此,当地有人把北满称为“俄国境外之粮仓”。

龙井村、珲春为东北东部地区,人烟稀少,资源有限,对外贸易位于南满、北满之后,1927 年,东满地区对外贸易额仅占东北的 1.7%。龙井出口农产,进口棉织品和杂货。珲春出口占贸易额 60%以上,几乎没有什么可以进口。由于地近朝鲜,对外贸易大部

① 日本当时把东北的小米运往朝鲜,把朝鲜的大米运往日本,再把日本、朝鲜的高粱运往东北。

② 《东省经济月刊》,第 5 卷,第 4 号,第 4 页、第 13 页、第 14 页、第 20 页。

由朝鲜人把持，日本人继而占三分之一，对外贸易陆路交通、海港全部受日本、朝鲜人左右。像南满地区那样，满洲东部也在日本人控制之下。

由上看来，中国东北各商埠的经济地位有南重北轻的趋势，见表1①。

表1　东北各地对外贸易所占比例　(%)

年度	南满三港	哈尔滨	瑷珲	珲春	龙井村	合计
1918	84.99	10.49	3.34	0.36	0.82	100
1921	83.29	13.82	1.98	0.33	0.68	100
1924	84.27	13.18	1.22	0.34	0.99	100
1927	83.56	14.31	0.38	0.35	1.39	100

上面南满三港、珲春和龙井村受日本的控制，哈尔滨、瑷珲受俄国的控制，在日本、俄国势力范围内，东北对外贸易分别占东北对外贸易总额的约85%和约14%。以1927年为例，各国在上述区域内进出的商品比例见表2②。

表2　各国在东北对外贸易中所占的比例　(%)

国别	贸易额(1000海关两)	百分比
日本	265843	39.2
中国	203266	30.0
俄国	88325	13.0
美国	27922	4.1
荷兰	17646	2.6
英国	17525	2.6
其他	56423	8.5
合计	676950	100

照此看来，东北各口岸开放后，中国内地从各口岸进出的商品仅占30%，外国从各口岸进出口的商品却占70%，各重要口岸均

① 《东省经济月刊》，第5卷，第4号，第2—3页。
② 同上。

在日本、俄国的控制下，虽不能排除中国东北在口岸开放中的理论意义，可外国从中得到的更多。既然口岸是被迫开放的，只不过认可了列强对中国经济渗透的既成事实，避免不了为他人做嫁衣。

日俄战争之后，中国东北地区开放了一批通商口岸，与此同时，在许多地方也实行了对关税的豁免和减让。实际上在20世纪初，中国东北地区对进出口贸易征收的关税是全国最低的，与通商口岸一样，许多有关的协定和条款并非是自己主动颁布并实施的。

第一次鸦片战争后，1842年8月，根据中英《南京条约》的规定，中英双方今后对进出口商品“均宜秉公议、定则例”，要求中国海关税则要适应国际潮流。所谓国际潮流在当时更多的是英国自己的意愿。1843年3月，英国官员把自己单方面制订的中国海关进口税则强加给清政府，缔结了中英《五口通商章程・海关税则》，新的进口商品税率大致按5%征收。而且，规定还没有制订税率的进口商品要“按价值若干，每百两抽银五两”。1858年11月，在中英《通商章程善后条约・海关税则》中对进口商品又进行了值百抽五的调整和确定，同时在中英《天津条约》中规定洋货进入中国内地只征收2.5%的子口税，从此，外国商品在海关交纳7.5%的海关税和子口税就可以在中国各地畅通无阻了。此后，因各种商品逐渐涨价，到19世纪末，按从量税制订的进口商品税率已经达不到值百抽五。为了交纳庚子赔款，经清政府要求，列强不得不同意在1902年修改税则，争取做到切实值百抽五，而实际征收中值百抽五的标准却始终没有达到。中国东北不仅和全国一样执行共同的关税，日俄战争前后，在俄国、日本的要求下还制订了一系列有关地区的关税豁免和减让。这些豁免和减让大致是：

中俄边界陆路贸易百里内免税。早在1859年4月《黑龙江通商条规》中就规定“通商后两国(以货易货)卖货,俱不征税”。1862年3月,中俄《陆路通商章程·续订税则》指明:“两国边界贸易在百里内均不纳税”,[①]此后,在1879年中俄《陆路通商章程》等条约中对此又进行了不断强调。1907年,中俄在《北满洲税关章程》重新强调“两国边界贸易在百里内均不纳税”,“中国允准,所有货物由铁路运往交界百里内之各车站,暂行照条章,不征税项”。[②]如果说,以往中俄在黑龙江边界免税贸易只限于以货易货,日俄战争后贸易免税规定便扩大到边境铁路运输,这样不会不对双方的贸易往来产生新的较大影响。

俄国在中东铁路上运送的货物减税三分之一。19世纪60年代,俄国对华由陆路运至天津、汉口的货物已争取到减税三分之一。1907年7月,根据《北满洲税关章程》规定:中东“铁路运货三分减一纳税”。按1908年5月《满洲里并绥芬河两站中国税关暂行试办章程》解释,经中东铁路运到俄国的货物和由俄国运到中东铁路的货物将享受减让海关税三分之一的待遇,上述货物运到中东铁路线各地时,将减免子口税三分之一。如果进口货物经过中东铁路发往关内各地,则不在此优惠之列,仍要按正常海关规定交纳5%的关税和2.5%的子口税。[③]

“关东州”进出口贸易免税。日本接收俄国在旅大租借地的权益后,对旅大租借地(后称为“关东州”)给予格外厚爱,1907年5月,通过中日《会订大连海关试办章程》攫取了中国大连海关税务司的人事权,同时在《会订大连海关试办章程》里还规定:凡是由海

① 王铁崖:《中外旧约章汇编》,第一册,第180页。
② 同上,第二册,第405页。
③ 同上,第二册,第501页、第502页。

路运入旅大租借地内的进口货物不纳税；在当地向海外出口的货物不纳税。但经旅大租借地运到中国内地的货物须纳进口正税，经旅大租借地出口的中国土货也须纳出口正税。这些规则的实施，完全是为了繁荣日本统治下的“关东州”，在大连“自由港”的原则的体现下，旅大租借地便成为免税的“自由贸易”区。

在中朝边境进出口的商品减税三分之一。为使满铁控制下的铁路与朝鲜、日本国铁路运输连为一气，1913年8月，日本迫使中国签订了《朝鲜南满往来运货减税试行办法》，条约规定：凡东三省货物由铁路运往朝鲜新义州以东或由朝鲜新义州以东运往东三省的货物，均减免关税三分之一。如果上述货物转运到东北各地，也可减免子口税三分之一。①

经过上述关税减让和优惠，东北南满的“关东州”、北满铁路和中俄陆路边界贸易、东满与朝鲜接壤的铁路边界都得到了实际好处，从中享受到最大利益的是日本和俄国，特别是活跃了日、俄商品的流通与铁路运输，比较之下，中国在东北的海关税收与国内其他海关税收相比，对外贸易量所占关税率最低。见表3。

表3　东北海关的关税收入　　单位：1000海关两

年份	收入合计(指数)	对中国海关总收入的比例	对东北贸易的比例
1910	3338 (100)	9.4%	1.8%
1915	4298 (103)	11.7%	1.8%
1920	7764 (140)	15.5%	1.8%
1925	11245 (199)	15.9%	1.9%
1930	24553 (508)	13.6%	3.3%

资料来源：《满洲开发四十年》，下卷，第315页。

① 王铁崖：《中外旧约章汇编》第二册，第894页。

20世纪初，东北对外贸易增长速度是全国最快的，海关收入相应增长也较快。然而和东北对外贸易相比，海关税收额始终不到总贸易额的2%，这一数字长期低于全国海关税率平均3%的水平。即使在1929年中国海关实行了高关税后，东北海关当年实际税率仍然达不到1929年的全国水平，使关税对东北海外贸易的影响几乎可以忽略不计。一般来说，海关关税对不同时期，不同历史环境，不同国家、不同进口商品或出口商品的影响都是不同的，对之评价也不能一概而论。20世纪初，东北民族经济还没有新兴工业急需保护，大量商品需要输出，低关税让外国得利，也可以使东北地方经济从中取益。东北出口贸易当时领先于全国，不能不承认在此期间东北也是全国关税优惠最多、关税税率最低的地区。

二、鼓励移民与垦荒

在历史上，清政府曾经不顾民生的疾苦和人口压力反对向关外的移民，这种禁止却始终遏制了东北的经济潜力，把东北置于未开发的落后状态。其结果既无法纯洁清王朝的“发祥地”，也没能阻止列强对中国远东领土的侵占与蚕食。20世纪前后，清朝、民国政府相继采取鼓励移民垦荒政策，促进了关内移民向东北的流动，使东北出现大片良田，农业生产趋向商品化，出口贸易迅速发展，东北经济迅速与国际市场接轨，在经济上开始走向商品化。与此同时，俄、日对东北的移民却相形见绌，在华经济对东北民众产生依赖，优势的中国人血统和人心向背在客观上成为列强吞并东北无法逾越的障碍。

1. 清朝早期对东北的封闭政策

清朝初期，对关外移民、开荒持鼓励政策。1651 年，在《辽东招民开垦例》中号召民人踊跃出关，“招百名者，文授知县武授守备；百名以下 60 名以上者，文授州同州判武授千总；60 名以下 50 名以上者，文授县丞主簿，武授百总；若数外多招者，每百名加一级。”[①]然而，好景不长，1668 年（康熙七年），清朝宣布“辽东招民授官永著停止”，以前有关招垦各法令随同取消，清朝对关外移民态度发生了前后相反的大变化。据《大清会典事例》记载，乾隆五年“寄居奉天府流民设法行遣，陆续令回原籍。奉旨：情愿入籍之民，准令取保入籍；其不情愿入籍者，定限十年，令其陆续回籍。”[②]清朝不仅不让关内人民移民关外，就是已经在关外的移民也想撵回去。此后，清朝又接二连三的在乾隆十五年、三十五年、嘉庆八年、十三年、十七年、道光十四年等年代颁布禁止向关外移民和开荒的命令，直到 1890 年还以“深恐有碍旗人生计”，驳回黑龙江将军伊克唐阿“遍省荒地开禁招垦”的请求，命令伊克唐阿对光绪十年、光绪十三年两次永远封禁之旨切实执行。[③] 清朝为什么要把东北封禁起来，顽固地阻挠汉人出关，最主要的原因大致上有两个，这两个原因分别是：

第一，要保护清朝的“发祥地”，害怕满人被汉人同化。自康熙十六年（1677 年）后，清朝就将东北长白山地区定为“发祥圣地”，宣布“盛京以东，伊通州以南，图们江以北，悉为封禁。移民之居住

---

① 孔经纬：《清代东北地区经济史》第一卷，第 148 页。

② 见李文治：《中国近代农业史资料》（一），生活·读书·新知三联书店 1957 年版，第 775 页。

③ 见李鸿文、张本政：《东北大事记》上卷，吉林文史出版社 1987 年版，第 217 页。

有禁,田地垦群有禁,森林矿产之采伐有禁,人参东珠之掘捕有禁。"康熙十九年,清朝又在柳条边内划定旗界、民界,命令旗人、民人各自居住在自己的疆界里,不得混居,已经混界的也要移出来。当时,和汉人相比,满人的数量实在是太少了,很容易在和汉人杂居中消失民族痕迹,从而对清朝统治全国出现不利。当时东北人烟稀少,少数民族历史悠久,汉人数量相对不多,保住满人东北"家园"相对容易些,但这种拒绝先进文化、阻碍先进生产的保护是排斥文明,不啻于陷入自闭。

第二,经济目光肤浅,缺乏战略全局。清朝疆土虽然庞大,但各地人口分布、经济状况参差不齐。黄河流域、长江流域历来是中国人口和经济重心,沿海沿江省份逐渐居上,唯西北、西南和东北地区相对落后。和占中国近一半疆土的西部边疆相比,东北土地肥沃,有大片适垦耕地,人口密度很小,可有效解决山东、直隶、河南、山西等省地少人多,人粮失衡的难题,开发东北远比开发西北容易!可是,清朝挟自利之心,持本族之己见,对关内民众向关外移民惶恐不安,下令东北沿海地方、山海关、喜峰口等地方官严加盘查,验看路票,惩治办事不利官员,尽一切可能堵住移民来源。1840年后,中国边疆危机纷至沓来,远东、西北、西南边疆危机接连不断。19世纪50年代,俄国利用对中国远东土地的移民成功地改变了当地居民的民族比例,使俄罗斯族人数遥遥领先。但是,中国黑龙江以北、乌苏里江以东一百万平方公里土地的丧失没有使清朝决策者觉醒,既不利用内地移民增强西北、西南边疆危机中的抵抗力量,又不尽快向东北移民阻止列强的觊觎,使中国东北富饶的土地没有迸发出富强国家的经济潜力。

不管清政府愿意不愿意,人们追求生存和改善自己命运的本能是无法阻止的。清朝康熙年间，就有人接连偷出关外私自开荒。乾隆、嘉庆、道光、同治、光绪年间，东北经历了官地、旗地向民地的转化，蒙地的开发，农奴制向租佃制的转变。外来的人口越来越多，土地开发的面积越来越大，清朝地方官不断上报事实，中央政府时常睁只眼闭只眼，后来也得承认现实，对开荒逐渐由小面积开禁到大规模默认了。如 1886 年吉林将军希元奏："前放马延河荒地一万二千四百一十七垧一亩一分，光绪十年，以届生课年限……请暂限三年，再行生课，以抒民力。"1894 年，吉林将军长顺奏："吉林宁古塔东南三岔口穆棱阿等处，设立屯田，招民开垦，已成熟地一万三千四百垧有奇……吉林三姓江北五站，招民承领陆续垦成熟地二万二千三百十七垧有奇，生荒一万九千八百八十垧有奇。"[①]可是，当时清政府还不想对东北荒地全面开放。几年后，甲午战败或许使清政府有所清醒，1895 年 9 月，始以历任黑龙江将军奏请开禁，允将黑龙江之通肯河一段开禁，与克音、汤旺河、观音山等处一律准旗民人等垦种。同年，又准许吉林将军恩泽奏将宁古塔、三姓等处招佃垦荒，各处矿产一律弛禁，[②]不像以往那样对东北放垦屡禁不止了。尽管如此，仍需要指出当时清政府对东北移民垦荒只是默认、许可、准许，谈不上什么大规模鼓励、奖赏。而且，这种许可、准许往往是部分的、局部的，还没有演变成潮流，形成巨大的声势。

2. 20 世纪初对关外移民的鼓励

1900 年以后，几十万俄军、日军先后开往东北，在中国领土上

---

① 《德宗实录》第 226 卷，第 3 页；第 339 卷，第 3 页。

② 见李鸿文、张本政：《东北大事记》上卷，第 242 页。

大打出手,东北问题变得愈加棘手了。日俄战争后,日本与俄国重新瓜分了南北满,把持了东北重要港湾和主要交通干线,前者还准备把移民作为"满洲经营"的主要方针之一。清朝至此既失去了东北地区的关键港湾,又失去了重要经济命脉,不能再在居民血统比例上重复以往失去远东的教训,无论客观环境还是主观动机都要求清政府不能不重视东北地区的移民和移民的生计问题。

1905年后,包括黑龙江将军程德全、盛京将军赵尔巽、东三省总督锡良等在内的许多封疆大吏都急切地呼吁清政府"三省户口近少,应亟筹移民实边",并为之采取了一系列具体政策,对东北移民和土地垦殖进行支持和积极鼓励。"九一八事变"前,东北人口与耕地较以往都有显著增加,相形之下,辽宁移民比例相对较少,人口自然增加较多,黑龙江移民比例最大,人口移民增长较快,是东三省移民垦荒最典型的地区。

在日俄战争中,黑龙江将军程德全就奏请将黑龙江"全体开放",在省城设立垦务总局,"自(光绪)三十一年至三十四年,所放荒地甚多,"其中包括汤旺河一带荒地、干井子一带荒地、纳谟尔河一带荒地、扎赉特蒙地、郭后旗沿江荒地、白杨木河一带荒地、伊克明安公荒地、摩尔根荒地、杜尔伯特沿江荒地、杜尔伯特铁路两旁荒地、郭尔罗斯铁路两旁荒地。1907年,经黑龙江将军周树模奏准,公开颁布《黑龙江招商章程》。《黑龙江招商章程》规定:

(1)对赴黑龙江垦荒者实施交通优惠。准备在汉口、上海、天津、烟台、营口、长春等地设立黑龙江省边垦招待处,负责对赴黑龙江垦荒者的接待、照料。凡领有接待处执照者,乘由烟台至营口招商局轮船的减收船票;乘哈尔滨至松花江、黑龙江官船和经昂昂溪至齐齐哈尔官办铁路的一律只收半价,同时,"随带眷口,概免收费"。

(2)对在黑龙江开垦荒地者实施耕种优惠。凡领垦农民领地时缓收每垧地 4 钱经费银，领垦后第三年始交田税。如果开垦时遇青黄不接，可在就近官银号申请贷资补助。

(3)对积极招垦和垦荒者实施奖励。凡招收垦户五千人以上、领地六万垧以上或招垦户二千五百人以上、领地三万垧以上者，分别报告给江省照异数、寻常劳绩请奖。开垦可交税熟地至六百垧的地主赏七品顶戴，开垦八百垧以上为六品顶戴，开垦一千垧以上者为五品顶戴……[①]

上述《黑龙江招商章程》最重要的是对移民交通费的优惠，移民不仅可以减免负担最重的铁路、船只开销，还可以提高国有船局、铁路的吸引力，增加运输量，迫使中东铁路和南满铁路采取相应政策。但是，《黑龙江招商章程》对移民奖励的标准太高，个别地方有名无实，《黑龙江招商章程》规定是一回事，真正实施又是一回事，但无论如何，清朝招民政策总算有利于"移民食边"，相对于奉天和吉林，黑龙江成为了当时移民和垦荒最为典型的地区。

民国时期，尽管国内政治紊乱，地方管理缺乏统一，民国政府和东北地方政府仍然对东北垦殖和移民进行了鼓励。1914 年，民国政府修正《国有荒地承垦条例》，规定竣垦荒地年限提前一年减其地价 5%……提前六年优减地价 30%。因东北大豆畅销海外，1922 年，北洋政府通令各省区实业厅，转饬各实业机关各试验场，对大豆生产"加意讲求，普为劝导"。[②] 1925 年时，奉系军阀张作霖还在天津专门组织了一个移民局，准备在东蒙设立垦务局，凡是愿意移住开垦的农民，将发给旅费、种子和农具[③]，新垦土地将免赋三

① 李文治：《中国近代农业史资料》第 1 辑，第 800—803 页。
② 同上，第 2 辑，第 654、第 179 页。
③ 同上，第 2 辑，第 656 页。

年,结果,张作霖的计划得到了蒙古王公的赞助。“九一八事变”前,东北政治是混乱的,内忧外患,但大多数中国人和国内当局对东北移民和垦荒态度是肯定的、积极的,不管采取什么措施,东北的移民和垦荒并非只有经济意义,大家都在防范日本势力和异族各方面的入侵,都在朝共同的目标向同方向持续努力,东北的移民与垦荒自然就有了国防与经济的双重意义。可是,当时中国东北地区海、陆最主要的港湾和铁路在日本、俄国控制下,商品经济集中在交通发达地区,移民和垦荒可以充实中国的人口比例和分布地域,但仅仅靠这些却很难撼动日、俄势力在中国东北近代经济中的主导地位,东北地区的主权表面是中国的,然而当地的经济主权和其他权利仍在悄然外溢。

3.“九一八事变”前东北人口与耕地的增加①

根据梁方仲《中国历代户口、田地、田赋统计》有关人口密度进行计算,清乾隆五十一—五十六年间平均数,东北奉天人口只有82.16万,吉林人口只有15.1万;到咸丰元年,两省人口分别达到了258.25万和32.46万。② 清末民初是东北移民最多、人口增加最快的时期,其间20世纪一二十年代分别经历了移民的几次高峰。按清朝宣统年间调查修正,1912年前,奉天全省有1707642户,11018517人;吉林全省有800099户,5538405人;黑龙江全省有269433户,1858792人。整个东三省共有2777174户,18415714人。③ 到30年代初,东北中国人口已经接近3000万。见表4。

① 东北人口、耕地变化的统计比较缺乏,各种统计标准不一致,记载混乱,这里只能使用比较有信誉的,接近实际的较可靠资料。

② 梁方仲:《中国历代户口、田地、田赋统计》,第272页。

③ 同上,第269页。

表 4　1908 年至 1930 年东北三省人口变化　单位:1000 人

地区	1908 年	1918 年	1928 年	1930 年
总数	17156(100)	21569(126)	28034(163)	29575(172)
奉天省	10796(100)	12527(116)	14477(134)	15152(140)
吉林省	4553(100)	6180(136)	8592(189)	9192(202)
黑龙江省	1807(100)	2862(158)	4965(275)	5231(289)

资料来源:《满洲开发四十年史》上卷,第 52 页。

大连开埠后 20 余年,全部人口增长了约 72%,估计其中有 48%以上是移民。[①] 黑龙江人口最少,但人口增长最快,大约增长近三倍;奉天省人口最多,人口增长也最慢;吉林人口及增长率都居中游,人口增长率在东三省平均线之上。虽然奉天省距关内最近,可是,因当地相对人多地少,移民到此一般只做暂短的停留,很快又奔赴吉林、黑龙江。所以黑龙江、吉林人口增长多属移民增长,而奉天人口增长多属于自然增长。

"九一八事变"的 1931 年,包括中国人、外国人在内,连同热河地区的东北人数大约达到了 3500 万人,见表 5。

表 5　1931 年东北面积、人口和人口密度情况

地区	总面积(平方公里)	总人口(人)	每平方公里总人口密度/耕地人口密度
奉天省	185068	15329115	83/328
吉林省	267553	9316969	35/180
黑龙江	582174	5314443	9/130
热河	156800	4500000	29/263
"关东州"及"满铁"附属地	3743	1275185	341/631
总计	1195338	35735712	30/234

资料来源:佐藤贞次郎等:《满蒙资源论》,第 39 页。

1931 年时,东北整个人口分布呈南重北轻趋势,土地和耕地

① 《满洲开发四十年史》上卷,第 52 页。

最多的黑龙江地区人口最少，人均土地面积和耕地面积余地很大，对移民和开荒都有很大潜力。可是，“九一八事变”把东北移民吓跑了，1930年、1931年东北移民潮出现了负增长，尽管如此，东北移民在东北开发史上还是留下了极其浓重的一笔，其主要特点是：

第一，东北移民使中国人在东北占有绝对优势，在血缘上保持了东北对中华民族的向心力。19世纪中叶以后，对中国东北野心最大的俄国、日本都有移民计划。中东铁路开工后，俄国人就不断进入东北。日俄战争时，在东北的俄军就有几十万人。到1930年，在北满和东北的俄国人还约有14万人。① 日俄战争后，日本对移民东北十分重视，1906年，在东北的日本侨民不过16000人。不到在华外国侨民的五分之一。1914年，日侨人数已和其他在华外国侨民相等，在东北的日侨人数已相当于日本在华人数的80%。1930年，在东北的日本侨民已达215463人，其中“关东州”和“满铁”附属地占92%，其他地区占不到8%。② 然而，即使在日本人最集中、最密集的“关东州”和“满铁”附属地内的中国人数量仍占有明显优势(见表6和表7)。

表6　东北“关东州”的人口增加　　单位：人

国籍	1905年	1910年	1930年
日本	5025	36668	116052
朝鲜		2	1794
中国	369762	425599	820534
其他	34	112	734
共计	374785	462381	939114

① 雷麦：《外人在华投资》，第456页。

② 《满洲开发四十年史》上卷，第45—46页。

表 7 东北"满铁"附属地的人口增加 单位:人

国家	1905 年	1910 年	1930 年
日本	3821	25266	99411
朝鲜		384	15900
中国	7675	31774	235016
其他		13	1769
共计	11496	57437	352096

资料来源:《满洲开发四十年史》,上卷,第 48 页。

1905 年至 1930 年间,在"关东州"和"满铁"附属地,日本人数量增加快得惊人,分别增加 22 倍和 25 倍,可是,虽然"关东州"中国人数量增加只有 1.2 倍,但"满铁"附属地中国人却增加了 29 倍,而且,两个地区的中国人都占有总人口的 80%或三分之二,日本人不能不承认 1931 年前后,在东北有 97.6%左右的人口是中国人!①

第二,东北移民从事农业生产比例大,定居离居波动性也大。1931 年《东北年鉴》统计,奉天、吉林、黑龙江、热河从事各种职业的人数如表 8。

表 8 东北人口各种职业比例 单位:人

省份	农业	工业	商业	教育	军事	政治	合计
奉天省	6675440	756377	934987	724051	138791	94551	9324197
吉林省	2447100	238202	257389	399055	86574	39037	3467357
黑龙江	1487281	146474	172306	186350	33776	16137	2042324
热河	1270256	106414	132246	45331	37936	14872	1607055
总计	11880077	1247467	1496928	1354787	297077	164597	16440933

资料来源:引自《满洲经济年报(1933 年版)》,第 431 页。

在各种职业人口中,从事农业的占 72%、商业占 9%、工业占 8%、教育占 8%、军事占 2%、政治占 1%,显而易见,奔赴东北的

① 《满洲经济年报(1933 年版)》,第 424 页。

大部分移民主要为东北的农业生产尽了力。可是，当时东北出口额大得与进口额不成比例，因此除其他原因之外，与出口豆产相关的东北移民并没有把他们的所得在当地完全消费，很多劳动收入实际被带往或汇往关内接济亲友。移民中女性比例过小[①]，许多男性移民都是单身而来，一般3月、4月、5月前往东北移民的数量最多，而12月、1月离开东北的移民数量最大，反映出移民春来冬去的季节性变化[②]。不过，从20世纪20年代后期变化来看，定居东北的移民比例在逐步扩大。见表9。

表9 1923年至1930年东北移民情况 单位:1000人

年份	移民人数	增加比率(%)	定居人数	增加比率(%)	定居(%)
1923	342		101.5		29.7
1924	376.6	10	176.6	74	46.9
1925	491.9	30.6	252.5	43	42.7
1926	572.6	14.4	249.1	—1.4	43.5
1927	1016.7	77.5	678.6	172.5	66.7
1928	1130.6	29.9	690.0	1.7	61.1
1929	1080.0	—16.9	460.0	—33.3	24.6
1930	810.0	—25.0	310.0	—32.6	38.2
总计	5819.8		2918.3		

资料来源:《满洲开发四十年史》,上卷,第52—53页。

20年代是东北移民最为踊跃的时期，在当地定居者越来越多，1927年、1928年都超过了60%，可是，随着东北越来越不安定，1931年起，定居明显出现负增长，定居者越来越少。后来"满洲国"成立之年，离开东北者人数已经超过了进入东北者人数[③]。因而只要有可能，中国人都不愿被束缚在"满洲国"的牢笼之下。

---

① 据《满洲经济年报(1933年版)》第427页、423页记载，当时东北男女比例是123∶100。在"关东州"、"满铁"附属地和日本领事辖区中国人男女比例是163∶100。

② 《满洲经济年报(1933年版)》，第450、454页。

③ 同上，第445页。

随着东北人口的巨大变化，东北的耕地也在迅速增加。清顺治十八年(1661 年)时，奉天省只有田地 60933 亩，吉林、黑龙江土地少得不在统计之列。嘉庆十七年，奉天有田地 21300690 亩，吉林有田地 149251 年，黑龙江有田地 81600 亩。到光绪十三年(1887 年)，奉天已有田地 28495912 亩，吉林有田地 1497914 亩，黑龙江拥有田地仍为 81600 亩，当时还没有后来的那种移民潮。[①] 但是，经过东北移民持续垦荒的辛勤劳动，几十年后，东北的耕地面积已经今非昔比，1914 年至 1927 年东三省已耕地增长情况如表 10。

表 10　1914 年至 1927 年东三省已耕地的增加　　单位：100 万英亩

年份	已耕地	可耕地	已耕地占可耕地(%)
1914	19.7	54.9	35.9
1915	19.3	同上	35.1
1916	19.3	同上	35.1
1917	24.8	同上	45.1
1918	25.1	同上	45.7
1922	26.1	同上	47.5
1923	26.7	同上	48.6
1924	27.4	同上	49.8
1925	27.9	同上	50.9
1926	28.5	同上	51.9
1927	28.5	同上	51.8

资料来源：《中东经济月刊》，第 7 卷，第 4、5 合号，第 214 页、第 215 页。

历年东北耕地增长基本上都是平稳增长，按当时可耕地的计算，1927 年时，东北超过一半的可耕地都得到了开垦，但垦荒潜力仍然很大。到 1930 年，东北三省一共有耕地 1306.291 万公顷，其中东北南部八区(辽宁南部区、北宁路区、开原区、沈海路区、长春公主岭区、四洮路区、吉长路区、延边区)有 634.279 万公顷；东北

① 梁方仲：《中国历代户口、田地、田赋统计》，第 380 页。

北部七区(中东路南部区、哈尔滨区、中东路东部区、松花江下游区、呼海铁路区、中东路西部区、北部各地方区)有672.02万公顷。[①]东北土地自然状况一般都比较好,土地平整,适于耕作,土壤质量由西向东递增,特别是新开发的土地极为肥沃,可在短时期内进行普遍漫耕,因而在当时的历史条件下,东北移民和定居农民人均单位耕作面积都比较大。日本人调查当时奉天省一人耕作面积为2.4公顷,吉林省一人耕作面积为5.75公顷,当时中国关内一人耕作面积才1.49公顷。[②] 在这种情况下,普遍的精耕细作是谈不上了,但东北的肥沃良田和民众的辛勤劳动仍给中国提供了值得称道的丰富农产。

"九一八事变"前,东北农业最重要的产品为大豆,其他粮产有高粱、谷子、玉米、小麦、其他豆类等。1930年东北三省南北各地农产情况如表11。

表11　1930年东北南北各地农产情况

地区		每公顷收获量(公斤)	总收获量(吨)
	南部	1292	2136620
大豆	北部	1267	3132650
	合计	1279	5269270
	南部	12359	252250
其他	北部	9267	114020
豆	合计	10813	369270
	南部	18134	3272110
高粱	北部	13626	1449120
	合计	15880	4779690
	南部	16020	1672980
谷子	北部	13471	1603500

① 《中东经济月刊》,六周年纪念专号,第138、135页。

② 〔日〕铃木小兵卫:《满洲的农业机构》,白杨社昭和十一年版,第55、56页。

	合计	14245	3276480
	南部	18281	1156740
玉米	北部	16826	428940
	合计	17553	1585680
	南部	9212	174490
小麦	北部	9889	1184170
	合计	9750	1356660
	南部	13478	119400
水稻	北部	19901	34950
	合计	16689	154350
	南部	14382	132990
陆稻	北部	13007	24850
	合计	13694	157840
	南部	21826	1035090
其他	北部	12627	687670
	合计	17331	1722760

资料来源：根据《中东经济月刊》，六周年纪念专号，第138—139页制。

丰盛的农产不仅提供给东北人民以食粮，还有相当大的商品剩余，为国内贸易、对外贸易提供了契机，每年都有大量的农产品持续出口见表12。

表12　1929年至1931年东北农业平均产量和输出比率

品种	产量(千吨)	输出(千吨)	比率(%)
大豆	5142	4059	78.9
其他豆	513	207	40.3
高粱	4686	213	4.5
谷子	3220	222	6.9
玉米	1758	71	4.1
小麦	1414	18	1.3
其他谷	2041	151	7.4
合计	18774	4941	26.3

资料来源：佐藤贞次郎：《满蒙资源论》，第62页。

大豆和高粱在东北农业生产中非常重要，高粱提供给东北民众食粮，大豆除内需外多用于出口，对外国的出口远远超过关内的需求。1930年，当时大豆的世界产量约为2.5亿蒲式耳(每蒲式耳约36.34768公斤),其中由中国东北输往世界的大豆数量超过世界产量的一半以上。[①] 由于东北大豆的旺盛出口,20世纪初东北成为全国各地唯一保持巨额顺差的地区。经过东北移民和劳动者的持续努力,东北大地较以往出现了更多的生机!

经过几十年持续不断的移民和土地开垦,在东北大地上结下了硕果,东北人民有理由为此而感到自豪,中国人在事实上抵制了列强的移民和相应渗透,维系了关内和关外的血缘纽带,使东北中国人口在比例上保持绝对领先,有利于东北的国防;还开发了东北,促进了东北的农业生产和商品经济。所以,这种经济开发具有非同寻常的重要意义!

三、抵制日本对东北的经济独占

日俄战争之后,中国维护东北主权最危险的敌人由沙俄转为日本。为阻止外来势力对东北的经济独占,清朝、民国政权不得不依靠国际力量"以夷制夷",不能不设法抵制和排斥日本在东北利益的生命线——南满铁路。美国等为插手东北也与清政府多次进行了接触,同时还倡导"门户开放",与日、俄等国进行了种种利益协调。20世纪初,围绕着"门户开放",在东北开发和布局上先后相继出现了哈里曼铁路计划、新法铁路计划、锦瑷铁路计划、诺克斯铁路中立化、葫芦岛工程与东北新铁路干线工程。清朝、民国政权积极参与了其中的许多计划和工程,试图从中改善自己的命运和处境。可是,由于列强间国际关系和国际矛盾的纷纭多变、日本

① 《中东经济月刊》,第7卷,第4、5合号,第215页。

的坚决反对和中国当权者的软弱，这些计划不是很快夭折就是半途而废，日本在经济上独霸南满地区的步伐似乎难以阻挡，但是，中国挽回主权的不断努力仍使他们感到锋芒如刺，如坐针毡。

1. 新法铁路的提出

日本在日俄战争中取胜并夺取了中东铁路南段，从沙俄手里接受了旅大租借地，清朝的官员几乎是本能地感到了威胁，此前高唱“联日制俄”高调的张之洞等人消声匿息了，赵尔巽、徐世昌、锡良、唐绍仪、程德全等地方官纷纷上奏条陈有关利害，建议采取开埠、修路、筹款、移民实边、筹备边防等相应措施确保东北不失。但日本对南满的积极经营似乎在和中国政府比策略比时间比实力。

1906 年，日本成立了南满铁路株式会社。“满铁”的章程规定，日本人和中国人可以购买“满铁”的股票。事实上，日本人自己连“满铁”股票都分不过来，根本就不打算让中国人拥有“满铁”的股票。10 月 21 日《东京日日新闻》说：“在清国的我邦人应募情况已如本报昨日记载的那样达到了 13600 股，但清国人应募的一个也没有。”[①]随后，让日本人感到意外的是清朝官员并不像日本人所想的那样想从日本人手里分得一点股票，而是首先指责日本擅自建立“满铁”已经违背了中日《会议东三省事宜正约》及其附约。经盛京将军赵尔巽建议，11 月 10 日，清朝外务部就此事正式向日本驻华公使提出了抗议。抗议指出：所谓南满铁路曾是中俄合办

---

① 〔日〕铃木隆史：《日本帝国主义对中国东北的侵略》，吉林教育出版社 1996 年版，第 129 页。

东清铁路的一部分，但满铁的成立却是根据日本政府自己的指令；铁道及附属财产均为日本政府出资；会社总裁也由日本政府任命，这些举措完全违背了中日缔结的有关条约。抗议书还强调：日本只能按条约经营旅顺、大连的干线，其他各线都应该取消。铁路沿线附属产业需经清政府同意。“满铁”应遵守清朝主权和两国合办原则，在两国协商基础上重新募集股份。[①] 清政府这次抗议把问题看得很准：假如清朝不是采取这样的态度而是表示对没有得到“满铁”股票不满，那就等于承认了“满铁”成立的合法，认可“满铁”的日本国策性公司地位，同意日本政府参与并直接对中国东北经济进行操纵。因此，在反对“满铁”成立问题上，清朝没有输在理上。日本政府则决定对抗议完全不理睬，因为日本不讲理！

日、俄瓜分了东北南北主要铁路干线，清朝官员也想办法针锋相对。1907 年 1 月，黑龙江将军程德全请求在哈尔滨江北马家船口、呼兰、曲达、绥化、黑龙江修一干路，长 1000 余里；再由青山至呼兰、昂昂溪至省城(齐齐哈尔)修两条支路，分列强在北满之势。同年 3 月，盛京将军赵尔巽分析日本在南满依托的就是南满铁路，首先提出“新民至法库门再至辽源州(双辽))抵齐齐哈尔应建一铁路”，为对付大连港，主张“另开一不封冻口岸，以图补救”。由此看来，清朝官员对一些事不是不能想到点子上，可是朝廷缺钱，百般无奈，只得寻求洋人的力量转借洋债。

随后几年，清政府与美国多有接触，希望借助美国力量达到自己难以达到的目的。美国当时很想在世界推销剩余资本，可是在东北行路很难。日本、俄国紧紧关起在南、北满的势力大门，英国

① 〔日〕铃木隆史：《日本帝国主义对中国东北的侵略》，第 130 页。

又与日本沆瀣一气，美国想利用清政府推动被日人紧闭的东北门户，清政府则想通过美国资本消弱日本在经济上的垄断，双方各有所需，但矛头主要是针对日本。

美国总统罗斯福当初对调停日俄战争特别卖力，本希望日本对欧美列强网开一面，不要像以往俄国那样企图关起东北的门户。美国铁路大王哈里曼正想利用战后混乱的时机走访远东，试图利用美国资本收买南满铁路和北满铁路，进而控制连接远东的西伯利亚铁路，贯穿欧亚交通线，实现经营世界大铁路的计划。1905年10月，哈里曼在东京抓住日本要人急于吸引美国资本的心理，与之签订了南满铁路预备协定备忘录，强调美、日的当事者以双方有权享有均等的利益为原则，共同享有南满铁路的产权与经营，企图靠钱来分享南满铁路的大部分利润。可是，当时日本国内正对日俄和约不满，寄希望从俄国得到赔偿落了空，又把希望放到旅大租借地和南满铁路上，而南满铁路预备协定备忘录与日本独自经营南满的精神却完全背道而驰，何况吸引外国资本的路不是仅有哈里曼一条。在日俄谈判代表小村寿太郎的坚决反对下，备忘录被废弃，但美国插手东北利益的愿望并没有就此放弃。

1907年，清朝进行了官制改革，4月，东北行政设置发生重大变化，原东三省三个将军被撤销，代之以东三省总督和三个巡抚。徐世昌被任命东三省总督，唐绍仪、朱家宝、段芝贵（后改程德全）分别被任命为奉天、吉林、黑龙江巡抚。尽管东三省的人事发生了变化，清朝官员试图利用外资对抗日本在南满势力的努力仍然持之不懈。徐世昌在东三省仍设法利用开放来抵御日本等国在东北势力的膨胀，他与唐绍仪积极运筹，继承了赵尔巽修新民—齐齐哈尔铁路的设想，经与美国驻奉天领事司戴德的商谈，提出了新法铁路的计划。按司戴德的预想，新法铁路第一步是从新民修到法库门，然后再延长到齐齐哈尔和瑷珲。唐绍仪希望还要借美国资本2000万建东三省银行，用于铁路建设、稳定币制、发展实业。本来就急于为美国资本谋出路的司戴德真是大喜过望，8月，他把自己起草、经唐绍仪同意的商业银行借款备忘录内容急迫地通知哈里曼，并在日记里写道："现在充满着令人振奋的可能性，如果被接受了，那么，我们将在满洲的开发中起到重要作用"。①

新法铁路的提出使清政府与美国资本开始走向一起了，双方利益的共同趋向都是针对日本。清政府想借美资在东三省有所作为，美国正面收购南满铁路不成就搞侧面迂回。其实，仅靠新法铁路本身并不足以动摇南满铁路的经济地位，可是，新法铁路对日本的意义不仅仅在于它将成为南满铁路的并行线，而是开了与南满铁路和日本在东北势力竞争的先例，恐怕清朝官员和司戴德本人都没有估计到日本会反响如此强烈，美国在这一事件中会面临着那么多不好处理的国际矛盾！

本来，新法铁路的提出就是为了对付日本的南满铁路，清政府却对此极力隐讳。可能是有什么不好说的原因，②也可能是不想与日本撕破脸。可是，这种不敢"出格"的竞争终究使清政府缺乏底气，使自己被置于不利地位。与此同时，东三省引入美国资本和修建新法铁路对日本影响太严重了，日本对此反响很大。7月，日本驻中国公使林权助就此事向日本国政府进行报告。8月，日本

① 〔日〕铃木隆史：《日本帝国主义对中国东北的侵略》，第154页。

② 据有的日本学者称，在1905年日清条约谈判时，会议记录记载的秘密附约里有规定不得敷设与南满铁路及其支线平行的铁路线路。见铃木隆史《日本帝国主义对中国东北的侵略》第82页。

代理公使正式向清朝外务部提出抗议:“如果清国铺设与南满铁路并行或损害该铁路利益的新铁路,帝国政府绝不能予以承认。”10月,日本再次向清朝外务部声明:“将关外铁路向法库门方面乃至其以北延长,那分明就是与南满铁路并行而且损害其利益的铁路。因此鉴于日清谈判会议录的明文记载,帝国政府决不能予以承认。”①清朝在回答日本有关抗议时坚持了新法铁路不是南满铁路的竞争线,这一点其实很巧妙,因为就是有不能设与南满铁路竞争线的规定,也没有规定其中的具体距离,是不是竞争线可以任意解释。清朝外务部对日本强调“新法铁路系发展地方经济,不能作为南满铁路的并行线”。同时指示驻英公使李经方向英国表示:“新法铁路距南满铁路甚远”,企图得到英国的支持和同情。当时的清朝既想争取美英的策应和援助,又希望日本对此不要反响太大,使矛盾激化,但事情的发展却不像清朝所想的那样。

新法铁路关系到日本的东北利益,日本对此心明眼亮。当时它对欧美和清朝采取了不同策略,对英美要和缓,而对清朝要凶狠。由于英美胳膊比日本粗得多,外相林董唯恐问题国际化,派公使小村向英国解释:“该(新法铁路)延长不仅会从满铁夺走辽河以南以北满洲地区的货物,而且清国还计划将其延长至齐齐哈尔,其结果给我国在南满洲的军事战略上的地位带来非常不利的影响”。② 英国商界本来对日本举止有疑问,不愿意日本独享南满的经济利益,可是,英国的整个战略布局关系更大。它需要和日本的同盟来对付德国,不想在东北亚一块土地上太计较得失。英国外

---

① 〔日〕铃木隆史:《日本帝国主义对中国东北的侵略》,第154页。

② 同上,第156页。

相古莱伊设法尽量消弥了本国商界和议会的不满,1908年2月,对小村表示理解日本对新法铁路的态度。日本外相接到报告,连忙向日本驻法、德、意、奥、俄使节转告有关情况,英国的反响使日本放心,此后,清朝只能单独依靠美国的有关行动了。

没有想到,在新法铁路备忘录制定后,清朝对美国的希望也连连落空。得知司戴德备忘录的哈里曼因美国正出现金融危机,没有马上做出投资东三省银行的决定,1907年11月与唐绍仪签订新法铁路承包合同的英国公司也没有得到政府的支持。1908年7月,奉天巡抚唐绍仪不得不奉命前往美国,以便争取美国资本,实现东三省银行等计划。就在唐绍仪访美期间,11月又传出美、日签订罗脱—高平协定,对清朝的与美外交不啻当头一棒,日本的活动又抢在了清朝前面!经美国国务卿罗脱与日本驻美公使高平小五郎商定,两国在太平洋区域不带有“任何侵略倾向”,“运用一切能使用的和平手段,支持中国的独立和完整以及各国在华商业机会均等的原则,以保持各国在华的共同利益。”[①]在美国看来,能够得到日本对“机会均等”等承诺要比区区一笔对华借款重要得多,而日本更关心的是抢先与美国进行对话,得到美国的谅解,这样才能有助于日本在中国东北的事业。不管双方是不是言不由衷,美国对日本的确很宽容,而清政府对美交涉却更困难了。因慈禧太后和光绪皇帝相继去世,溥仪继统,载沣任摄政王,唐绍仪的后台袁世凯被罢免,唐绍仪的有关活动也就难以为继。

英国态度束手,美国援助迟迟不来,清朝对日交涉也就可想而知。1908年5月,清朝外务部再次向日本强调新法铁路可能涉及

① 《帝国主义侵华史》,第2卷,第263页。

的现有的天津、营口都是结冻港，而“满铁”的大连是不冻港，东北许多货物必须经“满铁”运到大连，新法铁路绝不是“满铁”的竞争线，要求日本对有关解释进行重新考虑。本来，如果清政府真的在铁路问题上坚定不移，也就不必那么顾及日本的态度，可日本就是看出了清朝的本质，态度越来越强硬，元老山县有朋建议“我之满洲经营必须最急速实行之。反复谈判消磨时日……这绝不能容忍。如用尽外交所有手段仍不能达到目的，则可用所谓最后手段迫使北京政府唯命是从，别无它法。”①当时的日本政府不想仅在新法铁路上纠缠不清，它还要向中国索取更多的在华特权。

经过反复交涉和一次次讨价还价，10 月，日本节外生枝地对清政府又提出了许多新的要求，这些要求是：

(1)“间岛”问题，要求日本朝鲜人在该地杂居，设立日本领事馆。

(2)法库门铁路问题，反对向法库门以北或以东延长铁路，要求铺设“满铁”某站(如四平)到郑家屯铁路以为补偿。

(3)大石桥营口铁路问题，要求铁路继续存在。

(4)京奉铁路问题，同意在小西门边共设车站。

(5)抚顺、烟台煤矿问题，通过一定缴纳金确认日本利权。

(6)安奉铁路及其它铁路沿线矿山问题，要求作为日本、中国的共同事业。

从上述要求来看，日本不仅仅是要维护其在南满铁路的地位，还要尽量地扩大在南满的利权，不管是旧问题还是新要求，清政府没想到老问题没解决，竟又招致这么多的新麻烦！

最后，顶不住日本压力的清政府不仅在安奉铁路等老问题上

① 〔日〕铃木隆史：《日本帝国主义对中国东北的侵略》，第 164 页。

妥协了,在许多新问题上也让步了。1909 年 9 月,清政府与日本签订了《东三省五案交涉条约》,清政府同意在铺设新法铁路时,事先与日本商量;承认大石桥至营口铁路为南满铁路支线;承认日本对抚顺、烟台煤矿的开采权;同意安奉铁路和"满铁"沿线的煤矿由中日合办。日本则不反对京奉铁路延长到奉天城根。至此,清朝新法铁路建设不仅没有成功,反倒扩大了日本的许多利权。

2. 锦瑷铁路的筹建

尽管新法铁路计划失败,清政府并没有放弃借款修路的想法,以便与南满铁路继续对抗。当时,清政府之所以同意签订《东三省五案条约》,是半个月前清朝与美国有关"合作"已经取得新的进展,清朝得知美国银行团代表司戴德提出了在东北修建锦瑷铁路的计划,欲用锦瑷铁路代替新法铁路,并通过修建南满铁路的并行线牵制日本。而在当时,美国插手东北的态度一度比清廷还积极。清廷从一开始就试图依赖美国的力量,可是,锦瑷铁路的成败并不取决于美国一个列强。

《罗脱—高平条约》签订之后,美国政坛很快又发生了变化。前陆军部长塔夫脱在 1909 年 3 月总统就职演说时就表示:"围绕着门户开放及其他问题,在东洋方面将会发生各种国际纠纷,在这些纠纷当中,合众国维护本国的利益,必须谋求美国的这种正当要求得到尊重的保障措施。然而,如果说在我国主张其权利,维护其利益时,除了单纯的口头抗议和外交上的备忘录之外不能采取别的手段,那么我国就不能实现这个目的。"①塔夫脱当时是被急于

① 〔日〕铃木隆史:《日本帝国主义对中国东北的侵略》,第 170—171 页。

在海外扩张资本的美国资本家捧上台的，他上台后就要推行“金元代替枪弹”精神，采取“为使我们的商品和我们的资本家获得赚钱的投资机会而积极干预”的政策①，还任命热衷于经营活动的上院议员诺克斯为国务卿。于此相应，美国铁路大王哈里曼也开始积极活动，推行国际铁路计划。在他的极力劝说下，俄国财政大臣对出售中东铁路产生了“兴趣”，同时，哈里曼还委托正在伦敦与英国商谈湖广铁路借款的美国银行团代表司戴德到中国，提出了修建锦州至瑷珲的铁路计划。

就在司戴德到达北京时，清政府正向东三省总督锡良发出指示：“莫如广辟商埠，俾外人麕集，隐杜垄断之谋；筹集洋债，俾外款内输，阴作牵制之计。”②美国与清政府此时又不谋而合，许多方面形成一致。司戴德本来就熟悉东三省的引资意图，经与奉天巡抚程德全谈判，双方于10月在《锦瑷铁路借款草合同》上签了字。合同规定由美国提供借款，年息5厘，由英国宝铃公司承包工程，以铁路作抵押。与新法铁路相比，锦瑷铁路由锦州、朝阳、洮南、库伦到齐齐哈尔，南端可利用再修锦州—葫芦岛线到海口，北端可修至瑷珲。不仅线路比新法铁路长，还有益于吸引南、北满各地物产，而且线路西移，可堵住日本的许多借口。对于清政府来说，这是挽回上一次败局，发起对日、俄新攻势的好时机；对于美国来说，则有利于扩大在华利益，取得在东北的重要落脚点，以便在将来继续与日本讨价还价。特别是锦瑷铁路是直接威胁日本在东北生存的具体计划，无论从哪方面来看，它都比新法铁路要强，可是，

---

① 丁名楠等：《帝国主义侵华史》第二卷，第271页。

② 同上，第274页。

不但清朝内部许多人对锦瑷铁路认识不清，连美国也提出了一个荒唐的满洲铁路中立计划，反倒使锦瑷铁路遭到重重阻挠，最终趋于流产。

当时，美国国务卿诺克斯急于实现美国在海外的重大利益，它并不满意于仅参与一条具体的锦瑷铁路开发，希望马上实现"满洲铁路中立化"。1909年11月，美国分别向英国、德国、法国、日本、俄国、中国提出满洲铁路中立化方案，方案要求有关国家一起借款给中国，赎回在东北的所有铁路，将其置于"经济的、科学的、公正的管理机关之下"，铁路所有权属于中国，有关各国可在平等的基础上享有用人等方面的优先权；或者有关国家对锦瑷铁路表示支持，邀请赞同满洲中立化的有关各国共同参加该路投资及参与将来商业发展所需要的其他铁路。由此看来，"诺克斯计划"的实质是标榜美国以前提出的对华"门户开放"，企图拉各国一同挤进被日、俄封闭的东北经济大门，排斥日、俄对东北的经济独占，在国际化的名义下发展美国在中国东北的经济势力。可谁想到，诺克斯计划的提出，实际上是干了一件蠢事：第一，诺克斯不应该把一个局部的具体问题当作一个广泛的大问题来解决，锦瑷铁路主要是中国和美国的事，事情的关键是避开日本、俄国的反对而由中、美两国单独处理，可诺克斯为了自己的大计划却让日本、俄国都参加有关问题的解决，反倒使比较容易解决的问题更复杂了；第二，诺克斯不应该对英国等国家寄予那么多的希望，没有得到英国的声援却遭到了来自英国的阻力。英国在中国东北虽想扩大利益，但更想与日本合作以保证英、日同盟带来的国际意义。英国当时虽表示在湖广铁路借款案没了结前不考虑别的铁路借款，却又建议让日本参加锦瑷铁路建设，美国没有拉到同盟者，反倒引出他者为对手说情；第三，诺克斯不应该让日、俄等国也参加锦瑷铁路建设，锦瑷铁路成功与否，关键是千方百计消融日本等国可能出现的阻力。让日本参与一个对自己不利的计划，也就等于失去了锦瑷铁路建设本来的意义。简而言之，诺克斯计划把小事变成了大事，把相对容易的事变复杂了，把可解决的事变得难以解决了；把可能的支持者变成了反对者，把难以找到的借口让别人方便地找到了。事情的最后结果是诺克斯的满洲铁路中立方案除了清政府支持外几乎没有一个国家表现出热情，日本、俄国当然反对，美国变得孤掌难鸣。其实，就是真的实现了满洲铁路的中立化，美国在具体事务中也未必能取得多大好处。至于有关锦瑷铁路方案本身的活动，美国却是真正惹了一连串麻烦。

美国对东三省的攻势使日、俄感到咄咄逼人，昔日的敌人终于为目前的共同利益再次进行联手。1909 年 7 月，日、俄第二次协定签字，该协定表示各自尊重其在东北等地的特殊利益，当利益遭到侵犯时，双方应协商、共同行动或援助。当诺克斯中立化计划失败后，清政府与美国正着手签订的锦瑷铁路条约也遭到了来自日本和俄国的羁绊。1910 年 1 月，经东三省总督锡良的多方努力，锦瑷铁路临时协定好不容易得到了清朝外务部、度支部、邮传部等机构的认可。在清政府通知美国政府希望继续讨论签订正式合同时，日本和俄国相继对清政府进行了强烈地干预。日本认为：“在满洲与日本国所属的各铁路有关系的地方，有许多日本人经营的各类工商业正在蓬勃发展，而且实际上在发展这些经营事业中，有许多日本臣民参与并提供了巨额的日本资金。因此，此时日本政府放弃借以保卫上述事业的唯一机关，从信义上和责任上无论如何也不能同意。”[①]2月,日本公使向清朝表示日本在两个条件下才能同意铺设锦瑷铁路:第一,日本与有关各国协商办法后提供资金、技术、材料和进行承包;第二,从锦瑷铁路的一站向东南延伸以便与南满铁路连接。3月,俄国政府也向清朝表示,希望用张家口、库伦到恰克图的铁路代替锦瑷铁路,张家口到库伦铁路由各国共同经营,库伦到恰克图铁路由俄国提供资本。[②] 由此可见,上述日、俄的提议无非是用所述办法进一步扩张本国资本,抹杀锦瑷铁路贯穿东北南北、连接关内和海口与日、俄竞争的实际意义,并把势力进一步扩大到蒙古和东北等更多地区。清政府本不想过于得罪列强,在日本、俄国的强烈反对下,英、法作为日、俄的同盟国也劝说清政府对日、俄锦瑷铁路的态度要谅解,因此,清政府最终就没敢在锦瑷铁路正式合同上最后签字。

锦瑷铁路是清政府在美国势力的支持下向日本、俄国垄断东北南、北经济的一次反击。由于美国的急躁和草率、清朝的软弱和胆怯,抵制日、俄经济垄断的计划又遭到了失败。美国之所以没有给清朝有力的支撑,是由于其他列强的阻力太大,而英、美等国的利益焦点在欧洲,不像日、俄的海外利益更多的在东北。欧美列强不会为中国政府影响彼此关系和整体利益,清朝过于寄希望于在华有关各国的彼此牵制,却总想不到列强对华决策的出发点却并不仅限于其单纯考虑其在中国的利益。

3. 葫芦岛工程与东北交通委员会的干线计划

新法铁路和锦瑷铁路计划失败后,清朝政府和东北政权没有

① 〔日〕铃木隆史:《日本帝国主义对中国东北的侵略》,第174页。

② 同上,第175页。

放弃对日本等经济势力的抵制，日本对中国虽然总是威胁恫吓，却十分担心中国民族主义精神的增长，1930 年葫芦岛海港的建设和东北铁路交通委员会干线计划的提出，才让日本人终于真正地感到了恐惧。

日本之所以能控制东北主要交通和近代经济，主要是依靠大连港和南满铁路的地理优势。大连港和南满铁路吸引了东北的土产南下出口，同时把各国进口的商品源源运到东北各区，如果有相应的海港和铁路与此竞争，日本在南满的势力将大打折扣，垄断地位难以维持，所有的在东北权益都将受到影响。

早在 1908 年，英国工程师已经发现了可以把葫芦岛开辟成不冻港。清朝东三省总督锡良认为："为今之计，唯有实行借款造路，可为我国第一救亡政策"。[①] 在他的支持下，1910 年年底，葫芦岛工程开始施工。葫芦岛本来位于渤海湾北岸，该岛东西约 3 公里，呈葫芦形，岛西有陆地与大陆连接，岛南水深，结冰程度较轻，可开作对外海港。锡良强调："葫芦岛……其港岸足与大连海口并峙，其工程宜与锦瑷铁路兼营，实关东省全局命脉。"为修建葫芦岛海港，锡良靠提用官银号、盐务局赢余等经费 20 万两做开工之用。先由葫芦岛至京奉铁路连山站修运料铁路 20 余里，在第二年建筑大堤，全部工程限用 6 年。[②] 作为与大连相抗衡的出海口，葫芦岛应该是辽东地区最合适的地点之一：第一，葫芦岛自然情况比其他地方强，除大连等外，辽东海岸多在冬季结冰，唯葫芦岛不冻；南部水深，在当时"最大轮船，均可入口"；许多工程

① 《锡良遗稿》，第 2 册，中华书局 1959 年版，第 1204 页。

② 同上，第 1203、1260 页。

材料,可在当地解决。[①] 第二,葫芦岛靠近清朝控制的铁路和海口,京奉铁路距离葫芦岛很近,由京奉铁路可达锦瑷铁路,连接南北满,吸引各地物产南下,与大连、南满铁路抗衡。当然,葫芦岛工程也有许多不利之处:首先,它自然条件不如大连,在水文和地理方面比大连差,建设基础也远不及大连。虽然葫芦岛建成后可以威胁大连的地位,可是很难取代大连;其次,葫芦岛连接的铁路在南、北满所经过地区也缺少富裕之地,辽宁东北部、吉林北部、黑龙江西北经济发展多不如南满铁路、中东路铁路所经地区,只有扩大铁路支线,增加相应铁路网连同关内外和未开发地区、海口,才可以取长补短,真正地与日、俄势力竞争。不料,葫芦岛建设刚刚开始,清朝就灭亡了。1920 年时,民国交通部与奉天省当局曾决定分别担任 1000 万元为葫芦岛开港经费,以周肇祥为督办。未几,交通部以京奉铁路收入短缺为由停止合同,工程又没能续办。[②]

1930 年 1 月,在张学良支持下,由东北交通委员会副委员长高纪毅与荷兰建港公司香港驻在员签订了 640 万美元的葫芦岛连山湾建港承包工程。合同规定:北宁铁路局每年支付该公司 9.5 万美元的工程经费,1935 年工程完工。1930 年 2 月,合同即得到了南京政府的批准。7 月,张学良亲自参加了开工典礼,[③]葫芦岛工程这时又正式上马。当时,日本还没找到破坏葫芦岛工程的有效办法,更可怕的消息又接踵传来。4 月,在东北交通委员会(1922 年成立,当时称东三省交通委员会)召开的路政会议上制定了针对日本、开发东北的铁路建设计划。会议决定,为对抗“满铁”

① 《满洲三省志》,第一卷,第 105 页。
② 同上,第 104 页。
③ 〔日〕铃木隆史:《日本帝国主义对中国东北的侵略》,第 443 页。

和中东铁路，在今后10年在东北各地将建设8000公里铁路，其中主要的铁路干线是：

(1)东大干线——从葫芦岛经锦州、沈阳、海龙、吉林、五常、伊兰到黑龙江下游同江一线；

(2)西大干线——从葫芦岛到锦州、打虎山、通辽、洮南、昂昂溪、齐齐哈尔、嫩江到黑龙江黑河一线；

(3)南大干线——从葫芦岛经朝阳、赤峰到内蒙古多伦一线。

东北交通委员会在《东北铁路网缘起》中直言不讳地强调："在抵制中东及满铁方面，除实行铁路网外，别无他策。而铁路网中之重要者，则为修建大干线即钳制南满铁路截断中东铁路的东西两大干线，如再将此集中北宁线，筑以良港，建成输出口岸，则不独以制满铁于死命，其对中东铁路亦是一重大威胁。"[①]在上述三大干线中，东大干线由海口向东连接至东北南部，西大干线由海口向东连接至东北北部，南大干线接入蒙地，虽不经过东北最繁茂之地，但可利用许多已建成铁路，造成迅速环绕、围困南满铁路和中东铁路之势，抢夺货源，骚扰其运输秩序，使之如坐针毡，日夜不得安宁！

面对张学良和东北交通委员会的筑港、干线计划，日本政府十分恐惧。日本外相币原在《关于满洲铁路问题之件》中说："如依此等之竞争线，把满铁两侧之货物从连山港或营口运出，则会将满铁的势力范围局限于其两侧只有四五十英里的地区内，可以想象，其结局将导致满铁之未来于死地。"[②]其实，当时最使日本人害怕的不仅是中国的铁路计划，而是中国人是否有把事情坚持做下去的

① 〔日〕铃木隆史：《日本帝国主义对中国东北的侵略》，第442页。

② 同上，第443页。

决心。1924年时,张作霖控制下的东三省铁路委员会委员长、奉天省长王永江曾制定了包围"满铁"的东三省自办铁路计划。准备在西侧实施以往的锦瑷铁路,在东侧建设经奉天到海龙、吉林、哈尔滨、呼兰至克山的铁路干线。东三省当局根据这一计划,决定在奉天—海龙、打虎山—通辽、呼兰—海龙等线自建铁路。尽管当时"满铁"认定打通线与禁止修建与南满铁路并行的路线条款相抵触,向扬宇霆和张作霖等人进行了抗议,张作霖就是不理茬。10月,他告诉日本奉天总领事,本计划实施是中国的内政,无须受到日本的干涉。后来日本又接二连三地设法对之阻挠,张作霖则根本不吃这一套。他对奉天省长说:"在吉海铁路等问题上,即使日本方面提出怎样的抗议,也都要断然实施之,决不能放弃铁路权!"[①]在日本的抗议、谴责声中,打通线、吉海线等都竣工了,日本没料到张作霖的态度如此强硬,对张作霖的不理不睬也没法再用非武力的办法。特别是日本人感到有时中国人会悄悄地修建起一段段的地方小铁路,时间一长,这些铁路总会积少成多,连成一气,给敌手造成潜移默化的威胁和不断的麻烦。在"九一八事变"前,东北由中国完成和直接控制的铁路如表13。

表13　"九一八事变"前由中国完成和直接控制的铁路

路线	区间	完成年份	里程(公里)
齐昂铁路	齐齐哈尔——昂昂溪	1909	29.0
开风线	石家台——西丰	1926	63.7
鹤岗线	莲江口——兴山	1926	56.0
呼海线	三棵树——海伦	1928	220.1
沈海线	奉天——朝阳镇	1928	263.5
西安支线	梅河口——西安	1927	73.6

① 〔日〕铃木隆史:《日本帝国主义对中国东北的侵略》,第404页。

吉海线	吉林——朝阳镇	1929	183.9
齐克线	齐齐哈尔——泰安	1930	123.9
讷河支线	宁年——哈拉	1930	48.0
昂齐支线	三间房——齐齐哈尔	1928	30.4
洮索线	白城子——王爷庙	1931	82.9
榆树线	榆树屯——昂昂溪	1929	6.4
共计			1186.4

资料来源:《满洲开发四十年史》上卷,第210页。

当时,由中国完成和直接控制的铁路已经达到1186公里,已经超过日本直接控制的铁路里程(1129公里),与被日本以合资形式间接控制的铁路里程(1213公里)相仿。打通线、奉海线、呼海线、吉海线、齐克线相继营业后,1929年12月,中国为夺回被满铁借款控制的铁路,争取其与自办铁路联运,又公布了西四路(北宁、四洮、洮昂、齐可铁路)四条铁路的货物联运办法。1931年1月开始对东部干线(北宁、奉海、吉海、吉敦铁路)进行联运。在这种情况下,由"满铁"出钱或承包建立的南满铁路"培养线"就逐渐变成了"满铁"的竞争线。日本人感到了中国人给他们带来的寒气越来越大,让日本人十分担心的倒不一定是中国铁路已经向他们展开了网罗,或是对"满铁"线路形成的包围和竞争之势,而是中国人越来越强的民族精神和坚决意志,尤其是张学良对日本势力抵制的实际做法比他父亲张作霖还利落,对"满铁"的刻意部署威胁也就更大。

考虑到日本当时的处境,日本外相币原指示驻华机构对中国在东北的活动要采取相应的措施,即:采取一切手段阻止致命于"满铁"的竞争线的修建;可援助中国修建对"满铁"无影响的铁路线;对悬案线路和一些其他线路采取有条件的退让和放宽……可是,在世界经济危机,日本国内经济不稳,中国民族主义抬头的环境下,日本在东北再也无法照旧称心如意。考虑到中国可能从其他国家引进外资实施干线计划和葫芦岛工程,银本位的中国在金贵银贱的情况下就是不与“满铁”竞争自身的铁路运费也在降低,日本接连感到事事棘手,应接不暇。由于日本政府和经济界对中国东北一时无计可施,日本军界和国内强硬势力终于迅速抬头,右翼青年将校军官不断在日本国内、外蠢蠢欲动。关东军及其支持者急欲对中国东北采取断然的政治、军事手段。与此同时,日本的关东军、军部、天皇、内阁都有意用其他手段补偿经济手段之不足,即用武力来彻底解决“满蒙问题”。

第三章 日本对东北的国策性经营

19 世纪初的日本贫弱、落后，遭受欧美列强的欺凌和侵略，处境并不比亚洲邻邦中国、朝鲜等国的状况好多少，却显示出了极为狂妄的野心和扩张意志。在“皇大御国”思想的支配下，日本决心把与欧美国家交往中遭到的损失从亚洲邻邦那里“找回来”。明治维新后，无论是采取“南进”计划还是“北进”策略，日本面临的亚洲对手都表现得十分软弱无能，使它一次又一次地取得了意想不到的成功。日本的国力越来越强，胆量和胃口也越来越大，既不放过亚洲弱邻，又敢向欧美强国叫板，对中国东北地区由窥视、争夺、控制走向企图独占，直至制造了“九一八事变”。然而，日本毕竟实力有限，军力和物力都不足以为所欲为，有时需要联络盟国，有时还得看列强的眼色行事。日俄战争后，不敢对南满公开实行垄断，完全关起门来，只好同意以大连为“自由港”，通过政府的支持和参与，假以会社的形式组织国策性的经济实体“满铁”，对南满地区及东北其他地区进行殖民性经营，力图在经济上逐步控制东北，最大限度地扩张日本的政治利益和经济利益。在日本的海外扩张中，中国东北的地位非常重要，日本的各种投入也最多。在其国策性的建设和投资中，1905 年至 1931 年间，“满铁”和日本各界在继承俄国南满产业的基础上拼命创造了许多所谓的经济“实绩”，使中国东北的经济面貌在客观上发生了许多明显的变化。铁路增多，人口和耕地面积增加，对外贸易增长，成为20世纪初中国国内经济畸形发展，交通和出口贸易最为典型的地区之一。但是，在东北经济开发和发展中捞取了最大利益的是日本。在这一期间，东北与关内的经济联系所占比例不断下降，与日本的经济联系却在日益加强，逐步走向所谓的"日满经济一体"或"日满鲜经济一体"化，使日本对东北的完全占领已经成为必然。不能否认，近代日本对中国东北的"经济开发"完全是殖民性的渗透与垄断，其国策性的方针和对中国东北的经营方式也需要后人进一步探析和判断。

一、日本对东北的战略意图与经济决策

在很早以前，有些日本人就对海外土地和中国东北表现出了野心和贪婪。最初这并不是出于什么熟虑的政治动机，也不是来自于什么经济需要，持"皇国"观的日本人所着眼的不仅仅是邻近地区和国家，虽自不量力，但他们的的确确想让日本"合并世界各国"。明治维新后，日本对中国东北地区的战略意图可分三个阶段：即争夺东北阶段(1904年日俄战争前)；控制东北阶段(1930年张作霖被炸前)和企图独占东北阶段(1930－1931年"九一八事变")。

1. 日本对东北的野心由来已久

虽然被近代日本帝国主义论者誉为"日本近代帝国主义的急

先锋”的丰臣秀吉早在中国明朝时期就率军进犯朝鲜，与朝鲜军队和明朝援军大打出手，表现了日本贪婪、好斗的个性，但最早对中国东北地区产生兴趣的却是日本人本多利明。在某些日本帝国主义论者看来，德川幕府时代，日本国民的海外“雄心”暂时受到了压抑。18 世纪 90 年代，本多利明在《西域物语》中才发出了日本“复兴”的第一声。他看到西方许多国家本土虽小，但多有属国，“亦堪称大国”，对之感叹不已，遗憾日本“无开拓制度”，希望日本能像英国那样与英国并列成为东西洋“大富大强之国”，把首都迁到堪察加，在库页岛建立“大城郭”，发展与滨海、满洲的贸易，以完成对“大日本帝国”的向往。[①] 如何发展同人烟稀少、未经开发的“满洲”贸易，本多利明当时没有说明，也没法说明，大概他对“满洲”的重视更超过贸易本身！

在本多利明之后，日本下一代的思想家佐藤信渊 1923 年在《宇内混合密策》中直言不讳地提出日本要吞并满洲，继而将全部中国领土划入日本的版图，而后再从东南亚进军印度，最终将“合并世界各国”。1855 年，身为木户孝允、伊藤博文先师的吉田松荫也主张：日本要“分割易于攻取之朝鲜、满洲、中国”。桥本左内于 1857 年进一步强调：“掠夺邻国乃（日本）当务之急”。[②]

明治维新前日本思想界之所以出现海外扩张论，并不是直接出于什么经济因素，与国内的政治斗争也缺乏明显的政治联系，主宰这些思想家灵魂的恰恰是甚嚣尘上的“皇国”观。佐藤信渊声称：“皇大御国乃天地间最初成立之国，为世界各国之根本”，因此，

① 〔日〕井上清：《日本帝国主义的形成》，人民出版社 1984 年版，第 1 页。

② 同上，第 2、9 页。

“皇国号令世界各国之天理”是不言而喻的。如何建立“皇国”？木户孝允指出要通过武力手段对外扩张，并不惜付出相应的代价。“吾知此举非但无物产金银之利，反将蒙受损失，但为皇国之远大方向，使亿万苍生瞩目内外……并使他日皇国振兴，历经万世而不衰，则舍此别无良策。”

不仅如此，当时日本“皇国”思想家之所以鼓吹向海外扩张，还在于他们想把日本同欧美国家交往中遭到的损失从亚洲邻邦国家找回来！1855年，吉田松荫说：“俄美和亲条约一定，我方便决不可破坏之而失信于夷狄，只宜严守章程，加深信义，趁此时机培养国力，分割易于攻取之朝鲜、满洲、中国，将同俄、美交易中之损失，复以鲜、满土地补偿之。”①尽管“皇国”思想家有不断膨胀的海外雄心，国力、能力却不逮，在“船坚炮利”的欧美列强面前，不得不“乞求和亲”，对欧美列强摇尾乞怜，但对亚洲邻邦则龇牙露齿，走上了欺弱凌强的道路。

在这种主流思想影响下，明治维新开始后，日本就显示了对外侵略扩张的强烈欲望，为提高日本的国际地位，摆脱沦为殖民地半殖民地的可怕命运，日本急剧走上了对外扩张的道路，藉此“振兴国家”(西乡隆盛)、“耀皇威于海外”(大久保利通)。1874年，日本派兵进攻台湾，1876年，强迫朝鲜对日开关，1894年，发动甲午战争，不但割取中国的台湾、辽东半岛，还勒索2亿两白银的赔款和3000万两“赎辽费”。一旦某一目的达到，日本仍然“熟虑日后攻占之策，持之以恒，努力不懈，”认为这样“天地必能大改其观……则万世不拔之基将日趋巩固。”从而使“他日皇国振兴，历经万世而

① 〔日〕井上清：《日本帝国主义的形成》，第9页。

不衰(木户孝允)。”在“皇国”论思想家和明治政府决策要员这种狂妄的扩张言行中,不难看出其中确实包含了某些令人发指、深思熟虑的“远见”。

2. 从“满韩交换”到“满韩不可分割”①

在日本对外扩张的道路上,“北进”的第一个目标是朝鲜。日俄战争前,为了得到和确保朝鲜,日本不惜在中国东北问题上向其他列强让步,以换取其他列强对日本控制朝鲜的确认,这就是“满韩交换”;一旦日本在朝鲜确立优势地位并时机成熟,“北进”的下一个目标就是中国东北。这样,“满韩不可分割”论就会出笼。

实际上,近代中国东北的经济开发史同时也是帝国主义列强对远东地区的争夺史。19 世纪 80 年代末俄国西伯利亚铁路的修建掀起了列强争夺远东地区的又一次浪潮。日本明治政府的决策者们十分清楚,利用欧洲资本修建起来的俄国铁路到达海参崴对日本会意味着什么:西伯利亚铁路会极大地增强俄国在远东的力量和政治影响;会改变远东地区现有的力量对比;加强俄国人在远东的外交分量;有利于进一步向中国东北和朝鲜渗透;日本外相青木周藏说:“欧洲各国中最强悍而经常成为危险的根源地,即为俄国,”“俄国在一击之下即可利用此铁路毫无妨碍地立刻将精锐的大军送至清国广漠无涯而毫无防备的边境或日本的邻近地区,因此,日清两国不能不把此铁路敷设计划看作是俄国实际上在西伯利亚地方立即增加了强大的兵力。”日本首相山县有朋惊呼:“西伯利亚铁路已伸及中亚,不数年即可竣工。届时从俄都出发,十几日

① 当时日本侵略者把中国东北地区称为“满洲”,把朝鲜称为“韩国”。

即可饮马黑龙江。吾人不可忘记西伯利亚铁路完工之日即为朝鲜多事之时……”![1] 俄国西伯利亚铁路的修建使日本人飞快地做出了反映,1890 年 3 月,山县有朋在《外交政略论》中对青木说:“国家自主之道有二,一曰守卫主权线,不容他人侵犯;二曰防护利益线,不失自己之有利地势。”山县强调:“我邦利益线之焦点实际上在朝鲜。”青木完全同意山县的这一意见。他认为,为了对抗俄国对日本海外利益的威胁,有必要“把朝鲜归属于日本”。但他也提出,还应该把满洲和勘察加半岛也归属日本。[2]

尽管当时像青木等人把中国的东北也划入了日本的“利益线”,1895 年在甲午战争谈判中日本外相陆奥宗光强烈要求把中国的辽东半岛作为日本的领土,但朝鲜当时仍然是日本对外扩张的主要焦点。1876 年,日本强迫朝鲜签订了《江华条约》,势力开始渗透进朝鲜。甲午战争中,日军占了上风,日本通过《马关条约》又迫使清政府正式解除了与朝鲜的宗藩关系,承认“朝鲜独立自主”,但日本在朝鲜的地位仍然不稳。攫取辽东半岛既是把这里作为“将来征清及征俄作战的大基础”,也是“在陆地上也必须划一条相当长的防御线”,以“维持朝鲜的独立”,确保日本的主要利益线。可是,由于“三国干涉还辽”,日本攫取辽东半岛的美梦没有做成,俄国 1896 年还调兵进入汉城,把朝鲜国王和太子弄进俄国使馆,意欲成立亲俄政府,日本在朝鲜的地位变得更加让人琢磨不定了。

“三国干涉还辽”使日本意识到自身实力还比较薄弱。在 1898 年各国强租中国海港、海湾的角逐中,列强争夺中国的矛盾

① 〔日〕铃木隆史:《日本帝国主义对中国东北的侵略》,第 5—6 页。

② 同上,第 6 页。

此伏彼起。日本考虑到无论与欧美哪些强国结盟，都必然会导致对立强国的敌视，伊藤博文内阁主张日本“宁可保持局外中立，以图自身安全为宜”，[①]同时，与俄国也进行了一系列交涉，以试图协调两国在朝鲜和中国东北利益上的矛盾。

看到俄国正集中精力专注中国东北，为确保日本在朝鲜的地位，日本不能不在中国东北问题上向俄国做出一些让步。1898 年 3 月，日本政府向俄国驻日公使提出了所谓“满韩交换”：一旦朝鲜向外国要求“援助”时，“帝国政府认为提供上述援助的义务应该完全委托给日本。因此，如果俄国政府对此见解表示同意，那么帝国政府就认为满洲及其沿岸全然不属于日本利益及关系范围。”[②]这就是说，如果俄国承认日本对朝鲜垄断支配地位，日本就会承认俄国在东北的优势地位。

“满韩交换”是日本实力满足不了野心膨胀时的暂时妥协。以中国东北交换朝鲜不是不想要中国东北，而是首先满足日本巩固既得利益需要的缓兵之计。日本人没有想到，俄国人的野心同自己如出一辙。4 月，俄国政府答复说：“日本把满洲视为其本国利益之外的东西，这有益于改善两国的关系，但是从毗邻于俄国的朝鲜排除俄国势力是原则问题，无法容许”，明确拒绝了日本政府对俄国提出的“满韩交换”。

如第一章所述，19 世纪 80 年代，俄国在巴尔干等地的扩张频频受阻，逐渐把视线转移至东方。当时，白令海峡以西的土地已经完全被俄国人占有，中国远东的土地也变成了沙俄的滨海地区，沙

---

① 〔日〕铃木隆史：《日本帝国主义对中国东北的侵略》，第 17 页。

② 同上，第 18 页。

俄的下一步必然是夺取中国的东北、内蒙等地和朝鲜。尽管当时东北是沙俄东扩的焦点,俄国对朝鲜还顾不了那么多,在朝鲜问题上对日本作了一些让步,但沙俄从来没有,也并不打算完全放弃朝鲜。1900 年,中国爆发了大规模的义和团运动,在朝鲜的日本公使林权助预测到俄国将要占领中国东北,7 月向外相青木建议"必须专心考虑和固守日本在韩国利益的计划"。日本驻彼得堡公使小村寿太郎也建议再次向俄国提出"满韩交换",青木为此对小村进行了有关授权。但俄国正忙于出兵东北,"满韩交换"的交涉没有取得一点进展。首相山县有朋终于认识到:"我在朝鲜占据势力系为俄国甚恐之所在,彼岂能容易允诺,故欲收朝鲜为我之势力区域,必先具有同俄开战之决心"。[①] 这就意味着日本已经开始认识到"满韩交换"面临破产。

1900 年 8 月至 10 月,10 余万俄军借口保护中东铁路开进东北,占领了主要交通线和沿线各战略要地,完成了对整个东北的军事控制,引起了各国列强的恐慌和警觉。为防止俄国在东北关起门户,不让各国"利益均沾",各国纷纷向清政府提出"劝告"并施加压力,阻止清朝与俄国在俄国占领东北问题上达成协议。俄国为缓和与各国在华利益上的矛盾,也尝试与有关国家就远东利益进行协调,1901 年 1 月,俄国向日本提出就"在各国共同保护下使韩国中立化"计划进行协商,日本感到俄国"韩国中立化"的主张不仅无视日本在朝鲜已取得的地位,甚至连"满韩交换"的程度也没达到,日本决不能以此容许俄国"在满洲的行动自由",更不能放任俄国对中国东北地区的独占!

---

① 〔日〕铃木隆史:《日本帝国主义对中国东北的侵略》,第 26 页。

1901年12月，日本驻华公使小村在元老会议上提出了“满韩不可分”论：朝鲜和中国东北对日本的海外利益同样重要。扩张日本在东北的势力，不仅可以巩固日本在朝鲜的地位，还可以发展日本在东北的权益，挡住沙俄对日本海外利益线的威胁。至此，日本已由“满韩交换”的守势方针变为“满韩不可分”的攻势方针，对外扩张发生了实质性的转变，这种转变取决于当时具体的政治、经济和外交等重要原因。

从政治原因来看，日本已经认识到单纯防御性地确保朝鲜是行不通的，只有积极进取才是上策。与其只固守朝鲜疆土，还不如把利益线进至中国东北，日本在朝鲜的地位会更加稳固，在海外的扩张也会出现进展。小村在阐述“满韩不可分”时说：“若满洲归俄所有，韩国亦自然不能保全，故我邦应迅速制定对策，此乃当务之急。”日本外相加藤认为：“俄国占领满洲……其结果，俄国势力将有可能支配朝鲜半岛，进而将危及帝国的自卫。”“适当的解决办法”是“把满洲地方，化为我国自己的领土，那将是永久的利益”。[①]当时，日本政府这些要员也认识到，如果进取中国东北，日本将冒着不得不与俄国开战的危险，与俄国“早晚一大冲突势不可免，必须要有精神准备，彼若恃强入侵我权利线，我亦决心与之对抗”。[②]要准备与俄国打仗。

从经济原因来看，日本经济的发展已经要求扩展和保护在海外的“经济利益”，日本“在海外的事业”具有排他性，欲取俄国中东铁路的利权而代之。在帝国主义列强竞争时代，无一殖民扩张不带有经济性质。20世纪初的日本经济发展水平虽超过朝鲜、中

① 〔日〕铃木隆史：《日本帝国主义对中国东北的侵略》，第37、43页。

② 同上，第39页。

国,但比不上西欧、美国,在国际资本主义竞争中处于不利地位。可是,日本在经济发展预测上显得比别人更有远见。小村任外相不久,在《关于内外政策的十年计划》中就提出"应保护经营海外事业"。他认为:"今日东洋的局面已成为列国势力竞争和角逐的焦点。……对此,帝国政略上的对策应该是:平时抑制列国竞争的势头,扶植我国之国利国权……如同帝国这样个人势力尚不发达的国家,如徒等数年待形势自然发展,只能甘于列国之涎余,拾各国之遗利。于是,帝国在政略上自不待言,在商略上也应将东洋的诸种设施作为国家事业对待,或由政府亲自经营,或作国民的后援予以保护和奖励,以开拓扩张我之国利国权的道路。"小村寿太郎的意见实际上代表了日本帝国主义发展中的内在意向,要通过国家权力和军事手段弥补国家资本主义发展水平的不足,既要通过军事占领对控制区进行排他性的经营,也要抢夺他人利权取而代之,表现出了自私利己的强盗逻辑。1902 年 10 月,日本政府《对清、对韩最高国策》中指出:"商工业活动与在国外创办企业之竞争乃近时国际关系之一大特征,其开展在远东最为显著。试看数年来欧美诸邦对东亚大陆,特别是对中国之企图,或在矿山、或在铁路,或在利用内地水路以及其他各个方面,各自热衷于扩张其权利,锐意经营,唯恐有所不及。然而,帝国在仅有一水之隔,利害关系亦最为密切的此等地区之措施,却尚未予以应有之充分注意。"因而,这一决议强调:"扩大经营我在清、韩两国之事业,以收取与我帝国现有之地位相称之利权,以此作为当务之急,决不可延缓一日。"①

① 崔丕:《东北亚国际关系史研究》,东北师范大学出版社 1992 年版,第 208、209 页。

大藏省官方长官森藤吉郎在《清国视察复命书》中说："所谓对清经营……即意味着如何收拾利益的问题，不外乎就是，由我经营清国的有利事业，其利益归我收取。即铁路、矿山、航运及其各种有利事业凡被认为将来有发展前途的，皆应归我经营"。小村秘书岛川毅三郎《呈小村外务大臣书》强调日本对中国东北的"经营办法的大主义是我取俄国对满洲经营权而代之，即把满洲划入我势力范围和利益范围。为此，首先必须瓦解俄国的经营，建立我之势力的办法。而俄国经营满洲的主力在东清铁路，我应夺其利益，归我所有。"[①]然而，日本发展在东北经济利益的前提是必须同俄国开战并取得胜利。

从外交原因来看，日本虽有单独对抗俄国的思想准备，但对此不是没有顾虑。日英结成同盟，使日本增添了与俄国开战的胆量。日俄战争前，日本政府在东北问题上对俄国一直在做谈判和战争的两手准备，同时也在积极寻求盟国，共同对抗俄国东扩。寻求与德国结盟失败后，日本与英国结盟谈判进展顺利。尽管伊藤博文等缓和派认为日本与英国结盟容易遭到俄、法敌视，"其结果将阻碍日本将来进入满洲市场"，"在满洲最有前途的工商业利益也得被迫放弃"，可是，他在俄国的斡旋遭到了令人难堪的冷遇。俄国别佐勃拉佐夫等急进派得势，力主缓和方针的俄国财政大臣维特下了台，尼古拉二世一点也不想对日本人让步，日本"日俄协商"论失败了。1902 年 1 月，《日英同盟条约》终于签订。条约规定：缔约国任一方为维护其利益与他国开战时，另一方应严守中立；如果别的国家参加反对其盟国的作战，另一缔约国应给予援助。由于《日英同盟条约》的签订，使日本可以利用英国在未来的日俄战争

① 〔日〕铃木隆史：《日本帝国主义对中国东北的侵略》，第 48、49 页。

中阻止法国参加对日作战,孤立俄国;英国也可利用日本阻止沙俄在中国北部的攻势,保护英国在中国南方和长江流域的经济利益。事实上,英国不仅给了日本外交上的支持,也给了日本财政上的援助。日本在日俄战争中的军费近一半来自英美两国。可见,英国并没有"严守"《日英同盟条约》要求的徒有其名的"中立"。没有英国的外交和财力支持,日本与俄国打仗就没有那么大的胆量!

3. 建立国策性的经济实体——南满铁路株式会社

1905年,受帝国主义列强操纵、干预,争霸东北和分享利权的日俄战争结束了。日本虽然在海、陆作战中击败俄国,但打得筋疲力尽,没有能力把战争继续下去,只好同意美国的调停,准备在媾和条约中尽可能地享有最大利益。

当时,摆在日本当局面前的所谓第一个课题,是如何分享俄国在中国东北的权益并加以扩大。

在日俄战争中,日本投入的经费多达14亿日元,伤亡的军队近10万人,花了这么大代价的日本很想连本带利地捞回来。在日俄媾和谈判中,日本提出要俄国对日割地(库页岛和附属岛屿)、赔款(12亿日元)、转让旅大租地区及有关特权、转让中东铁路支线及沿线相关权利和产业、限制俄国远东海军力量等等,力图使俄国赔个精光,将来也不至于对日本产生重大威胁。但后来日本谈判代表小村寿太郎没有想到,俄国人在谈判中表现得不像战败国,倒像一个战胜国。沙皇尼古拉二世曾指示俄国谈判代表维特"决不允许赔偿一分钱,割一寸领土"。日本内阁会议和御前会议知道,俄国的态度是有充分理由的。俄国在远东战败,不等于整个俄国战败。因此,鉴于"充分考虑到军事及经济方面的情况",日本政府指示小村撤回了割地和赔款的要求。在最后达成的《朴茨茅斯条约》中,日本取得了俄国的辽东半岛租借地、长春至旅顺铁路及附属的一切权益。俄国还承认日本在朝鲜的“自由行动”。这样,日本确保了在朝鲜的地位,又从俄国人手里夺取了南满,在力不从心的情况下有进有退,总的来看日本是得大于失。

《朴茨茅斯条约》规定俄国将南满权益转让日本必须“经清政府承诺”,看透了清朝懦弱本质的日本政府要清朝“承诺”的并不仅仅限于《朴茨茅斯条约》规定的相关内容。1905 年 12 月,《中日会议东三省事宜正约》及附属条约签订。清政府不但承认俄国将南满权益对日本的转让,还开放了 16 个通商口岸,给予日本改建和经营安奉铁路、采伐鸭绿江右岸森林等权利。日本得到如此权益可谓在当时没费一枪一弹。

《朴茨茅斯条约》和中日《会议东三省事宜条约》签订后,摆在日本当局面前所谓第二个课题,是“垄断”地经营中国东北还是“开放”地经营中国东北。

当时,在日俄战争中曾经“浴血奋战”的日本军部和军界人士,倾向于由日本人独立经营中国东北,关闭门户,排斥其他势力,使日本人独享在东北的利益;思虑全局、比较顾虑欧美列强态度的日本外交和政府人士则主张在南满地区适当“开放”,谨慎稳进,避免导致不必要的各方面损失。

日俄战争期间,在日本战时大本营的命令下,日本对占领地区曾进行了军政管理。先后在占领区任命了军政委员、军政署,继而又代之以辽东兵站监部(1905 年 5 月)。为了“巩固战后在满洲的权利基础,为将来扶植我文明创造条件”,辽东兵站总监利用日本取胜的形势,通过对“管区”居民制订新的内部管理规定,从 1905

年7月起,只向管区内的日本人发放居住营业许可证,开始排他性地扶植日本"文明"。原来只准日本人在大连、营口、安东居住、营业,这一次扩大到辽阳、鞍山、海城、牛庄、大石桥、盖平、凤凰城、塞马集等地。原来未准外国人居住、营业的区域,这一次日本人却可以独享待遇。许多日本重要经济团体、会社在战时、战后乘机进入日本人控制下的南满要地。1904年8月,横滨正金银行在大连设立支行。1905年5月,在奉天设立办事处。12月,日本最有势力的公司之一三井物产株式会社也在奉天设立了办事处。"在满洲的日军占领地内,受到军政当局庇护的日本人工商业者展开了几乎是垄断性的经济活动,结果,历来在满洲市场上占优势的英、美产品,由于日本商品的进入而逐渐被驱逐了。因此,从占领地中被驱逐出来的英、美贸易业者受到的打击是严重的。由于日本军政当局的不平等待遇,使外国商人的不满和苦衷增大了。"①这种军政管理,一直实施到1906年12月军政署被撤销为止。在此之前,军部一直赤裸裸的在中国东北南部为"扶植日本的势力奠定基础"。

日本在日俄战后继续在南满地区实施军政,像殖民者那样为所欲为,不仅引起了中国民众和清朝政府的愤怒,也遭致了许多西方国家和西方人士的不满。1906年1月成立的日本满洲经营调查委员会还没有来得及考虑"怎样经营满洲",便面临欧美国家的纷纷指责。2月,美国驻日公使转来了美国商人对国务卿的请愿书,要求对东北实行"门户开放"。3月,英国驻牛庄领事指责日本政府:"对大连进口的日本商品全都免税,而对英国商品课税,真是

① 〔日〕铃木隆史:《日本帝国主义对中国东北的侵略》,第86页。

不可理解!”英国、美国驻日本使节不仅连续要求日本就此事做出答复和解释,还对日本当局进行了责难和威胁。英国大使麦克唐纳在致日本驻韩国统监伊藤博文的信中说:“原来各国之所以对日本寄予同情,供给军费,是因为各国都认为日本代表着门户开放主义,并为此主义而战。……但照目前的样子继续下去,日本将会失掉各国的同情,在将来一旦开战,恐怕要蒙受严重的损害。”①不久前为支持日本打开被俄国关起来的门户,英、美或慷慨解囊,或表示理解同情。不料,当俄国封闭的东北门户被打开后,日本与俄国分享了南满、北满,却反过来对英、美封闭了门户,因而英、美对日本的不满和警告越来越溢于言表。

以日本韩国统监伊藤博文为代表的外务省一方对军部的做法深感忧虑,认为日本目前对外部环境还没有达到可以无所顾忌的境地,刚刚接手南满就明目张胆地搞垄断,触及日本老搭档英、美的忌讳是极不理智的举止。5月在日本首相官邸召开的“有关满洲问题的协议会”上,伊藤博文与代表日本军部意见的总参谋长儿玉源太郎进行了意见交锋。伊藤向与会者出示了英国大使麦克唐纳的信件,认为日本在中国东北问题上必须谨慎从事。当前,“从财政的观点上来看,日本至少也得满足英、美的人心,赢得它们的同情。”主张“开放满洲”,“撤销军政署”。也就是说无论如何,日本至少在形式上必须把满洲向英、美开放,以免军政署继续造成英、美对日本封闭满洲的反感。对此,儿玉源太郎仍强调将来满洲与日本发生的“各种关系”“其中最简单不过的是军事”,为了防止权力分散,应“组织一个新官衙,”“从而把满洲的主权委诸于某一个

① 〔日〕铃木隆史:《日本帝国主义对中国东北的侵略》,第93页。

人手里”。也就是说,军界的愿望是对中国东北即使不采取军政署的形式,也要采取另外一种形式继续进行军事管制。伊藤博文立即反驳说:“以我所见,儿玉参谋长看来从根本上误解了日本在满洲的地位。日本在满洲的权利是按照媾和条约接受俄国转让的部分,即除了辽东半岛租借地和铁路之外无任何东西。……今天,不用说官吏,甚至商人也常常谈到满洲经营。但满洲决不是我国的属地,纯粹是清国的领土。在非属地的地方行使我国主权,那是没有道理的。因此……满洲行政的责任还必须交给清国政府来承担。”与代表日本军界狂妄的儿玉源太郎相比,代表日本外交界狡诈的伊藤博文考虑的更全面、更实际。如果日本真的像儿玉那样坚持蛮干,“如果我当局者不遵守门户开放、机会均等主义,而走利己主义道路,那么,欧美诸国就将怀疑我之诚意,甚至不相信我国,其结果是断绝了资本的融通,而从中蒙受直接打击的是经济界……进一步说,在满洲实行利己主义,不用说势必遭致清国人的反抗,而且会给第三者以煽动之机会,最终难免同种人日清之间的战争再起,”为此,伊藤博文要大家“深切注意满洲问题的前途”。[①]

日本政界和军界在中国东北问题的争论中,日本外相林董对伊藤博文的意见完全支持。日本首相西园寺也带一行人对中国东北南满地区各地进行了考察,认为没有必要在当地继续实施军政。事实上,从 1905 年 5 月 1 日起,日本已陆续对南满地区进行了“开放”。允许其他外国人及外国船只进出安东和大东沟,允许其他外国人在奉天、安东等地居住和赴内地旅行,把大连“发展成为将来满洲的贸易中心”,“在租界地除军事上(实行)必要的限制之外,要

① 〔日〕铃木隆史:《日本帝国主义对中国东北的侵略》,第 94、102 页。

把它作为纯粹的自由港”,“最大限度的实行自由主义”。1906 年 9 月 1 日,将大连港作为自由港正式向各国开放通商,经该港向“关东州”进出口的货物不征进出口税。当年 12 月前,各地军政署等机构也被撤销。日本外相林董强调:日本在经营满洲问题上,必须“顾及内外舆论”,对中国东北的权益,“当取者必取之,当让者必让之”,“这是唯一正确的方针”。实际上,这就是日俄战争后日本是垄断经营南满,还是“开放”经营南满的政策抉择。以伊藤博文、林董等为代表的日本外交界人士主张日本不要明目张胆地垄断而是以表面开放的形式隐蔽地攫取在南满的权益,这就是“当取者必取之,当让者必让之”的实质。

但是,在日俄战争中“牺牲数万人,耗费十几亿资金”的日本军部不仅不会轻易放弃在南满的所有权益,还时刻准备与俄国再战,防止中国夺回利权。1906 年 8 月,日本在旅大租借地公布了关东都督府管制。关东都督虽然负责管辖“关东州”和南满铁路线的管理和保护,监督“满铁”,其执行政务受外务大臣的监督,但它更受日本军部和陆军的影响与控制。日本对中国东北的政策和政策的实施进入了军部、内阁、“满铁”等多元化时期。

决定选择垄断经营还是开放经营的同时,摆在日本当局面前的所谓第三个课题是日本将采取什么形式经营中国东北。

当时,摆在日本当局面前有三种抉择:第一种形式,由日本政府出面直接进行经营、管理;如日本夺取台湾后对台湾的经营,这样中国东北就公开变成了“不是殖民地的殖民地”,这不仅有悖于日本标榜的“门户开放”,导致欧美列强的强烈反响,对日本来说也太冒险了,没有把握;第二种形式,由日本民间私人进行投资、开发,如英国对中国长江流域的投资和操纵进出口贸易,不过,日本民间当时还缺乏相关的经济实力,同时对民间自主、分散的经济行为也不好引导和控制,这不合日本当局的胃口;第三种形式,是以国家和政府为强有力的后盾,以民间公司的形式进行管理经营,如同英国东印度公司那样对印度的殖民控制,这种形式得到了日本决策者们的垂青。

在1600—1832年英国东印度公司存在期间,东印度公司不仅逐步享有了英联邦东方贸易的专利权,对英国在印度的经济活动也完全处于支配地位。在英国政治军事支持下,东印度公司成功地打击和瓦解了印度原有的经济和传统工业,用英国商品覆盖了印度市场,并从印度取得了大量的原料。在东印度公司的殖民经济扩张中,仅有极少的印度人从经济发展中取得了好处,广大的印度人民极端贫困化,东印度公司不仅把印度的财富源源转移到英国,还切断了印度经济向工业化发展的渠道并使它从属于英国经济。这一切使英国在印度的殖民统治变得更加牢固。

最早策划提出日本采取东印度公司形式经营东北的是日本驻台湾总督后藤新平。而后藤的强有力支持者是满洲经营调查委员会委员长儿玉源太郎。早在1905年9月后藤访问奉天满洲军总参谋部总参谋长儿玉源太郎时,他经营满洲的见解就得到过儿玉的赞赏。鹤见佑辅在《后藤新平传》描述此事说:"参与统治新领土(台湾)……的他们,正在集中心力思考战后的经营大陆问题,当时在他(后藤新平)脑中浮现出的就是英国的统治印度的手法。即人所共知的英国经略印度,是开端于1600年创立的贸易商行——完名为东印度公司。他们不设道貌岸然的官制军制,而是藏形匿迹地开设一家贸易商行,假贸易之名行征服印度大陆之实,把那里无尽蕴藏的金银财宝劫夺到英国去了。他们不取法其掠夺的实效,而采取其经略方式，这恐怕是伯爵心中的思想吧。伯爵把这一创举呈送给儿玉，儿玉洞察秋毫，立即采纳了这一重大策略，这就是满铁会社产生的由来。”①在这里有一点鹤见佑辅说的不对，儿玉虽欣赏后藤的才干，但他并没有立即采纳后藤通过会社经营东北的思想。1906年1月满洲经营调查委员会成立时，儿玉源太郎曾把自己早在对俄媾和前起草的《满洲经营梗概》交调查委员会讨论。儿玉在文件中主张：“战后经营满洲的唯一要诀在于表面上伪装成单纯经营铁路，暗地里则搞多种多样的设施。随着实行这一要诀，将租借地内的统治机关和铁路的经营机关全然区分开来，铁路的经营机关要伪装成与铁路以外的政治、军事毫无关系的样子。”这里他与后藤的想法一致，可是，儿玉的愿望是把政府直辖的铁路厅作为铁路的经营机关，而且，建议由关东都督兼任铁路厅长官，这与后藤假以会社形式经营东北的策略是背道而驰的。当时，儿玉的“国营”主张遭到了调查委员会很多人的反对，除外交界人士外，日本大藏省大臣阪谷芳郎对此也不以为然。他强调：“战争一旦结束，希望军人手中的一切东西都要移交给普通行政方面。对满洲将采取积极的方针，但既然满洲是中国的领土，“关东州”是租借地，由日本政府经营铁路煤矿不太合适，还是由私立会社经营比较合适。”最后，儿玉放弃了自己“国营”的主张。3月14日，调查委员会决定设立“南满铁路株式会社”，不久将提案交给日本政府。5月22日，提案获得通过，6月7日，日本政府公布了宣布成立“满铁”的文件。7月13日，成立了以儿玉源太郎为委员长的有80名议员的满铁设立委员会。8月14日，满铁章程被通过。根据

---

① 转引自《满洲开发四十年史》上卷，第10页。

章程规定,“满铁”将经营中国东北的铁路和附属事业;会社的资本定为2亿日元,其中由政府以实物出资1亿日元(占50万股份);满铁设总裁1人、副总裁1人、理事4名以上、监事3至5人,其中总裁和副总裁由政府任命;会社的股东只限于日本、中国政府和日本、中国国民……等等。根据儿玉源太郎的有力推荐,日本驻台湾总督府民政长官后藤新平被推举为“满铁”第一任总裁。

“满铁”具有什么性质?根据满铁章程、满铁的组成和成立的背景,“满铁”具有鲜明的国策性,它促进了日本国家资本与日本民间资本的结合,促进了日本内资与外资的结合,同时还有完全的排他性。

无论是“满铁”的建立、管理、组成还是经营,它无时不受日本政府的管理与控制,完全是由民间会社掩盖下的国策机关。根据日本政府要人的任命,“满铁”设立委员会就有政府官员30余人,其中常任委员8人均为日本官员;“满铁”第一任总裁后藤新平不仅由日本总参谋长推荐,“满铁”副总裁也由后藤的心腹、台湾总督府财务局长兼总务局长中村是公担任。在“满铁”的8名理事中,无不散发着日本政府、日本财界和日本经济界的影响。日本政府牢牢控制并支配着“满铁”的人事、事业、财政,后藤新平曾强调:“现今国家以大力经营此事业,期望其成功之意之所在,亦非单纯为了营利。满洲铁路经营的主要意义在于解决紧急迫切的国家问题,因此铁路的宗旨也必须超出营利之目的,以适应此紧急需要。”①

为适应日本实业界和财阀进入国家经济生活的要求,《东京日日新闻》曾经强调:“政府应该从资本的关系上着眼于那些和满洲

① 〔日〕铃木隆史:《日本帝国主义对中国东北的侵略》,第123页。

铁路利害关系最密切的阶级，并使这些阶级占委员的多数”。事实上，“满铁”正是这样做的。在“满铁”的8名理事中，就有日本银行国库局长久保田胜美、三井银行香港支行行长田中清次郎、日本兴业银行助理野村金五郎、三井物产门司分社社长犬冢信太郎。其中，仅出自三井财阀的理事就多达两名，不能不说是对最早进入东北的日本会社一种器重。令人意外的是，“满铁”第一次募集2000万日元股份，所需股份为9.9万股，而实际申请股份为1.0664亿股。在日本政府的保护和扶植下，人人都看到“满铁”将是利润之源泉，因而对“满铁”出现了趋之若鹜的景象。很多日本地方银行募集的满铁股份超过了大银行，日本民间的满铁股份被均等化和分散化了。“满铁会社在资本方面就有了全国性、国民性的色彩。”①

尽管许多日本国民在日俄战后做了一阵进入南满发财梦，但不久后才发现心有余而力不足，自己手头并没有那么多的实缴资本去兑现“满铁”的股票。在“满铁”筹集资金中，“满铁”的额定资本从一开始就是不足额的。除政府以1亿元铁路、港湾、房地产等实物出资外，另1亿资金第一次募集股份2000万日元(10万股)，第一批缴纳金仅200万日元。第二批缴纳金600万日元直到1912年才缴纳，全部2000万日元直到1914年才缴纳完成。因此，“满铁”所需的资金一开始就必须仰仗外债。当时，日本政府一些要人之所以在东北特别顾及欧美的态度，确实是对日本实力没有把握。1906年12月，日本大藏相和满铁总裁决定由日本兴业银行向海外募集资本。准备在欧美市场发行年利在5分5厘的社债8000万日元。不料，美国因日本拒绝了日美共管满洲的哈里曼

---

① 〔日〕铃木隆史：《日本帝国主义对中国东北的侵略》，第128页。

计划和日本排他性举动有所不满，谈判未成；在法国募集社债也无进展。而在英国由于日本兴业银行和伦敦班缪亚·哥尔敦商会有互利协助的代理合同及英国资本家的资助等，1914年才分四次募集到"满铁"经营所必需的外债，一共为1400万英镑。因此，"满铁"经营从一开始依赖于外资，促进了日本内资与外资的相结合，而且日本在谋求外资的数量和手段上是不遗余力的。

"满铁"还具有排他性。在"满铁"章程中规定，"本社股东仅限于日清两国政府及日清两国人所担当"。实际上，购买和应募"满铁"股票的中国人一个也没有。由于"满铁"设立在中国东北的国土上，日本由于原有条约的限制，不得不规定"满铁"是"日清两国的共同产业"。可是，日本不打算也不给中国人机会得到满铁股票。11月，奉天将军赵尔巽指责"满铁"由日本政府任命设立、由日本政府出资、总裁由日本政府任命，完全违反了中东铁路原由中俄商办的形式和日清条约，切中了"满铁"国策的性质。但是，日本政府根本就不顾及清政府的抗议，在东北我行我素，赤裸裸地表现出了超过沙俄的利己主义。

4. 日本对东北的经济扩张与经济独占

"满铁"总裁后藤新平强调"满铁"的经营实行"文装武备"。所谓的"文装武备"论就是"以文事设施防备外来侵略，做好文武兼顾的措施，以便在突发事变时有助于武力行动"。显然，这是普通的会社所无法承当的。后藤新平从一开始就企图以"满铁"总裁兼任关东都督府的都督，并作了关东都督府的顾问，这意味着"满铁"总裁具有无上的权利，已经触及了日本陆军和外务省的权限。所以，日本对中国东北的控制从1907年起就表现出"满铁"、关东都督和日本外务部多元的倾向。

根据后藤新平的计划，如儿玉源太郎所述："简而言之，我国在满洲必须占据以主制客，以逸待劳的地位，为此必要的条件就是一个，即完全取决于铁路经营的巧拙……为使我国能够占据那种地位，必要的政策是，第一铁路的经营、第二煤矿的开发、第三移民、第四畜牧诸农工业设施的建设。其中当务之急是移民……"[①]后来，后藤新平的日本满洲移民因经费问题和竞争不过中国农民搁浅了，铁路、煤铁和贸易对外加工业却真正发展了起来。

到 1931 年，中国东北新式经济实际上是日本人的了。在外国对中国东北全部投资(24.3 亿日元)中，日本占 17.97 亿日元。其中，运输业占 30%、农林业和矿业占 16.2%、工业占 9.2%、商业占 6.7%、金融业占 11.6%、其他占 26.3%。北满地区投资日本仅仅次于沙俄，南满地区新式行业投资几乎被日本所垄断。[②] 与此同时，以往从中国关内的进出口占中国东北的 46.6%降至 29.1%，日本对中国东北进出口则由 26.8%上升为 32.2%，对中国东北进出口的结构完全是殖民地性的。[③] 日本夺取中国东北从经济上说已是顺理成章了。

据日本学者披露的 1931 年"九一八事变"有一定偶然性，但日本吞并中国东北的意愿却是在一系列国内外经济因素下逐渐坚定起来的。

"九一八事变"前，尽管日本对中国东北的经济控制已达总体上的优势，然而，当时日本仅靠经济手段、外交手段仍然无法达到

① 〔日〕铃木隆史：《日本帝国主义对中国东北的侵略》，第 121 页。

② 《满洲开发四十年史》上卷，第 43、44 页。

③ 同上书，第 50 页。

控制整个东北的目的。在北满地区,日本人的经济实力还次于俄国人:中东铁路被苏联牢牢掌握,中东铁路哈尔滨—长春段也有一部分不在日本人手中,随着苏联远东实力的加强,占整个东北北部一多半的铁路不会轻易落到日本人手里。日本虽然在南满地区、大连确立了经济优势,可是,日本在东北的所作所为背离了欧美列强的意愿,也遭到了中国人的愤怒和抵制。《华盛顿九国公约》强调"尊重中国的领土主权与完整,"不仅迫使日本放弃了"二十一条"第五号要求,也使日本意识到今后其他列强永远也不会真正承认日本在东北的"特殊利益"。

1929 年世界经济危机爆发后,日本在中国东北的利益遭到了沉重的打击。由于经济危机使世界市场对东北大豆和农产品的需求锐减,以铁路为主要收益来源的"满铁"遭到重创。1930 年,"满铁"铁路收入比上一年少 22%,"满铁"的全部收入甚至比上一年少一半,[①]日本在东北的"事业"转眼间变得风雨飘摇了。不仅如此,张学良在东北易帜之后,东北交通委员会于 1930 年 4 月召开路政会议,制定了东北铁路网建设计划,准备在 10 年间建设东大干线、西大干线、南大干线遍及东北四通八达的 8000 公里铁路网。该计划强调,该计划的实施就是要"制满铁于死命,其对中东铁路亦是一大威胁"。这对满铁和日本政府来说不啻于雪上加霜,所谓"满蒙问题"变得恶化了。可是,日本毕竟是日本,凡是它吞进去的东西,除非遇到不可抗力,从来是不会轻易放弃的。早在 1908 年 8 月 27 日日本外相小村寿太郎在《对外政策方针》中就说:"帝国现在的满洲地位是不应该轻易放弃的,因此,使现在的状况得以永

① 〔日〕铃木隆史:《日本帝国主义对中国东北的侵略》,第 440 页。

久的持续到将来的办法也是今天应该采取的。”他还在《关于对满洲诸问题的解决方针》扬言“该贯彻我主张的就要贯彻到底”！到1930年，除了军事手段外，日本几乎是无路可走了，日本国内、国外右翼势力、强硬势力逐渐甚嚣尘上，驻东北“少壮将校军官们的东三省观正在显著强硬化”，日本人终于要孤注一掷了。

在“满铁”用公开的或经济的手段“开发”东北的同时，日本军界、内阁、外交官等从来没有忽视用各种手法扩张日本在东北及蒙古地区的政治权利。它们一次次的搞“满蒙独立运动”、利用“西原借款”等各种借款拉拢中国的军阀，强迫中国签订包括“二十一条”在内的不平等条约，搞暗杀、策划事变，由列强侵华的配角逐渐变成了侵华的主角。当时，日本国的统治有多元化的趋势，但对满蒙的吞并完全是一致的，在不同时期不同环境下，日本会有不同的角色出现在前台。

事实上，1927年6月在日本外相官邸召开的“东方会议”仅仅是日本直接抢占中国东北计划的暴露。日本吞并东北的野心早已有之，只不过那时日本还力所难及。在日本首相田中义一的主持下，东方会议由日本外务、陆军、海军、参谋本部、军司令部等官员参加，由于害怕“对内对外有所刺激”，与会者说了很多其实言不由衷的话。7月7日，田中义一在《对华政策纲领》中指出：“鉴于日本在远东的特殊地位，对中国本土和满蒙自应区别对待，”强调“满蒙尤其东三省对国防及国民生存上具有重大利害关系”，“万一动乱波及满蒙，治安紊乱，而有侵害我在该地特殊地位及权益之虞时……要有不失时机提出适当措施的决心”。可是在东方会议召开前，关东军司令部于6月1日就已经开始向陆军省和参谋本部上报《关于对满蒙政策的意见》，表示要扶植日本在东北的傀儡政权,“若拒绝实行我对满蒙之政策者,则坚决排斥之,而且在必要时做出使用武力之准备。”[①]20年代末,无论是东北关东军,还是日本政界吞并东北问题只有大同小异的区别,最终吞并东北也只是时间或时机把握问题了。

从“九一八事变”前日本占领东北最积极的关东军参谋板垣征四郎和石原莞尔的活动来看,他们代表的不仅是日本关东军的要求,也反映了日本国内军界参与“国策研究会”等一批批军人的意志。占领东北会给日本带来什么?板垣说:“帝国掌握了满蒙这样具有战略中枢意义的据点,便在这里形成了帝国国防的第一线,从消极方面则保全朝鲜的防卫,从积极方面则牵制俄国的东渐,且可掌握对中国强有力的发言权”[②]。经过“九一八事变”,日本关东军终于把“满铁”对中国东北的控制变成了强占。

二、日本对东北的所谓“产业开发”

“九一八事变”前,日本对中国东北进行了一系列的“产业开发”。“满铁”初创时虽是当时日本最大的海外公司,资金、产业、人员数量等均属一流,却缺少相应的开发经验。然而,日本人对中国东北的目的是不言而喻的。在政治、军事保护下,日本人利用各国争夺东北、东北“遍地开放”的机遇,吸引外资、日本国家资本和民间资本,在南满和中东铁路长春、旅大线形成垄断;采取以“大连为中心主义”等利己政策,与沙俄等各国势力进行竞争,刺激“满铁”

---

① 〔日〕铃木隆史:《日本帝国主义对中国东北的侵略》,第416页。

② 同上,第452页。

的经济效率，以“满铁”利润再投资，用主导经济实体派生出一系列公司、产业，形成了日本对东北产业的持续“开发”和逐步垄断。

日本对中国东北的“开发”在总体上服从于日本国的经济需求与战略格局。对于日本帝国来说，可以把东北建成日本的资源市场、商品市场和资本市场，但比较之下，东北的资本市场、资源市场意义大于商品市场意义，其战略地位也关系到日本海外事业的成败。“九一八事变”以前，日本对东北的经营与“九一八事变”后不同，它不是要把东北变成工业化的日本附属国，而是着手于“开发”既有利于日本又不会与日本竞争的海外利润和稀缺资源，中国东北近代经济的发展被逐渐牵入了殖民经济的轨道，列强可以从这种中国东北日益加强的外向型经济中获取更大的收益。

1. 以交通经营为基础

日本通过“会社”对东北地区进行国策性经营，避免了民间企业投资可能出现的许多混乱，强调了国家的宏观控制，其实，这已经是一种“计划经济”。在政府的主要参与下，经济决策的正确与否就变得十分关键。“国策性”企业将抓住决定经济发展全局的主导产业，以便从中居于支配型地位，否则，一切举措都无从着手。尽可能地利用现有的基础和设施，提高资金效能，尽量地走捷径，不至于一切从头做起。主导性行业还要保证有利可图，利润可观，这样，才有利于调控、扶植其他产业和全局的持续发展。

20 世纪初，中国东北地区已经开始向近代化起步，移民数量逐年增加，土地开垦也越来越多，不过，当时整个东北经济还十分原始，几乎没有近代工业，农业产品大量商品化还是 1907 年以后的事，沙俄主要为政治、军事目的修建的中东铁路和中东铁路支线几乎成了东北仅有的近代化事业象征。日本继承俄国旅大租借地和南满铁路后,不仅控制了东北最发达的南部地区和对外口岸,也掌握了东北近代经济的利源。"主要依靠农业生产和发展农产品出口的满洲经济繁荣,……和它们有关的金融业者、轮船公司等带来了巨额垄断利润,这些利润都装入了日本资本的腰包,这里主要指经营大连港——占全'满铁'货运量的56%、全满贸易额的80%左右——的'满铁'……这项巨额利润扩充了'满铁'康采恩的基础。"结果,"日本在满洲进行工矿业投资的来源,是从满洲购进农产品和以铁路为中心向满洲推销日本商品所得到的商业利润"。①对于南满铁路株式会社来说,这恐怕就是它抓住和"经营"最成功的一个特点。

从1898年到1931年9月,中国东北一共建有6226公里铁路,其中与俄国有关的铁路1788.8公里;与英国有关的铁路889.9公里;与中国有关的铁路1186.4公里;与日本有关的铁路2360.8公里。日本所拥有和控制的铁路不仅里程最长,而且地域较为有利,见表1。

表1 "九一八事变"前与日本有关的铁路

线名	区间	完成年	里程(公里)
南满洲铁路			
连京线	大连码头——长春	1903	704.3
旅顺线	周水子——旅顺	1903	30.8
营口线	大石桥——新营口	1903	22.4
抚顺线	苏家屯——抚顺	1903	52.9
烟台线	烟台——烟台煤矿	1903	15.9
吾妻线	大连——吾妻	1920	2.9
浑榆线	浑河——榆树台	1920	4.1

① 《满洲开发四十年史》上卷,第45、38页。

入船线	沙河口——入船	1931	4.0
甘井子线	南关岭——甘井子	1930	11.9
小计			868.9
安奉线	安东——苏家屯	1918	260.2
计			1129.2
借款修建的铁路			
吉长线	长春——吉林	1912	127.7
四郑线	四平——郑家屯	1918	92.8
溪城线	本溪湖——牛心台	1914	14.9
天图线	开山屯——老头沟	1924	111.0
同上	朝阳川——延吉	1924	111.0
郑通线	郑家屯——通辽	1922	114.5
郑洮线	郑家屯——洮南	1924	228.1
洮昂线	洮南——三间房	1926	220.4
吉敦线	吉林——敦化	1928	210.5
奶子山线	蛟和——奶子山	1929	10.1
小计			1129.6
金城线	金州——城子瞳	1927	102.1
计			1213.7
与日本有关的铁路总计			2360.8

注释:《满洲开发四十年史》上卷,第 210、211 页。

日俄战争后,经日本改建、修建、设立复线、借款和承包的主要铁路分别为:

1908 年 5 月,完成了南满铁路由长春至大连全线标准轨的改造。

1907 年 5 月,开始建立南满铁路复线工程,1934 年长春至大连复线工程全线完成。

1904 年 8 月,开始建设安(东)奉(天)轻便铁路,1911 年 11 月改成标准轨后全线通车。

1907 年,开始向吉(林)长(春)铁路借款,1917 年开始接管吉长铁路。

1925 年,签订承包吉(林)敦(化)铁路合同,1928 年,吉敦铁路全线通车。

1915 年,签订四(平)郑(家屯)铁路借款合同,1918 年开始营业。后经续借款成为四(平)洮(南)铁路的一部分。

1913年,郑(家屯)通(辽)铁路经交换公文受日本控制,1922年郑通铁路开始营业。因同种原因,郑(家屯)洮(南)铁路也开始受日本控制,1924年郑洮铁路正式营业。

1927年7月,由日本承包的洮(南)昂(昂溪)铁路开始营业。

1918年,日本参与签订天(保山)图(们)铁路协定,1924年天图铁路开始营业。

由于受条约和协定等限制,日本在吞并中国东北前还不能在铺设铁路路线上为所欲为。尽管它直接控制和操纵的东北铁路只有1100多公里,但它通过借款等形式逐步控制和蚕食的铁路却有1200多公里,借款和承包是实现铁路主权转移的表面外衣。铁路对于"满铁"和日本在东北的利益太重要了,1916年,在"满铁"1.589亿日元的事业费中,铁路投资就占48%[①],考虑到"满铁"是国策性公司,投资具有广泛的多样性,但"满铁"还是把铁路投资作为第一主体。

为扩大东北的对外联系,满足日本的资源和市场需求,日本还全力扩建大连港等水上运输设施。日俄战争前,东北除大连、旅顺、营口、葫芦岛等外,还有几个渔港,无法满足对外经济增长的需要。日俄战争后,大连经俄国扩展规模已经有所扩大,营口是老港,日本人又着手发展了安东,自此,大连、牛庄、安东并成为南满三港,几乎中转了整个东北三分之二的进出口货物。在这些港口中,地理位置最为出色的是大连港。大连港水深、适宜停泊,有南满铁路直达内地,商业前途十分远大。俄国在扩建大连港的过程

---

① 《满洲开发四十年史》上卷,第106页。

中，根据中东铁路工程师科尔巴奇的意见，预定把大连建成一个能同时停泊100艘千吨轮、年吞吐量为500万吨的港口。1899年至1905年，俄国先后对大连进行了两期建设，分别投资1000万卢布和3000万卢布。工程还没有进行完，日本就战胜俄国接管了大连港。当时负责经营大连的“满铁”有延续俄国建设大连计划的意图，同时也尽量使大连等南满港口建设适应日本对东北的需要。后来，“满铁”在甘井子设置了适应抚顺煤炭出口的煤炭栈桥和先进的机械化设备，在旅顺和营口也修建了适应鞍山生铁出口的栈桥。为出口特产大豆，仅在大连就修建了高四十米、储存量达2500吨的粮库五座。1917年时，“满铁”的港湾和船舶投资分别占“满铁”事业费的10%和2%。[①] 20世纪20年代，“满铁”已为大连投入筑港费2979万日元，码头、仓库、事务所费1894万日元、船舶费4218万日元，拥有了能容纳31艘船(183000吨)14400延长尺的码头，90万坪水上工程，年吞吐货物700万吨的能力。[②] 按照“满铁”的规划，日本对南满地区的港口建设还远不能让其满意，到后来1940年时，大连已经有号称东洋第一的候船室、码头事务所、供应仓库等地，经过不断修建，大连各种机械、拖船、破冰、供水、供煤等设施都比较完善，货物容纳力达到125万吨，年吞吐量达到1200万吨，[③]从而远远超过了沙俄以往的发展计划。

为了确保日本在南满的地位和与俄国控制的中东铁路竞争，“满铁”利用南满铁路和其控制下的大连、营口、安东等港实行了标榜开放的利己主义政策。1907年，日本宣布大连为自由贸易港，

① 《满洲开发四十年史》上卷，第106页。

② 同上，第105页。

③ 同上，第389页。

同时确立以大连为中心主义,采取一切对日本在东北经济地位和殖民帝国有利的政策。日本规定,凡经大连进出"关东州"的货物免税;实行由海港发货到货的特定运费制度。本来,"满铁"最初的运费是起程价加距离价的距离比例制,开业后3个月,即1907年7月就开始把铁岭以北至大连、营口的运费等同起来。10月,对东北主要流通商品大豆、豆饼、豆油实行比一般货物运费低20%的特定运费价。[①] 后来,利用混保制度又极大地提高了商品流通的运输效率。"满铁"就这样利用地理优势和价格优势逐渐拉开了与自己竞争对手的距离。

在"满铁"的利己政策下,"满铁"开辟了众多的货源,保持了丰厚的利润。1907年至1930年,"满铁"营业里程一直在1100公里左右,可是,货运量和客运人数却从1348千吨、1512千人增长到15193千吨、8156千人,[②]分别增长了10.27倍和4.39倍。见表2。

表2　"满铁"客货运情况表

年度	营业里程(公里)	货运(千吨)	客运(千人)
1907	1135	1348	1512
1910	1138	3558	2349
1915	1106	5317	3708
1920	1104	9212	8123
1925	1118	13649	9109
1930	1125	15193	8156

"满铁"的运输收入在1907年为977万日元,到1917年增加到3倍半,为3450万日元。至1927年又增至10倍,达11300万日元。1929年,"满铁"的运输收入创纪录地达到12322万日元。

① 〔日〕铃木隆史:《日本帝国主义对中国东北的侵略》,第136页。

② 《满洲开发四十年史》,第51页。

1930年和1931年,因经济危机"满铁"运输收入有所下降,但仍达到9604万日元和8587万日元。[①] 在20年代末大部分时间里,"满铁"运输对投资利润的回报一般多保持在21%以上,可谓利润丰厚。因此,运输业收入和占"满铁"收入30%的矿物收入一样,成为"满铁"总收入的两大来源。铁路利润不仅是"满铁"生存和一切事业的基础,也是日本在经济上是否能有效控制南满和东北的关键。

在"满铁"的利己政策下,通过与俄国控制的中东铁路竞争,"满铁"削弱了北满铁路的地位,调控了东北近代经济发展的方向,确保了大连和南满为东北经济中心的优势。日本接管南满铁路后,中东铁路和中东铁路支线由一家公司变为两家公司相互竞争,整个中东铁路充满了火药气味。为对抗"满铁"的运费政策,中东铁路公司也制定了相应的运费计划,制定了海参崴主义政策,全力吸引北满、中满货物经绥芬河、海参崴出口[②]。海参崴港冬季结冰,北满经济发展水平不如南满,中东铁路有它的不利之处,但它始终没有放弃与南满铁路的竞争。据日本人声称,当时北满的特产有九成经中东铁路、乌苏里铁路流入海参崴,有一成流入南满和大连,不管日本人说的是真是假,它毕竟侵犯了俄国人的"势力范围",把其他列强"地盘"的货物吸引到自己的"势力范围"。"满铁"还多次与俄国人谈判,想把双方分界线定在哈尔滨,让哈尔滨上市的货物对半东行海参崴和南下大连。事关双方生死,中东铁路公司当然不愿听从日本人摆布,为对抗南满铁路,中东铁路公司有时

① 《满洲开发四十年史》上卷,第346页。

② 当时中东铁路公司对哈尔滨—海参崴760俄里的运费每普特收29.45戈比,对哈尔滨—大连887俄里的运费每普特收17.6戈比。见上书,第101页。

的运价几乎是自杀性的,实际上它始终处于不利地位,因为东北三分之二以上的进口商品和大半出口豆产、煤炭都是从大连和南满铁路进出口的。谁拥有了主流货源,谁也就控制和影响了东北的生产。

在"满铁"的利己政策下,"满铁"促进了东北特产走向世界,促使东北对外经济关系加强,同时为日本提供了必需的大豆、煤炭资源和商业利润。1908年,三井物产向英国推销东北大豆成功,随着欧美、俄国、日本对东北豆产需求的扩大,大豆、豆油和豆饼已经成为"满铁"海陆运输稳定的货源。很难想象,没有近代化交通提供流通的东北大豆会活跃在世界市场上几十年!然而,豆产出口促进了东北商品经济的发达,也充实了"满铁"的腰包,"满铁"与豆产出口的联系是不容置疑的,但东北经济发展和经济进步却是以主权和利权外溢为代价的。

在"满铁"的利己政策下,"大连中心主义"不仅打击了以辽河航运为主的旧式航运业,也打击了大连以外的南满海港,"满铁"的利己政策实际上对于"满铁"来说完全是瑕瑜互见。中东铁路和中东铁路支线建设前,东北对外运输完全依赖于辽河水运。辽河水运对营口对外贸易是不可缺少的,但营口港水位较浅,辽河在冬季有几个月结冰只能靠大车运行。大连中心主义的实行使有2500公里水系的辽河水运业遭到了致命的打击,结果在营口港停泊的10000多艘船只锐减到3000艘。由于"满铁"是日本国策性会社,受到日本当局的垂青,得到许多待遇,南满铁路被置于第一位,安奉铁路被置于第二位,鲜满铁路也被委托"满铁"经营,结果大大激化了依赖安奉铁路的日资、朝鲜日资与"满铁"的矛盾。因而"满铁"的经营主旨与经营结果也会出现背道而驰。

2. 以资源开发为重点

"满铁"以铁路经营为基础，可是，铁路经营不是目的而是手段。"九一八事变"前，"满铁"对中国东北的经济活动实际上是以资源开发和利用为重点。

日本殖民地研究者矢内源中雄认为，殖民地应包括三要素：第一是本国人移民；第二是由移民者开垦利用土地；第三是政治上从属于宗主国。后来因为人类社会的发展殖民地三要素的内容也发生了变化，矢内认为，进入帝国主义时代后，殖民地三要素内容应是第一，资本输出比人类移居更为重要；第二，殖民地的资源和购买力对发展宗主国经济非常重要；第三，在列强竞争中殖民地的占有具有垄断意义。[①] 从历史的变化来看，"九一八事变"后，日本成立了所谓的"满洲国"，完全把中国东北变成了日本的属国和殖民地，对东北的经济改造以投资和实现工业化为主，这时东北是日本的投资殖民地、资源殖民地和市场殖民地，其中投资殖民地的意义最为重要；"九一八事变"前，日本虽然控制了南满等地，在东北还不能完全为所欲为，除利用铁路攫取利润外，不想让东北当地具有与日本工业竞争的潜力，"其活动重点是开发资源"。[②] 从而与以后的使东北工业化的经济策略形成了明显的区别。

岛国日本除海洋资源、林业资源等相对充足外，几乎各种资源都相对匮乏。明治维新后，日本资本主义开始发展，可是，生活资料、生产资料严重不足，这禁锢着日本实现近代化。日本人多地

① 《满洲开发四十年史》上卷，第 5 页。

② 同上，第 69 页。

少,稻米、大豆、食糖等供给不足;轻、重工业主要原料均不能满足需要。在当时日本人所离不开的米饭、酱汤、味噌中,所需大豆原料要三分之二由国外供给。日本人食用大豆的主要目的是用大豆做味噌(豆酱)、酱汤、豆油,大豆油渣(豆饼)用于施肥。以往日本人对土地多施用鱼肥,后来感到豆饼比鱼肥含氮量更高,一战前后,豆饼竟成了日本最普及的肥料。生活资料是人类生存最基本的资料,是生产资料的依托和前提,事实上,在"九一八事变"前,日本获取生活资料的努力和获取生产资料一样不遗余力。从甲午战争到第一次世界大战,棉纺织业逐渐成了日本经济发展的象征,成为日本的代表性企业和支柱行业。1890 年,日本棉纱开始出现在中国和朝鲜,[①]但是在甲午战争前,日本棉纱等纺织品还没有什么出口能力,棉织业在制造部门的比例 1874 年为 26%,1897 年为 41%,[②]也就是在这个时候,日本出口的棉织品才超过进口。一战前后,日本出口的棉纺织品主要分布在中国和朝鲜,对于日本来说,它曾经比中国依赖使用日本的棉纱、棉织品更依赖于使用中国出产的原棉。1890 年后,日本才开始用印度棉花代替中国棉花,中国棉花在日本的地位出现了下降。19 世纪末 20 世纪初,日本冶金工业比棉纺织业更有潜力和活力,然而,冶金业最关键的煤、铁原料却是日本国内难以解决的问题。1890 年前,日本曾经大量向国外出口煤炭和铜,但很快日本便不得不依赖从国外进口煤和铁矿石了。仅就最大的八幡制铁所而言,1913 年 55%的铁矿来自湖北大冶,39.6%来自朝鲜;高粘结度煤 90%来自于东北本溪湖

① 〔日〕梅村又次等:《日本经济史》3,厉以平等译,生活·读书·新知三联书店 1997 年版,第 207 页。

② 《日本经济史》4,第 172 页。

和河北开滦煤矿。[①] 当时的日本虽然暂时是煤的净出口国，但这种出口对日本的重工业急需显然没有什么意义。1914 年至 1925 年，日本所需要的砂糖 49%—60%来自台湾，49%—54%的米来自朝鲜，21%—24%的大豆和 43%—56%的豆饼来自东北，6%—9%的优质煤炭也来自东北。[②] 在此看来，东北对于日本不可缺少的生活资料大豆和不可缺少的生产资料煤最为重要，这两项产品均占日本外来输入产品价值的第一。

作为资源向日本出口的东北豆产具有不平凡的意义，"满铁"通过铁路和水运控制了东北的大豆出口和商品经济，也给这种出口赋予了相当的优惠条件。在一般情况下，交通的发展和农产品的流通是成正比的，铁路线越长，农产品流通量应该越多，1903 年至 1930 年东北铁路网的发展和大豆上市量正是这样。见表 3。

表 3 东北铁路网的发展与大豆上市量的比较

年份	铁路公里数	大豆产量(千吨)	大豆上市量(千吨)
1903	3377	—	—
1908	3822	1150	—
1913	—	—	1300
1916	—	—	1700
1918	4098	2200	1900
1922	—	—	3200
1923	4582	3000	
1924	4707	4600	—
1925	4795	4800	3650
1926	5303	4800	
1927	5880	5300	—
1928	6256	5300	4200
1930	6507	—	4500

注：引自《满洲开发四十年史》上卷，第 573 页。

① 《日本经济史》第 5 册，第 132 页。

② 〔日〕大石嘉一郎：《日本帝国主义史》1，东京大学 1985 年版，第 373 页。

根据表3,东北铁路网里程增长了92%,大豆上市量按1913年计算增长了2.46倍,大豆增长比铁路里程增长要快。1912年至1918年,在“满铁”控制下的铁路仅由1100多公里增长到1300多公里,增长率仅18%,然而同期“满铁”沿线发运的大豆、豆饼和豆油却分别增长了1倍、0.9倍和6倍,①作为初级产品,大豆、豆油和豆饼的价值是有限的,但是近代交通兴起和交通费用高低对大豆生产和流通的影响却是巨大的。据日本人在30年代初的统计,东北大豆价格中运费的比率竟在40%以上②。由此可见,“满铁”和“满铁”运费对东北大豆产、销几乎是决定其命运的。“满铁”不仅通过交通和交通政策满足了日本生活资源的战略急需,也通过铁路等交通命脉调控了有利于自己的东北农业生产。

1917年,在“满铁”已投资1.58亿日元的事业费中,矿山占11%,投资额仅次于铁路和港湾。第一任“满铁”总裁后藤新平虽然早已把煤矿经营放在“满铁”事业的第二位,东北煤铁资源对日本和“满铁”的重要却是逐渐增加的。在日本和“满铁”开发的东北矿山中,抚顺煤矿和鞍山钢铁公司对日本资源开发关系重大。作为日本的国策机构,对任何日本的重大需要都应该是不计成本而努力的。“满铁”抓住了抚顺露天大煤层等煤田连续扩建,各个露天矿相继开工,建成了东北规模最大的煤矿,③20年代中叶,抚顺煤年产量达到了500万吨。除“满铁”用煤、在东北销售和船舶用煤外,还销往朝鲜、中国香港、马尼拉、新加坡、南洋等

① 《满洲开发四十年史》上卷,第575页。

② 同上,第564页。

③ 1939年时,抚顺所有的露天矿汇合在一起,形成总延长6.7公里、宽1公里的世界第一露天煤矿,日产煤炭1万吨。

地，约有20%销往日本。1922年起，抚顺出口到日本的煤开始占该矿外销的第一位。[①] 抚顺煤被用于日本的煤气发生炉，"也被制铁业、化学工业、金属工业其他窑业方面所重用……总之，可以说抚顺煤对日本的工业发展确实做出了极大的贡献。"[②]在日本勘测抚顺煤田的同时，日本技术人员也开始着手调查鞍山附近的铁矿。经判明这一铁矿含有磁铁矿和赤铁矿，贫富矿混杂，埋藏量足有6.5亿吨，可是要成功处理贫铁矿投入生产并不容易。"满铁"为此成立了研究部，从德国和美国先后聘请了研究员，1923年至1926年投入了1000万日元的研究费，鞍山钢铁公司在20年代后期逐步增产铸铁，1929年新增一座500吨高炉，将原有的200吨高炉改成350吨，当年铸铁产量28万吨，[③]当然，这些铸铁几乎全部出口到日本，用做日本进一步炼钢的资源。必须指出，1918年到1933年，鞍山制铁所6500万日元的亏损都是"满铁"用铁路的利润来弥补的，[④]如果没有这项保证，鞍山制铁所根本无法维持，也无法继续向日本炼钢业提供必要的生铁！

从表面来看，中国东北对日本的资源需求确实不像人们想象的那么多，但是，东北的资源对于当时的日本来说却是极为关键的，不可缺少的，无法替代的，是日本殖民"利益线"上极为重要的一环。

3. 以对外贸易促利润

"满铁"的利润依赖东北当地的贸易、依赖东北与关内的贸易，

① 〔日〕铃木隆史：《日本帝国主义对中国东北的侵略》，第286页。

② 《满洲开发四十年史》上卷，第626页。

③ 同上，第628页。

④ 同上，第64页。

更依赖东北的对外贸易。以东北豆产输出和日本制造品输入构成了“满铁”运输业务的主要内容,对外贸易的兴衰决定“满铁”利润的大小,实际上,对外贸易是“满铁”的血脉和生命线。不过,“满铁”并不是消极地适应对外贸易,而是积极促成东北豆产向世界输出,用日货替代各国商品,在国策性的贸易经营中最大化地获取利润。

据美国人雷麦估计,1930 年时,日本在中国东北进出口业的投资为 11775 万日元,占日本在东北直接企业投资的 10.7%。[①] 日本在东北的贸易活动主要由三井物产等商社来做,“满铁”主要利用交通设施和运费政策来调控东北的进出口格局,而且,“满铁”还对许多与日本有关的重要进出口品直接实行特定运费政策,但仅有这些还是不够的,日本迫使中国接受的关税政策也是非常重要的。

清末民初,因受协定关税的限制,中国一直无法自行更改关税税率。日俄战争前,中国实际关税税率连切实“值百抽五”都做不到。在 1929 年中国恢复关税自主权前,中国海关税率实际上是世界上最低税率之一。日俄战争后,根据中日《东三省事宜正约、附约》,东北进一步开放,但对日本所辖的“关东州”和“满铁附属地”中国却无权过问。日本标榜门户开放宣布大连为自由港同时,却对“关东州”内进口的消费品、再出口物资不课进口税,对州内产品、再出口品也不课出口税;对“关东州”内中国产原料加工品课原料或制品的出口税;对东北输入以东北原料生产的产品课转口税,[②]其目的是最大限度地对“关东州”进出口进行优惠。1913 年,

① 雷麦:《外人在华投资》,第 379 页。

② 〔美〕《满洲开发四十年史》下卷,第 309 页。

日本、中国、朝鲜签订了过境铁路关税协定，规定货物经过上述路线时，应按海关关税减收三分之一。[①] 由于实行了上述规定，1929年前中国在东北的关税不仅不能达到5%，实际平均税率一直徘徊在1.8%左右，[②]实在是少得不能再少，和不征关税几乎没有什么区别了！与此相对应的是，关税对商品价格影响得越小，交通和运输对商品价格影响得越大。

在这种情况下，似有而无的关税和低廉的运费对东北贸易有很大促进。1907年至1931年，东北出口贸易（含对国外、对关内出口）由2442万海关两增长到47855万海关两，其间增长18倍；东北进口贸易（含国外、关内和关外各地进口）由3351万海关两增长到22343万海关两，[③]其间增长近6倍。日本进口的商品逐步排挤了东北的欧美各国制造品，在比例上已占明显优势，东北的大豆和其他粮产遍及欧、美、俄、日各大市场，给"满铁"提供了丰厚的货源和滚滚利润。1930年时，"满铁"已经拥有东北45%以上的铁路运输量，60%的港口货运量，贸易的兴旺实际上也就是"满铁"的兴旺，可是，贸易的衰退同样会给"满铁"带来逆境。因为，仅靠铁路和交通并不能让"满铁"事事如愿，东北对外联系的加强会迎来更大的机遇，同时也预示着来自世界市场传递的种种风险。

4. 以积极投资求垄断

南满铁路株式会社成立时是日本最大的公司，也是一个没有什么经验的公司。当时它最有利的一些条件是继承了沙俄在南满

① 《满洲开发四十年史》下卷，第314页。

② 同上，第315页。

③ 同上，第307页。

的产业，不用一切从头来；由于它是日本国策性公司，得到政府的支持和保护，经营目的、指导思想十分明确，可以创造有利环境并排除许多障碍；“满铁”的决策者有丰富的殖民经验，善于深思熟虑、统筹兼顾，一下决心就坚定不移、贯彻实施。所以，“满铁”后来的成功有客观因素，但也显示了某种主观的意念。

在表面上，1931年前“满铁”对中国东北的集资和投资活动被“满铁”大规模的铁路经营、海港建设，大豆和煤炭的出口及棉织品的营销几乎掩盖了。事实上，“满铁”的“创业”并不容易，有时甚至是在逆境里闯出一条路来，不管前景如何，仍然持续“实干”，连“满铁”决策者自己也想像不到“满铁”当时能够打出大片“天下”，处处胜人一筹。其实，欧美各国也小觑了日本人，如果欧美等国能及早看出日本殖民者狂噬他人培植国本的用心，何必连续为日本输血打气，给他人做嫁衣，[①]其结果不啻为养虎成患终遭反噬！

“九一八事变”前，“满铁”通过对东北地区持续不断的投资养肥了自己、派生出一大批企业，“满铁王国”在日本对中国东北直接投资比例最少时占60%，基本上占日本对海外直接投资的40%。[②] 可以说没有“满铁”，就没有日本在东北的殖民事业。

可是，“满铁”在开业时资金根本就不充足，直到“九一八事变”，它的民间股份从来就没有交足过。“满铁”具体用什么样的办法筹集资金呢？

---

① 二战前，日本与英国多次结盟，两国关系变冷后，英国还向日本提供大笔投资，资助日本的殖民事业。美国向日本提供大量的原料和废钢铁，提供日本极为缺乏的石油。

② 〔美〕雷麦：《外人在华投资》，第353页。

第一,利用外资筹资金。“满铁”开业时,其章程规定“满铁”股份为2亿日元,官府和民间各占一半,两方各为1亿日元。由于日本政府拥有的官股并不直接拿出资金,而是以日本继承的旅大租借地和长春—大连铁路等产业进行折算。折算后约等于9280万日元,[①]近于1亿日元。“满铁”在向民间招股时出现了空前的应股热,尽管日本当局考虑到民间不可能一下子拿出1亿日元资金的股份,1906年第一次募集民间股份时只募集2000万日元(相当于10万股),却有10467人申请106643418股,相当于当时需求的一千多倍。后来砍去了10股以下的募集人,应募者减为10101人(拥有9.9万股,另1000股分给特殊人物),民间股份被细分化、平均化了。[②] 可是,当时日本民间还是有许多人眼高手低,应募了2000万日元,却拿不出2000万日元现金来。1906年,“满铁”得到的第一批民股缴纳金只有200万日元。1912年,第二批缴纳金上缴了600万日元。全部2000万日元缴纳金直到1914年5月才缴纳完毕。这样,1914年前,“满铁”拥有的实际股份资金才2000多万日元,这和额定的2亿日元相差太远。所以,“满铁”的建立和初步发展实际上是想办法通过借外债维持的。1906年11月,日本政府就向“满铁”总裁后藤新平命令“必要时通过该行(兴业银行)从英美引进低息贷款,对该行予以一切必要的方便”。[③] 当时,日本大藏相阪谷和后藤新平商定“满铁”引资工作由日本兴业银行承担,在英美市场发行5分5厘的社债8000万日元,“一切事宜由大藏省负责”。1907年4月,兴业银行总裁添田寿一奉阪谷之命前

① 〔美〕雷麦:《外人在华投资》,第357页。

② 〔日〕铃木隆史:《日本帝国主义对中国东北的侵略》,第126、127页。

③ 同上,第133页。

往欧美秘密筹集贷款,因为既要争取5分利以下低息贷款,又不能以铁路作抵押,在政治上和日本弄得很僵的美国不愿理会日本的要求,法国人也不愿介入,日本兴业银行7月在伦敦金融市场上仅发行了400万英镑(相当于3905万日元)。后来,靠兴业银行和当地银行界的关系,直到1911年1月,靠政府担保才由兴业银行一共发行四次债券,总共得到1400万英镑(相当于1.36亿日元)。[①]如果当时募集不到外债,"满铁"连本钱几乎都不够,难以维持,更谈不上什么发展!1400万英镑对"满铁"最初十几年的作用是可想而知的,因为当时"满铁"实际交纳的股金才2000多万日元,而且,"满铁"当时也不可能累计积累多少营业利润,它每年至少1000多万日元的投资靠什么?当然是外债!雷麦估计,至1914年底,"满铁"在中国投资额为2.1亿日元,其中来自日本的仅占2400万日元。[②] 20年代末,"满铁"又在英国发行债券4000万日元(实为39092000日元)[③],不过这笔钱对"满铁"当时的作用就远不如以前了。

第二,利用利润筹资金。想做大就得少消费,"满铁"从没忘记自己是国策机关。"九一八事变"前,"满铁"对官股的年利润分配波动在2.5%到5.3%,对民股的年分配波动在6%到11%。[④] 由于每年的股份分配总是在变化,"满铁"前期民股缴纳金严重不足,"满铁"的股票利润分配对判断"满铁"资金积累情况作用有

① 〔日〕铃木隆史:《日本帝国主义对中国东北的侵略》,第134页。
② 〔美〕雷麦:《外人在华投资》,第358页。
③ 同上,第359页。
④ 杜恂诚:《日本在旧中国的投资》,上海社会科学院出版社1986年版,第91页。

限。为了积累和筹集“满铁”发展的资金，“满铁”早在每年的利润分配中就准备了法定公积金和特定公积金，后者数目多，对于积累和发展的关系更大，1908—1914 年“满铁”赢利和分配的情况见表 4。

表 4　1908—1914 年“满铁”的赢利和分配①　　单位:10000 日元

		1908	1909	1910	1911	1912	1913	1914
利益金		211.4	577.2	370.8	366.7	492.6	716.7	754.1
上年结余		160.2	180.3	231.7	246.5	231.1	215.1	262.5
以上计		371.6	757.5	602.5	613.3	723.8	931.8	1016.6
分配	法定公积金	10.6	28.9	18.5	18.3	24.6	35.8	37.7
	政府分配	—	250.0	150.0	180.0	200.0	250.0	250.0
	政府外股东利息	12.0	12.0	12.0	12.0	54	105.8	142.0
	同上第二红利	—	—	—	—	—	17.6	47.3
	特别公积金	150.0	200.0	150	150.0	200	200.0	250.0
	职员赏金及交际费	18.7	35.0	25.4	21.8	30.0	30.0	30.0
	退职职员慰劳金	—	—	—	—	—	30.0	3.5
	转入下年度的积余	180.3	237.1	246.5	231.1	215.1	262.5	256.1

由上可见，在这一期间，由于民股实际缴纳金不多，“满铁”在利润分配中公积金的积累竟达 32%—45% 左右（1908 年为 75%）。当时，“满铁”借的外债也没有全到位，民间和官府都缺乏资本，只能尽量增加积累。1915—1928 年“满铁”赢利和分配见表 5。

① 杜恂诚:《日本在旧中国的投资》，第 88 页。

表 5　1915—1928 年“满铁”的赢利和分配[①]　单位:10000 日元

年度	本年度利润	本年度分配额(利润十上年度结余)	法定公积金和特别公积金	政府分配	政府以外股东分配	公司债偿还基金	其他
1915	808.0	1064.1	290.4	250.0	208.0	—	30.0
1916	1010.8	1296.5	300.5	250.0	240.0	—	30.0
1917	1492.6	1968.5	574.6	250.0	317.3	—	36.0
1918	2219.3	3009.9	611.0	350.0	520.0	700	47.0
1919	2437.5	3219.4	621.9	350.0	661.7	700	71.0
1920	2739.2	3554.1	637.0	544.6	888.8	700	65.0
1921	3138.6	3857.4	656.9	933.8	920.0	700	76.5
1922	3508.0	4078.2	675.4	933.8	1020.0	700	65.0
1923	3479.6	4163.6	674.0	933.8	1040.0	700	118.0
1924	3455.3	4153.1	672.8	933.8	1040.0	700	100.0
1925	3486.5	4193.1	674.3	933.8	1066.7	700	100.0
1926	3415.8	4134.1	970.8	933.8	1200.0	—	150.0
1927	3627.4	4507.0	1083.6	933.8	1290.0	—	250.0
1928	4255.3	5204.9	1213.0	1150.9	1556.5	—	265.0

一战后,“满铁”公积金积累率由 30%以上逐渐下降到 19%左右,后来又向上波动到 28%,这说明尽管这时“满铁”在日本国内的公债显著增加,和缓了“满铁”对资金的需求,但“满铁”还是不想放弃公积金的积累,宁肯多积累少消费!据《日本在旧中国的投资》引用的资料,1905—1930 年“满铁”的纯利有 4.677 亿日元,[②]雷麦的《外人在华投资》认为 1931 年时“满铁”“从公司利润下提出的公债金”有 1.886 亿日元,[③]如果这两个数字完全可信,“满铁”公积金在利润分配中的平均比例就达到了 40%。为筹集资金,“满铁”就是这样宁可少消费多“积累”,利用利润再投资。

---

① 杜恂诚:《日本在旧中国的投资》,第 91 页。

② 同上,第 2 页。

③ 〔美〕雷麦:《外人在华投资》,第 359 页。

第三，利用社债筹集资金。第一次世界大战中，欧美列强注意力集中到了欧洲，无暇东顾，为日本在东方的发展创造了机遇。日本民间的腰包逐渐鼓了起来，整个国家由净资产流入变成了流出。这时，“满铁”投资由依赖外资、利润渐渐转为依赖国内公债。1920年，“满铁”决定将股份资金提高4.4亿日元，其中官、民股份比例仍各占一半。日本官股还是没有直接拿钱，继承了“满铁”还没有归还完的1200万英镑（相当于1.17亿日元）外债作为“满铁”新添的官股，这样官股就大致筹足了2.2亿日元。新增的民股资金也不争气，直到1931年才交纳至1.7亿日元，距离目标尚缺5000万日元。[①] 1931年，“满铁”官、民股份资金实际数额只有近4亿日元，“九一八事变”前，“满铁”股份资金从来就没有足额过。第一次世界大战后，日本对“满铁”社债投资的兴趣匪夷所思的大大超过股票。从1917年8月到1922年9月，“满铁”在日本发行的社债总额有1.7亿日元。到1931年时，“满铁”在日本发行的社债竟达到2.575亿日元[②]。有一个资料说，到1926年时“满铁”民间交纳的股金仅仅4000万日元，不管这种说法是否可信，事实上，“大战开始后“满铁”的资金需要大部分依赖于发行社债”。[③]

“满铁”想方设法地筹集到资本，也竭尽所能地利用了资本，它对中国东北直接投资的主要特点是：

第一，主导产业多投资，持续投资求垄断。见1907年至1930年主要年份“满铁”在中国东北的各项投资表6。

---

① 〔美〕雷麦：《外人在华投资》，第359页。

② 同上，第359页。

③ 〔日〕铃木隆史：《日本帝国主义对中国东北的侵略》，第289页。

表6　1907—1930年“满铁”对中国东北的各项投资　单位:1000日元

年度	投资额	铁路	港口	矿山	钢铁	电力	煤气	地方设施	其他
1907	14049	9099	522	695		125		902	2735
1911	115458	65793	9829	8997		4573	984	8293	16989
1916	158895	75962	18788	19986		5106	1463	15540	22050
1921	474444	178848	38012	115626	33906	13608	3450	35995	54989
1926	593923	225039	54105	129127	45902			75361	64389
1930	742069	270231	83201	127872	21717			176272	66776

资料来源:《满洲开发四十年史》上卷,第40页。

“满铁”对主导产业的投资(铁路、港口)比例最少时在45%以上,最多时近70%。如果加上对矿业和钢铁的投资,比例会相应地扩大到70%左右。这是因为“满铁”初创业时对铁路等交通设施的投资力度很大,投资比例近70%。随着铁路设施的相应建设,“满铁”对铁路、港口的投资比例下降,但不少于45%。20年代后期“满铁”对钢铁业的开发力度加大,因而加上对矿山、钢铁的投资,“满铁”对主导产业的投资比例仍然保持在70%上下。由于“满铁”对各项产业投资的数额越来越多,对主导产业的投资保持在高比例,使“满铁”的产业投资非常集中,不至于使投资过于分散,而且,持续投资有助于稳定发展。

第二,内外投资相结合,企业经营集团化。1914年时,“满铁”在中国东北的直接投资占日本对华直接投资的80%,1931年时,占直接投资的63%[①],“满铁”直接投资的重要性似乎降低了。实际上,如果加上“满铁”的社外投资和对许多企业的扶植、推动,“满铁”几乎已经建成了“满铁”王国,在东北的经济影响和地位不是下降了而是有新的增长。从第一次世界大战开始,由“满铁”100%出

① 〔美〕雷麦:《外人在华投资》,第355页。

资建立的比较重要的社外企业就有大连轮船株式会社(1915年)、南满瓦斯(1925年)、南满电气(1925年)、福星化工(1925年)、日本精蜡(1929年)、大连农事(1929年)、日满仓库(1929年)、昭和炼铁厂(1929年)。在上述8个企业中,“满铁”所占股份就达88%[①]。经“满铁”社外投资,“满铁”拥有半数以上公司资产的企业有大连窑业株式会社、沈阳交易信托株式会社、四平街电气公司、辽阳电气公司、铁岭电气公司、营口水电公司、满洲船坞株式会社、福昌华工业会社、南满洲矿业公司、南满洲通信社等等。“满铁”所拥有的包括上述公司股票多的达100%,少的也有1%,有人曾列举这种公司的名称至少有50个之多[②]。1927年和1931年时,“满铁”的社内、社外等投资比例分别是84.9%、15.1%和82.8%、17.2%[③],此外,“满铁”还拥有对中国公司投资的5000万日元。考虑到当时“满铁”对社内、社外企业的投资和对东北包括中国在内的企业的影响,“满铁”实际上已经形成了大大小小企业在内的庞大“托拉斯”,对南满经济已经完全形成了控制和垄断。

第三,投资数额超资产,产业开发重产权。应该指出,企业股份资金和企业总资产并不是一回事,企业股份资金是企业总资产的一部分,其中股份资金占总资产的资金比例可能比较大,也可能比较小。1907年,“满铁”名义股份资金是2亿日元,实际流动资金只有几百万日元,当年,“满铁”的各种投资是1400万日元。1931年,“满铁”有股份实际缴纳金近4亿日元,公司企业资产等

① 〔日〕铃木隆史:《日本帝国主义对中国东北的侵略》,第288页。
② 〔美〕雷麦:《外人在华投资》,第356页。
③ 〔日〕大石嘉一郎:《日本帝国主义史》第二册,第338页。

加起来至少为 6.908 亿日元。[①] 可是,“满铁”当时对东北的各种投资却高达 7.5 亿日元,其投资额几乎始终超过企业资产额。其实,“满铁”把股份金、利润、外债、国内社债都相应拿出来,才能凑上投资需要。如果“满铁”不是国策性会社而仅是一个纯商业公司、没有政府的保护支持、没有在南满的垄断和赢利,它在投资力度上决不敢总是冒这么大的风险!如果从商业角度来计算,“满铁”需要偿付的投资利息毕竟是一种巨大的压力,但是,它对这种压力仍然没有退缩,投资使“满铁”在东北与欧美各国经济势力竞争中居于领先,见表 7。

表 7　“九一八事变”前各国在中国东北的投资　单位:1000 日元

国别	运输业	农林业	矿业	工业	商业	金融业	其他	总计	国家比例
日本	526270	2845		162254	117753	204339	461475	1796636	72.3
比例	30	16.2		9.2	6.7	11.6	26.3	100	
苏联	450000			50000		15000	75000	590000	24.3
比例	76.3			8.5		2.5	12.7	100	
英国	10270			2500	10870	7000	2720	33360	1.4
比例	30.8			7.5	32.6	21.0	8.15	100	
美国				2500	10700	8500	4700	26400	1
比例				9.0	41.6	32.6	18.0	100	
法国	14276		250	5000	60		1500	21086	1
比例	67.9		1.2	23.6	0.3		7.2	100	
瑞典丹麦				460	607		150	1217	
比例				38	50		12.0	100	
总计	1000816	647499				234839	545545	2428699	100
比例	41.0	27.0				9.6	22.4	100	

资料来源:《满洲开发四十年史》上卷,第 43 页。

因而,“满铁”对中国东北的投资主要是用投资抢占产权,用投资取得优势,用投资来确立垄断。

① 〔美〕雷麦:《外人在华投资》,第 355 页。

三、日本与俄国在东北的经济角逐

1931年以前,日本控制和扩张南满、东北经济权益势力最大的竞争对手是俄国。但俄国在日俄战争后已经失去锐力,只能采取守势,在欧美等国对东北地区咄咄逼人的形势下,日本和俄国都面临着共同的威胁。1907—1916年,日本与俄国先后签订了四次协议,协调在中国东北和蒙古地区的利益矛盾,可是,这种协定并不能根本调节和缓和日、俄在南北满地区的利益竞争。日、俄在东北的经济角逐有利于东北商品的流通和铁路价格的降低,同时也相应加强了大连与海参崴的经济地位。

1. 日本与俄国的四次协定

第一次,1907年7月,日本与俄国签订协定:日本承认俄国在北满和外蒙的特殊利益,俄国承认日本在朝鲜和南满的特殊利益,同时确定日、俄在南满的分界线。

第二次,1910年7月,日本与俄国签订协定:双方同意1906年划定的分界线,互相尊重在各自利益线的行动自由并不予妨碍,当两国的特殊利益受到侵犯时,要及时协商采取共同的行动或给予援助。

第三次,1912年3月,日本与俄国签订协定:将1907年协定的分界线延长到内蒙古,日本承认外蒙古为俄国特殊利益地区;俄国承认内蒙古为日本特殊利益地区。

第四次,1916年7月,日本与俄国签订协定:两国不参加与对方对抗的军事协定,当两国在远东的领土和特殊利益受到侵害时应采取措施进行协商,缔约国一方与第三国宣战时另一方有义务应其请求援助同盟国。

《朴茨茅斯条约》签订后,日本并没有领美国人居中调停的情,拒绝了哈里曼购买中国铁路的计划,在军事占领区实行垄断,引起了美国等国家的极为不满。日本与欧美列强的矛盾急剧扩大了,而与俄国的矛盾相对缓和了。事实上,在保卫南、北满特殊利益问题上,日、俄在很多方面是一致的。山县有朋在《对清政策所见》中说:"现在俄国正燃烧着复仇的欲望,这远非与(明治)二十七八年后的清国相比,而且其实力本来就不可欺侮。这虽然可以说是我国战胜后仍然必须进一步充实兵备理由之所在,然而与之保持亲密的友情,借以缓和其复仇之心,至少今后十几年间维持和平乃是我们最紧要的任务"。更为重要的是:"努力同俄国实行合作,这不但是日本经营满洲的捷径,而且也是避免使欧洲列强团结起来逼迫东洋的好计策。因此,为了维持东洋的和平,实在有必要对此作充分的考虑。"①山县有朋已经看出日本与欧美列强的矛盾已经逐步超过了日本与俄国的矛盾,日本和俄国在东北有共同的利益,现在显然需要"化敌为友"了。日本驻伦敦大使小村认为:如果同俄国达成协议,可使俄国注意力东移,"势必无暇顾及其他方面,我国介于期间可享受的利益则不会少。"②当时,日本与俄国签订数次协议既有对自己势力外的无奈,也想利用异己势力去排除共同的威胁,在日俄协议中,日方的索求实际在一次次提高,不但把日本在中国的"特殊利益"扩大到了内蒙,还与俄国结成了针对共同威

① 〔日〕铃木隆史:《日本帝国主义对中国东北的侵略》,第148页。

② 同上,第149页。

胁的秘密同盟，但这并不意味着日本与沙俄争夺中国东北和蒙古的矛盾可以解决，相反，日本与俄国对南北满地区的经济权益争夺有时会十分激烈！

2.“满铁”与中东铁路公司的激烈竞争

南满铁路株式会社与中东铁路公司斗了几十年，有得又有失，完全是因为中东铁路在东北的重要性和特殊地位，一条大铁路有南北两家公司，两家公司又分别代表日、俄在东北的主要势力，铁路公司竞争就是日、俄两国势力在东北的较量。

最初，如果“满铁”和中东铁路公司把视野只放在南满或北满各自的经营上，不使中东铁路南北线路连成一气，发挥更大的影响，他们所经营的铁路就只能仅具有地方性，而不具有更重要的全局操控性！这种不同是双方从开始就已经意识到的。因此，“满铁”总裁后藤新平在上任伊始就抓“满铁”与中东铁路公司的联运问题。1907 年，“满铁”与中东铁路公司签订了临时联络运输协定，后来经不断谈判，1912 年双方才开始实施联络运输。[1] “满铁”力图通过联运把北满货物吸引到南满铁路来，中东铁路公司对此当然极不情愿，铁路可以联运，但两家公司都希望经本地的货物越多越好，这是两家公司分歧根本所在。

因此，日俄战争后，“满铁”和中东铁路公司都采取了利己的措施，极力把东北进出口的货物吸引到自己的领地来。

“满铁”采取以“大连为中心主义”政策，对铁路运费进行了大规模的调整，实行了有利于大连港发到的特定运费。在“满铁”的

---

① 苏崇民:《满铁史》，中华书局 1990 年版，第 105 页。

运费政策下，1907 年，铁岭以北到达大连、营口的运费比普通运费大为降低。公主岭以南降低 35%—45%，公主岭以北降低 45%—60%。1909 年，对铁岭以北的运费规定延伸到范家屯以北等站。1911 年，安东—奉天铁路改建后，采取了与长春—大连铁路同样的运费政策，对安东发到实行特定运费，扶安以远都与发到大连者同额。这样，大连到奉天 248 英里，安东到奉天 170 英里，营口到奉天 110 英里的运费都是相等的，有利于对铁路进出口的吸引和突出大连的特殊地位。① 为有利于日本商品对朝鲜和东北的进口，日本还企图把日本山阳线铁路、朝鲜铁路和安奉铁路连成一气。1916 年，决定对有关铁路日本的多种输入商品实行折扣运费和特定运费，再加上经中国允许货物经满韩边境关税减三分之一，大大降低了日货的运输成本，使日货在与欧美同种商品竞争中有极大的价格优势。1922 年，在欧美各国不满压力下这一政策虽然取消，但三线联运外对日货的优惠仍然存在。1931 年前，在“满铁”的大连中心主义政策下，东北南满特产的 100%和北满特产的一部分都被吸引到了大连(占 60%左右)、安东、营口，日本等海外商品也便利地蜂拥进入南满和北满各地，大连、安东、营口三港一直占有东北进出口贸易的 85%左右，②“满铁”在铁路竞争中保有了巨大的优势。

与此同时，中东铁路公司也与“满铁”的“大连中心主义”针锋相对，采取了“海参崴中心主义”政策，力图避免“满铁”铁路的干扰，利用满洲里—绥芬河中东铁路东线把北满的货物吸引到乌苏

---

① 苏崇民:《满铁史》，第 101 页。

② 《东省经济月刊》第五卷，第四号，译述，第 2—3 页。

里铁路经海参崴出口。日俄战争前，俄国对中东铁路关注很大，也希望利用中东铁路及其支线把东北产品引向大连。当时中东铁路运费最高额为每吨公里 3.447 戈比，最低为每吨公里 1.145 戈比。为促进俄国内地商品进入东北，由俄国内地运往中东铁路各站的运费比中东路各站本身运费还低廉，最高额运费为每吨公里 1.272 戈比。日俄战争后，情况发生了变化。大连港已经落入日本人控制下，俄国只能利用海参崴港。1906 年，俄国陆续制定临时税则，“目的即为中东路与乌苏里路连为一气，专使货物东出海参崴，以发达海参崴港，而抵制大连”。同年 8 月，俄国政府下令乌苏里铁路暂时归并中东铁路。很快海参崴港也处于中东铁路公司管理下。1908 年中东铁路与乌苏里铁路联合运输办法强调：“促进粮石由海参崴出口”、“促进输出之原料以发达沿海洲之工业”、“扩充由海参崴输入北满洲之茶、盐、米、丝、布疋等之数量”。不久，俄国又制定了新的海外出口运则，俄国货物可运至敖德萨装运上船，经苏伊士运河到海参崴，由乌苏里铁路、中东铁路运至铁路沿线各地①，目的是使中国东北、俄国远东领土和俄国内地的水路运输连为一气，形成跨欧亚运输的大格局。

后来，中东铁路对北满货物的吸引充满了曲折变化，和“满铁”不断进行谈判和协调矛盾，但总是出现新矛盾，导致新问题。

1921 年，中东铁路公司代表与“满铁”在长春召开第六次联运会议，决定南满铁路将运费由每普特 22.8 钱减至 15.0 钱，以利于中东铁路的联运。1922 年第七次联运会议又提高了中东铁路出口的运费，从每普特 15.0 钱升至 22.8 钱，同时对中东铁路南行的

---

① 雷殷：《中东路问题》，第 152—153 页。

运费又进行削减,[①]以平衡双方铁路的竞争。而两次调整仅仅前后相差一年。

1925 年中苏共管中东铁路后,中国代表反对铁路公司仅从大连、海参崴竞争着眼,要求维护国权。1926 年公司核准的章程认为,“东省铁路应注意维护当地商业,但以不害及铁路本身利益为限。”占主导地位的苏方人员仍然巧妙达到了“新运则仍将采取旧章程之精神”[②]的目的,但还是把与南满铁路的竞争放在第一位。

经与“满铁”商定,1925 年起双方又开始对到达绥芬河和长春的大豆、豆饼、豆油、小麦、面粉、麸子六种商品按南行 55%、东行 45%来分配比例。如果一方比例达不到,对方要给予补偿并使分配率按条约尽可能一致。可是,在随后的几年,北满南行的货物(占 48.9%、48.5%、40.6%)都没有达到规定的比率,乌苏里铁路只好给予补偿。1929 年,双方协定将货运比例改为各 50%,但后来南行货物还是没有达到比例要求(41.4%、48.3%),[③]1932 年,“满铁”单方面宣布废止这一协议。“满铁”与中东铁路公司的经济角逐直到“满洲国”成立也没有停止。

事实上,在“九一八事变”前,东北南满地区(长春以南)的进出口商品几乎全部被南满铁路、南满三港所垄断,中东铁路公司对南满出口商品无法和“满铁”竞争,只能在北满出口物资中与“满铁”争高下。1913 年前,在中东铁路向南满铁路、乌苏里铁路、后贝加尔铁路输出的商品中,发往南满铁路的只占 13%左右,发往乌苏

---

① 雷殷:《中东路问题》,第 155 页。

② 同上,第 158 页。

③ 苏崇民:《满铁史》,第 110 页。

里铁路的竟占 80%—90%。第一次世界大战爆发后，中东铁路因军事运输等因素陷入混乱，北满的出口大部被南满铁路所夺(1917年始)。从海参崴几乎无法出口。经过种种事变和不断战乱后，20年代中后期中东铁路才逐渐恢复元气，直到 1927 年从中东铁路输出的北满商品才超过南满铁路(分别为 1487 千吨和 1279 千吨)。可是，从南满铁路输入到中东铁路各种商品的比例一直占中东铁路输入商品的绝对优势，有时优势竟达 5 倍。①

在“满铁”与中东铁路公司的竞争中，海参崴之所以屡屡输给大连，其主要经济原因是：

第一，从出口商品来看，“九一八事变”前东北的主要出口商品是大豆、豆饼和豆油，谁抓住了这些商品，谁就抓住了出口主要货源，北满大豆单位面积产量比南满高，总产量也比南满多，但“满铁”及从事豆产销售的日本商社实力很强，②从事出口贸易的日本籍商人有绝对优势，掌握了大部分豆产出口，铁岭等地当时是东北大豆收购和外销最集中的地区。不仅南满的商品大豆被日本人抢走，北满部分大豆又被“满铁”低价运费和长春哈尔滨大车运输夺了过去。再加上一战和政治风波的影响，缺乏主要出口货源的中东铁路公司当然不会具备“满铁”所抢夺的农产运输基本利润。

第二，从进口商品来看，俄国工业出口能力在欧美国家中一直落后，产品质量没有什么竞争力，北满地区不仅没有成为俄国制造品的一统天下，甚至被大量英、美、日货所覆盖。

① 雷殷：《中东路问题》，第 160—167 页。

② 据铃木小兵卫《满洲的农业机构》，白杨社昭和十一年版，第 403 页。当时日本商人、中国商人、其他国家商人分别占大豆出口贸易的 45%、17%、38%；占豆饼出口贸易的 71%、26%、3%；占豆油出口贸易的 83%、10%和 3%。

第三,从地理因素来看,海参崴的对外贸易条件不如大连。大连冬季不会封冻,海参崴却由于冬季冰冻一年有好几个月无法正常运行。由哈尔滨到长春因铁路改轨需要卸货重新装运,但冬季极为便利,廉价的大马车可以把货物源源运到长春。即使南满铁路运费比北满铁路稍高,中东铁路公司恐怕也难以竞争过“满铁”!

第四,从经营政策来看,“满铁”是国策性公司,得到政府的扶助和大力支持,经营政策坚定、灵活,以经济带动政治,靠投资扩大企业,用发展促进影响。中东铁路公司先为军运所累,继又卷入一战,缺乏政府资助,一直在曲折中生存。从历史纪录来看,中东铁路公司仅有在很少的情况下才出现赢利。1901 年到 1914 年,中东铁路公司因军事运输和日俄战争亏损 1.7857 亿卢布。1914 年到 1918 年,因第一次世界大战和十月革命几乎无民间业务可言。1922 年起,中东铁路公司开始有赢利的纪录,1925 年至 1927 年出现赢利“黄金时代”,1927 年后“因种种浮滥,收入虽未减,而赢余则无多”。[①]企业实力的缺乏必然在竞争中处于不利:一战中,“满铁”乘机包揽中东铁路出口业务,还相机提高了运价,企图攫取更高的利润。不久,中东铁路公司采取降价措施,把被南满铁路抢去的业务又夺回不少。但如果后来中东铁路公司不是处处同“满铁”妥协而同意提价,结果也不一定会出现那么多对中东路公司不利的局面!

总而言之,最后解决“满铁”与中东铁路公司竞争的办法只有一个,不是你吞并我,就是我控制你。否则,任何办法只能是暂时的,无法解决代表两个国家、两种势力的经济集团日益长久的经济较量。

---

① 雷殷:《中东路问题》,第 145 页。

四、所谓“日满经济一体化”

当各国和各地区的经济联系发展到一定水平并不可分离时，就需要把各种经济联系当作一个整体来进行考虑。在这种一体化的整体经济下，各种经济成分相互寄托、相互渗透，你中有我、我中有你，祸福与共，利弊共存。尽管各国之间、各地之间，先进与落后，不同行业和不同经济成分都可以在一体化经济中风雨同舟，但命运的杠杆给先进与落后、强国与弱国带来的轻重本来就是不同的。经济强国必然在经济一体化中居于主导地位，对落后地区进行“牵引”。落后地区居于被动，被拉动的境地，势必要忍受经济整体和经济增长利益多被先进国家和地区分享的事实，不能不考虑出路和怎样改善自己的命运。日本对中国东北早就有图谋占据和据为己有的野心，20 世纪日本寺内内阁百般提倡“大鲜满主义”，要求“鲜满经济融合统一”，就是把东北经济尽快尽量纳入日本殖民帝国的经济轨道。“九一八事变”前，东北经济与日本的经济联系确实比较密切，像日本人所说的有相互“依存”的关系，可是，对中国东北来说，这种依存还没有达到谁离不开谁的程度。对日本来说，东北是日本对外投资、谋取资源、开辟市场、进行移民、开拓疆土的重要一环，具有各方面的巨大潜力，是日本殖民帝国不可缺少的利益生命线！

1. 中国东北与日本经济的所谓相互“依存”

中国东北与日本经济的所谓相互“依存”，是日本在强权下把东北经济国际化，与日本经济结为一体并且力图使其从属于日本经济。按照历史上某些日本人(斋藤征生)的说法,东北人对日本的“经济寄予”分别是:(1)治安的维持。日俄战争后,日本的关东军司令部、驻扎师团、独立守备队、关东厅、领事馆警察等能够为确保东洋的“平和”,支持对满移民,对农地的开垦,进行产业通商,防范中国的“内乱”等,以图日本的在满地位及与当地的“共存共荣”。(2)资本的供给。在30年代初,日本在东北的投资已经占各国对东北投资24亿日元的72%。(3)技术和经营的寄予。由日本人组织“满铁”和关东厅在东北从事产业开发和行政管理,建立农业试验场,改良大豆和农产,成立中央实验所试验豆油的提取、炼耐火砖、提炼油母页岩、开矿、建立地质调查所、实行大豆混保制度以利流通等。(4)提供东北资源的销路。仅大连、营口、安东南满三港就向日本提供了出口大豆的27%、豆饼的68%、煤炭的58%、小米的97%、钢铁制品的89%、柞蚕丝的71%、杂豆的74%。(5)廉价的必需品。当时日本是中国东北最大的消费品进口者,占东北总进口额的约43%。(6)为东北的繁荣提供物质基础。如铁路、港湾、通信、农业、矿业、工业、商业贸易等等。① 同时,日本对东北也有“经济寄予”,分别是:(1)东北可提供移民的地域。东北是日本全版图的1.8倍,人口密度的五分之一,可以极大地缓解日本人口矛盾,成为重要的移民地区。(2)提供投资的利润。1931年,日本对东北的投资累计已达17.5亿日元,在二十多年间,估计的资本利润总额已达11亿日元。(3)提供资源。包括大豆、豆饼、豆产品、盐、柞蚕丝、木材、燃

① 《满洲经济年报(1933年版)》,第78—82页。

料、毛皮等等，自日本与东北通商以后，东北供给日本的物产累计已达25亿海关两(40亿日元)。[①] 由上可见，上述东北对日本的所谓“经济寄予”，都是某些日本人的强词夺理，说的只不过是日本强权和经济渗透、经济改造下的既成事实，并非东北连治安都得别人维持，事事靠别人，种种说法完全是人为臆断或一相情愿。相反，日本对中国东北的“经济寄予”却说中了要害，当时的日本确实处心积虑地想把中国东北变成日本的移民殖民地、投资殖民地、资源和市场殖民地，东北已经成了日本资本主义最重要的利益生命线。20世纪30年代初，日本人已经认识到资本输出对帝国主义的发展是不可缺少的，是帝国主义存在和发展的基础。通过资本输出，第一可以取得原料和资源；第二可以绕过国家关税阻碍，克服商品输出的困难；第三可以对相对狭小的国内市场进行缓解，利用“剩余”资本在国外争取更多的利润。单就投资和投资命运而言，对“满铁”及“满铁”外的日本在东北大小会社的影响都是决定命运的。20年代末30年代初，“满铁”对东北的社内投资和社外投资每年已经达到了7.5亿日元和1.5亿日元，见表8。

表8 1927年、1931年“满铁”的事业投资 单位：1000日元

		1927		1931	
		数额	比例	数额	比例
社内事业投资	铁道	248278	32.7	278698	30.4
	港湾	63834	8.4	85146	9.3
	煤矿	102731	13.5	115799	12.6
	制油工厂	—	—	8710	1.0
	制铁所	20748	2.7	29234	3.2
	地方设施	164679	21.7	184369	20.1
	其他总计	644842	84.9	758673	82.8

① 《满洲经济年报(1933年版)》，第83—85页。

社外投资	有价证券	工业会社	6734	0.9	8064	0.9
		矿业会社	2884	0.4	26923	2.9
		运输通信会社	26800	3.5	33428	3.6
		共计	55287	7.3	87360	9.5
	贷款	铁道	39900	5.3	50875	5.6
		其他总计	59453	7.8	69976	7.7
		其他	—	—	—	—
		共计	114740	15.1	157336	17.2
总计			759582	100	916009	100

资料来源:大石嘉一郎:《日本帝国主义史》2,第338页。

1927年和1929年,"满铁"社内投资约占82%—84%,社外投资约占15%—17%。在"满铁"出现的前后,日本纷至沓来的株式会社有三井物产(明治三十八年)、共保生命(明治三十八年)、日本电气(明治三十九年)、日本盐业(明治三十九年)、东亚烟草(明治三十九年)等,此外还有大阪商船、古河矿业、日本卖药等等。1926年,在中国东北最有实力的日本株式会社有"满铁"(1906年成立,资本已至337156千日元,年份指成立年份,下同)、正隆银行(安田)(1908年,资本5624千日元)、本溪湖煤铁(大仓)(1911年,资本7000千日元)、大连交易所信托(1913年,资本6000千日元)、南满洲制糖(1916年,资本8500千日元)、东亚劝业("满铁")(1921年,资本5000千日元)、共荣起业(三井、大仓)(1923年,资本8500千日元)、南满洲瓦斯("满铁")(1925年,资本9300千日元)、南满洲电气("满铁")(1926年,资本22000千日元)等等。[①] 这些公司分布在东北的农林开垦、矿产业、工业、电力、商业、运输与通信、金融等行业,到1931年数量约有414个,拥有资本约6.65019亿日元。[②] 1926年时,这些公司对东北各行业投资已达11.32709

① 〔日〕大石嘉一郎:《日本帝国主义史》1,第367页。

② 同上,第340页。

亿日元，见表9。

表9　1926年日本对东北各产业的投资　单位：1000日元

农林水产业	23311
矿业	116715
制造业	126368
电气等	36128
商业	117752
银行、金融业	107030
运输业	347245
其他总计	1132709

资料来源：大石嘉一郎：《日本帝国主义史》1，第366页。

这么多投资能给日本人带来什么呢？别的不谈，单就利润而言已使日本人对东北顾而忘返。据日本测算，仅在1930年一年日本在中国东北就取得人力报酬1.28亿日元、投资利润0.942亿日元、贸易利益0.919亿日元，共直接利益3.141亿日元。加上0.4亿日元的间接利益，日本所得利益已达4亿日元。[①] 不管这种预算正确与否，东北是日本大利所在，再加上战略地位和政治地位。不是东北离不开与日本的“相互依存”，而是日本帝国主义者更需要东北。日本帝国主义已经把生存之“宝”押在了中国东北身上，这“宝”如此之重要，使日本帝国主义者决不能轻言放弃。

2. 中国东北在日本殖民帝国中的经济地位

当时，日本帝国主义者非常看重中国东北在日本殖民体系中的经济、政治地位，后来的中国人也应该了解和分析有关事实，这不仅仅是只与历史有关。

第一，中国东北在日本殖民移民中的地位。

---

① 《满洲经济年报(1933年版)》，第87、88页。

日本国小人多,人口压力大,开拓疆土,解决人口密集一向是历届日本政府面临的重要课题。据日本政府1930年统计,包括日本领地在内人口约9100万人,其中日本本土6444万人,人口的绝对数排在中国、印度、苏联、美国、德国之后,居世界第六位。如果和当时国土面积与日本差不太多的发达国家相比,每平方公里英国有189人、德国有131人,意大利有131人、法国有102人、日本本土则有168人。与此同时,日本耕地资源(占日本全领土的17%—19%)狭小的矛盾更为突出,在一国的每平方公里耕地中比利时有394人、意大利305人、荷兰273人、英国226人、德国185人、法国168人、日本却有969人。① 在日本控制区内,约有2564万人不在日本本土,其中在台湾459万人、朝鲜2105万人,这两个地区都是日本殖民地,主要人口都不是日本人。在其他日本控制区(包括北库页岛、"关东州"、"满铁"附属地)的日本移民总数还不到100万人。"九一八事变"前,日本海外移民数量的增长远不及其开拓海外疆土得到的"居民"速度快。然而,中国东北对日本移民和未来移民的意义非常重大。中国东北是当时日本利益圈中最有潜力的地区,面积比日本本土要大得多,人口却比日本少一多半,耕地和未垦耕地广阔丰饶,其中1931年时奉天省、吉林省、黑龙江省人口密度为每平方公里83人、35人、9人,耕地人均面积分别为每平方公里328人、180人、130人,②土地利用剩余很大,所以日本把移民作为经营东北的国策。据日本人统计,1906年,在东北的日本侨民不过16000余人,1930年达到21.5万人,前后增

① 〔苏〕波朴夫:《日本经济论》,商务印书馆1937年版,第65、69页。

② 〔日〕佐藤贞次郎等:《满蒙资源论》,第39页。

加13倍，1914年时，人数已和在东北的其他国家侨民相等。1906—1930年东北日本侨民增加的情况见表10。

表10　1906—1930年东北日侨增加情况表　　单位：人

年份	"关东州"	"满铁"附属地	计	其他地区	总计
1906	12792	3821	16612	—	—
1910	36668	25266	61934	14407	76341
1915	50176	34396	84572	16993	101565
1920	73894	61576	135470	24590	160060
1925	90542	83620	174162	13826	187988
1930	116052	99411	215463	18286	233749

资料来源：《满洲开发四十年史》上卷，第46页。

在旅大租借区和南满铁路沿线，东北的日本人密度最大，1930年时，"关东州"和"满铁"附属地日本人从事的职业多与工业、交通、商业有关，见下所示（单位：人）[①]：

农业	971
水产业	275
矿业	1841
工业	14888
商业	17946
交通业	16279
自由职业者	17632
其他	3402
家务劳动者	1545
无职业者	803
合计	75582
随从人员	139881
人口总数	215463

在这些人中，移民主力是为"满铁"及大大小小的日本企业、事业服务的管理者与技术人员，农业移民很少，没有政治的公开保护还不能与东北农民竞争。"九一八事变"前先到东北的日本人技术管理

① 《满洲开发四十年史》上卷，第46页。

质量相对较高,不管后来日本对东北的移民经历了什么环境和变化,他们实际上为日本成立“满洲国”后大规模移民提供了前提和准备条件。

第二,中国东北在日本殖民贸易中的地位。

随着日本资本主义的发展,日本在世界贸易上的地位迅速上升,进出口商品结构也在向获取原料和资源,推销制成品方向转化。1891 年至 1895 年,世界进出口分别为 8390 百万美元和 7370 百万美元,日本当时分别仅占 0.5%和 0.7%;1913 年,世界进出口分别为 21050 百万美元和 19450 百万美元,日本的地位已经分别占 1.7%和 1.6%[①]。从商品结构来看,1891 年至 1895 年,日本出口商品的百分比分别是食品 18.5、原料 9.8、半制成品44.7、制成品 23.5、其他 3.6,同时,日本进口商品的百分比分别是食品 21.7、原料 20.8、半制成品 20.1、制成品 34.9、其他 2.5。到 1913 年,日本出口商品的百分比分别是食品 9.8、原料 8.1、半制成品 51.9、制成品 29.2、其他 0.9,同时进口商品的百分比分别是食品 16.5、原料 48.5、半制成品 17.4、制成品 17、其他 0.6[②]。在这些变化中,日本对原料的要求显著增强了,在进口中占据最大的比例,其中纺织原料棉花就占 32%;半制成品和制成品出口合计达 80%以上,其中传统商品生丝占 29.8%,棉纱和棉布占 16.5%[③],后两者呈上升趋势,逐渐成为最有出口潜力的工业制成品,日本在一战时明显变成了工业国。为了解决原料和市场问题,

① 《日本经济史》5,第 100 页。

② 同上,第 117 页。

③ 同上,第 119 页。

日本对外贸易必须满足日本经济发展最需要的对棉花、优质煤炭、钢铁原料和豆产品的需求，极力向国外开拓棉制品市场，解决代表性工业的生计。在这种情况下，日本对中国东北的贸易发展很快，见表11。

表11　日本与中国东北的贸易变化　单位：1000海关两

年份	日本出口		日本进口		合计		差额△表示出超
	金额	指数	金额	指数	金额	指数	
1910	20763	29	22656	58	43420	39	1893
1911	25397	35	31652	81	57048	51	6255
1912	25632	36	26734	69	52366	47	1102
1913	29775	41	35167	90	64942	59	5392
1914	32321	45	36489	94	68810	62	4168
1915	30643	43	33498	86	64141	58	2955
1916	43742	61	32129	83	75872	68	△11613
1917	72075	100	38888	100	110963	100	△33187
1918	69451	96	58492	150	127944	115	△10959
1919	92058	128	96793	249	188851	170	4735
1920	82388	114	81295	209	163684	148	△1093
1921	71559	99	89774	231	161334	145	18215
1922	71313	99	80456	207	151769	137	9143
1923	67869	94	105517	271	173388	156	37648
1924	63408	88	99194	255	162602	147	35786
1925	88266	122	99257	255	187522	169	10991
1926	102724	143	111477	287	214201	193	8753
1927	98899	137	102352	263	201251	181	3453
1928	109165	151	123304	317	232469	210	14139
1929	126510	176	135286	348	261796	236	8776
1930	110931	154	117524	302	228455	206	6593

资料来源：《满洲经济年报(1933年版)》，第70页、第71页。

根据此表计算，1911年至1930年，日本对东北的出口增长了4.34倍，进口增长了4.18倍，进出口贸易总共增长了4.26倍。除一战期间外，日本对东北贸易始终处于入超，反映东北地多人少，人民生活贫困，对日本制成品进口消费能力有限，而东北的资源对日本的意义更为重要。日本从中国东北进口的主要资源情况如表12。

表12　1917—1930年日本从中国东北进口的主要商品

单位:1000海关两

年份	豆饼	大豆	煤炭	柞蚕丝	铁与铁制品	5种商品占进口比重
1917	2647	2342	1011	1229	2817	75
1923	46374	18135	7123	8726	2831	79
1927	37766	14614	16080	7861	5223	80
1928	34003	28404	16231	7082	6391	75
1929	33151	34529	18610	5984	6224	73
1930	28891	23193	16160	5790	6733	69

资料来源:《满洲开发四十年史》上卷,第50页。

由上表可见,豆饼、大豆、煤炭、柞蚕丝、铁和铁制品在日本对东北的进口中一直保持约70%—80%,这些产品对当时的日本国几乎必不可少。1911年至1913年,日本每年平均使用的豆饼占全部肥料的48.9%,1913年对进口豆饼的需要占全部豆饼消费额的63.8%,[①]东北至少70%的豆饼出口都运到了日本,它对需要精耕细作、追求高产的日本稻田关系到几千万日本人能否填饱肚皮。与此同时,日本从东北进口的大豆占海外大豆进口的第一位,1914年占进口的69.3%,1925年占65.1%,[②]用于榨油、做酱和酱汤,满足日本国民近三分之二的大豆消费。由于大豆是当时日本国民除稻米外主要食用品,豆饼与稻米生产密切相关,所以东北的豆产资源直接关系到日本的生命线!在工矿业资源中,东北对日本最重要的资源是优质煤炭和生铁。日本当时本来是煤炭净出口国,

① 《日本经济史》5,第131页。

② 〔日〕大石嘉一郎:《日本帝国主义史》1,第380页。

但钢铁工业所需的矿石和炼焦煤不能自给，最大的八幡制铁所铁矿石55%依赖于中国大冶铁矿，强粘性煤炭则仰仗于东北本溪湖等地出产的煤，[①]生铁靠大仓财阀开发鞍山等铁厂对日本出口解决一部分(占需求的12%)，日本已经利用东北当地的原料来满足日本对钢铁半成品的急需。与此同时，日本也没有忽视极力扩充日本在东北的商品市场，见表13。

表13 1917—1930年日本对东北出口的主要商品

单位：1000海关两

年份	棉织品	钢铁	服装	机械	棉纱	5种商品所占比重
1917	16998	5150	5953	1958	6279	50
1923	22292	2899	2021	2570	6290	52
1927	33002	4473	2356	4772	2512	48
1928	37247	4776	3937	3821	3380	49
1929	41103	7004	4533	5445	3006	48
1930	30332	7097	2952	5719	2321	44

资料来源：《满洲开发四十年史》上卷，第50页。

在上述日本对东北主要进口商品数值中，很难反映出哪一种商品增长比较快、比较稳定，有的还出现了明显的下降。在不考虑双方对不同商品需求的前提下，通过日本对中国东北进出口在上表中的对比，仍然可以反映出日本实际上更需要中国东北，东北对日本的资源意义明显大于市场意义。

然而，在考察日本对东北上述贸易的同时，还不能忽视日本对中国东北的贸易在日本海外殖民贸易中并不占有大的比例。据《日本大藏省贸易年报》、《北支那贸易年报》等统计，1913年至

① 《日本经济史》5，第132页。

1930 年,中国东北在日本殖民帝国出口贸易圈中所占输入比重只有 7%—8%左右,见下引数据(单位 100 万日元)[①]。

年份	日本内地朝鲜台湾等地出口总额	东北进口额	比例(%)
1913	651	49	7.5
1926	2114	170	7.7
1927	2065	151	7.3
1928	2038	178	8.7
1929	2218	185	8.3
1930	1519	107	7.0

与此同时,东北在日本殖民帝国进口贸易圈中只占输入比重 9%左右,见下所示(单位:100 万日元)。

年份	日本内地朝鲜台湾等地进口总额	东北出口额	比例(%)
1913	779	59	7.6
1926	2563	233	9.1
1927	2359	218	9.2
1928	2373	247	10.4
1929	2389	227	9.5
1930	1680	141	8.4

如果按某一年各地划分,在日本殖民"贸易圈"中各国各地区对日本贸易情况见表 14。

表 14　1928 年日本对日本殖民贸易圈中各国各地区贸易情况　单位:100 万日元

		数额	比例
从日本进口	台湾	132.3	5.4
	朝鲜	295.8	12.0
	"关东州"	110.2	4.5
	"满洲"	69.1	2.8
	华北	104.2	4.2
	华中、华南	199.8	8.1
	小计	911.4	37.0
	总计	2461.7	100

① 《满洲经济年报(1933 年版)》,第 86、85 页。

向日本出口	台湾	214.5	7.7
	朝鲜	333.8	12.0
	“关东州”	150.4	5.4
	“满洲”	61.7	2.2
	华北	68.1	2.4
	华中、华南	104.7	3.8
	小计	933.3	33.6
	总计	2780.1	100

资料来源：大石嘉一郎：《日本帝国主义史》2，第352页。

显然，凡与日本殖民贸易有关的国家合计只占日本对外贸易约三分之一，“关东州”和“满洲”对日本进出口贸易比例也比较小，这是因为当时在日本经济发展中，日本对外贸易分三个环节，第一个环节是与欧美发达国家贸易；第二个环节是与东南亚、非洲、中南美、大洋洲（后发达国家）贸易；第三个环节是与亚洲殖民地范围国家的贸易。1912年时，日本在三个环节中对有关国家进出口贸易的比例分别是48%、31%、21%和46%、17%、37%。[①] 日本经济要追随欧美，与欧美的贸易必然成为主流，在经济上也体现出一定的“脱亚入欧”。日本不仅需要进口欧美国家工业技术设备和各种制造品，也需要欧美国家能提供日本所需的关键资源。像美国一方面大力吸取日本的生丝（占日本出口的70%）和茶，一方面同时也向日本出口棉花（占日本进口的27%）、燃料、废钢铁、小麦等传统商品，这些无形中等于刺激了日本对欧美国家商品的购买力，削减了亚洲国家对日本出口原料的影响。按日本学者的解释，日本第一环节的贸易是出口旧式产业产品，进口先进的工业品的低开发国型，对第二、第三环节来讲，是出口近代产业制品，进口原料，粮食的工业国型。[②] 无论在理论上或是实际中，日本对欧美的贸易都逐渐成

① 《日本经济史》5，第138、139页。

② 同上，第142页。

了对外贸易的主流,支配和牵引了对落后国家及地区对外贸易的发展。正因为如此,日本经济发展产生的需要才对落后国家和地区的相关资源和市场有意义。虽然从静态的角度分析某一个时期落后国家的某些资源对先进国家是不可缺少的,但从动态发展来看这一过程不会是长远无止境的,是可以逐渐被取代或发生变化的。

总而言之,"九一八事变"前,中国东北的大豆、煤炭资源对日本帝国主义是至关重要的,但日本对东北贸易在其海外贸易中所占比例并不大。受日本经济发展的制约。而且,在当时日本殖民贸易中,中国东北的资源意义比市场意义更为重要。

第三,中国东北在日本殖民投资中的地位。

与移民和商品贸易不同,"九一八事变"前后,中国东北是日本为殖民事业最舍得下血本的投资领域。为了把东北改造为适合日本帝国主义愿望的殖民地,在国际收支连年逆差的环境下日本也没有改变初衷,见表15。

表15　日本国本土的国际收支　　单位:100万日元

年份	贸易收支	经常收支	长期资本收支
1910	−18.8	−8.3	102.1
1911	−58.4	−104.0	−4.4
1912	−66.1	−108.0	34.4
1913	−78.6	−95.7	95.6
1914	−0.3	−9.5	−13.8
1915	156.7	230.6	−79.4
1916	367.9	635.1	−449.0
1917	591.3	975.8	−393.5
1918	275.0	851.3	−581.8
1919	−56.9	397.2	−151.0
1920	−414.6	−42.6	−417.2
1921	−438.3	−232.5	−203.2
1922	−331.2	−159.8	−193.7
1923	−694.8	−520.9	31.2
1924	−851.4	−647.0	209.8

资料来源:〔日〕大石嘉一郎:《日本帝国主义史》1,第353页。

除第一次世界大战几年中贸易和经常收支出现顺差外，日本国际收支整体紧张的状况总也不见得更好些，在这种情况下的投资对政府、民间直接间接都是无法摆脱的压力。在1914年、1919年、1924年具有代表性年份里，日本对中国东北产业投资数量最多，分别以1.42亿、3.26亿、5.46亿日元遥遥领先①。在随后的几年里，日本对中国东北的投资仍保持对殖民圈投资的最大比例，见表16。

表16 日本内地对殖民圈各地的投资比例

单位：100万日元(%)

地域＼年份	1926	1930
中国其他地区	1166(27.7)	1446(26.8)
东北	1402(33.3)	1757(32.6)
朝鲜	1127(26.7)	1507(27.9)
台湾	519(12.3)	685(12.7)
合计	4214(100)	5395(100)

资料来源：大石嘉一郎：《日本帝国主义史》2，第337页。

在产业投资中，日本对东北交通运输的投资一直是对殖民圈投资最多的一个行业，对东北农林投资最少，对制造业、商业投资增长比较快，除运输业外，在其他行业投资与对台湾、朝鲜的投资相比没有什么太大的优势或优势的比例较小②。

"九一八事变"前日本大力对中国东北地区进行产业投资，最直接的重要结果是打败了欧美各国的竞争，取得了对东北南满经济的垄断和对东北经济的相应控制，见表17。

---

① 见大石嘉一郎：《日本帝国主义史》1，第364、365页。同期日本对台湾、朝鲜的产业投资分别为0.7亿、2.0亿、3.6亿日元和0.3亿、0.9亿、2.3亿日元。

② 同上，第365页。

表 17　1930 年前后各国对中国东北投资的比例　　单位:1000 日元

<table>
<tr><th></th><th>日本</th><th>苏联</th><th>英国</th><th>美国</th><th>法国</th><th>瑞典丹麦</th><th>合计</th></tr>
<tr><td>运输</td><td>526270
(30.0)</td><td rowspan="2">450000
(76.3)</td><td rowspan="2"></td><td rowspan="2">7189
(23.7)</td><td rowspan="2"></td><td rowspan="2">14276
(67.9)</td><td rowspan="2">997735
(41.1)</td></tr>
<tr><td>农林</td><td>284545
(16.2)</td></tr>
<tr><td>矿产</td><td></td><td></td><td></td><td></td><td>250
(1.2)</td><td></td><td></td></tr>
<tr><td>工业</td><td>162254
(9.2)</td><td></td><td>2500
(8.3)</td><td>2500
(9.0)</td><td>5000
(23.6)</td><td>460
(38.0)</td><td></td></tr>
<tr><td>商业</td><td>117753
(6.7)</td><td></td><td>10870
(35.9)</td><td>10700
(41.0)</td><td>60
(0.3)</td><td>607
(50.0)</td><td></td></tr>
<tr><td>金融</td><td>204339
(11.6)</td><td>15000
(2.5)</td><td>7000
(23.1)</td><td>8500
(32.0)</td><td></td><td></td><td>234839
(9.7)</td></tr>
<tr><td>其他</td><td>461475
(26.3)</td><td>75000
(12.7)</td><td>2720
(9.0)</td><td>4700
(18.0)</td><td>1500
(7.2)</td><td>150
(12.0)</td><td>545545
(22.5)</td></tr>
<tr><td>合计</td><td>1756636
[72.4]
(100)</td><td>590000
[24.3]
(100)</td><td>30279
[1.2]
(100)</td><td>26400
[1.1]
(100)</td><td>21086
[1.0]
(100)</td><td>1217

(100)</td><td>2425618
[100]
(100)</td></tr>
</table>

注:1. 各国在农林、矿产、工业、商业投资共达 647499 千日元,占各国总投资的 27%。

2. []表示国别比率。

3. 苏联在农林业、矿业、工业、商业一共投资 50000 千日元,比例为 8.5%。

资料来源:《满洲经济年报(1933 年版)》,第 463 页。

可以看到,日本在各国对东北的投资中已经占有 72.4%,次于日本的苏联只占有 24.3%,英、美、法等国分别只占约 1%。当时,英、美、法等国资本实力都远超日本,其在东北的投资产业却如此弱小,不堪一击,当然并非仅由经济因素所决定。与日本竭尽全力拿命运赌博的国策性投资相比,以追求利润为主导的欧美投资肯定控制不了东北的经济主权。日本在东北不仅争取到了自己的眼前权益,还预测性地分析了东北对自己的长远利益和未来意义,见下表中日本当局对东北在日本国防经济中的意义概算(单位为

10000 吨/年)。

名称	现在需求	日本在东北经济需求	日本供给量	东北供给预测量
食品				
米	1450	1500	内地 1000,朝鲜、台湾 400	现在 15,将来 160—150
粟	110	300	70	现在 220
小麦	122	300	84	现在 140,将来数倍
大豆	100	250	内地 35,朝鲜 50	现在 500
豆饼	120			
盐	100	160	内地 70,朝鲜 25	现在 60,将来 120
砂糖	90	100	内地 12,台湾其他 84	将来每三万町步 10
牛肉	6.8	10	内地 4,朝鲜 0.7—0.8	现在 4
服装				
棉花	70	35	朝鲜 3	现在 1.2,将来 7
羊毛	5.5	6.5		将来 7
麻	13	日本 13,东北 8.2	6	将来 2.2
生丝	0.8	1	4.2	现在 3.2
工业原料				
煤炭	3.300	4.000	3.300	现在 1.000,将来 2.000
生铁	170—180	200	130	现在 37,将来加倍
钢材	240	260	230	将来 30—40
石油	550.000	550.000	8.000	现在 5.4
木材	7.500 万石	8.000 万石	5.800 石	现在 450,将来 2500 万石
钢	7.5	8	8	

资料来源:《满洲经济年报(1933 年版)》,第 88—90 页。

不看上表恐怕难以想到,日本帝国主义分子对中国东北早就图谋好了侵略蓝图,即准备在东北各方面为日本帝国挖掘出这么多的“潜力”,可见日本帝国主义分子对中国东北的垂涎非常令人反感!在当时日本对中国东北的各种侵略中,日本对东北的投资的侵略性、致命性比移民、贸易危害更大。这就意味着在后来的日本侵略中,中国人民将面临着无法避免的更大祸患。

第四章　近代中国东北地区对外贸易的发展变化

在中国历史上，人们对东北地区的注意似乎总是没有对关内注意的多，先是把焦点集中在黄河流域和长江流域，后来又是沿海和沿江地区，直到 20 世纪初俄军占领东三省和日俄战争爆发，中国政府才对东北的险境表现了惶恐不安。事实上，从近代以来，由于列强在东北亚的争霸和不断扩张，近代经济的楔入和发展，中国东北和东北亚地区已经脱离了单纯的地区或国别概念，经常影响着国际形势的风云变幻。谁不深入认识中国东北，谁就不会真正了解东北地区和利用东北。20 世纪初至“九一八事变”之前，中国东北地区的出口贸易曾有惊人的发展，大豆特产享誉世界，垄断了亚洲和欧美市场，每个东北人创造的出口价值比全国平均水平至少多 3 倍，出口贸易逐渐在全国领先。不了结东北经济发展的这一页历史，对不起力尽艰辛开垦创业的东北祖先，也无法深刻认识列强对东北的觊觎之心，更无助于从以往的经验教训中得到借鉴。

一、1907—1931 年东北地区的对外贸易

根据 1858 年中英《天津条约》的规定，中国开放沿海、沿江十

个通商口岸,东北的牛庄也在开放之列,这是东北地区出现的第一个对外贸易海口商港。英国人赫德任中国海关总税务司后,对海关行政进行了整顿,统一了对海关进出口的纪录方法,19 世纪 70 年代,营口海关开始有对东北进出口商品的记载。这种记载当然只是有限的、局部的,但是却能够从中了解东北对外贸易的初期变化。日俄战争后,中日《会议东三省事宜正约和附约》规定东北开放 16 个城市为通商口岸,东北三省才出现了"遍地开放"(详见第二章有关内容)。大连的开放虽然比较早,1898 年俄国强租旅大地区后,1899 年宣布大连为"自由港",但 1907 年大连海关才成立,开始对进出口贸易进行统计。因此,"九一八事变"前东北对外贸易出现大规模发展是从日俄战争后开始的,有比较全面的贸易记载是从 1907 年开始的。考察 1907—1931 年东北对外贸易的发展变化,可以避开一些不太重要年份历史资料的相对不足,囊括 1931 年前东北对外贸易发展的主流,争取得出比较接近实际的分析结论。

由于很多历史因素,现有的很多贸易资料记载不够全面,有的记载不符实际,有的记载方法比较混乱。中国海关统计是最接近于原始记录的,但在 1904 年之前因统计方法的错误,它高估了进口商品的价值,低估了出口商品的价值。1904 年后,中国海关对进口商品采取到岸价格;对出口商品采取离岸价格,改正了过去对进口商品多加进口税、劳务费和对出口商品少算出口税及劳务费的错误,使原有的统计方法得到了纠正。可是,当时中国海关统计对东北地区海外贸易的反映只是近似值,因为仅按国联李顿报告书指出的那样有关满洲的贸易统计就存在着以下缺陷:(1)缺少东北与中国内地帆船贸易的统计及输出、输入商品发往地的报告;

(2)缺少陆路贸易的统计;(3)占70%的从量税靠业主申报征收数字的记载并不准确;(4)庞大的走私贸易无法统计;(5)东北贸易的真正原产地和发往地不正确。[①] 当时,除海关统计资料外,"满铁"对东北地区海外贸易等有关调查资料也比较多,比较详细。但是,"满铁"对贸易的统计基本上还是取材于中国海关统计记载,海关统计上的弊病在"满铁"资料上当然也被保留下来。可是,"满铁"资料后来采取的选择和分类的办法使"满铁"的材料比前者更方便。不过,当时不同的"满铁"贸易资料统计方法也是不一致的,如《北支那贸易统计》包括了民船贸易,《满洲贸易年报》就没有包括。因此,要使各种资料具有一致的可比性的确比较困难,特别是一些论著在运用资料时不考虑这些问题,随意把材料拿过来就用,这样在实证分析中的结论就很难让人信服。比较而言,中国海关统计记载和"满铁"的调查资料都属于接近原始的资料,但需要明确其统计方法的相互不同,这样才有助于把握数据使用中的准确和统一。

1. 东北地区对外贸易的发展

1861年,营口(牛庄)对外开港,东北经济开始被卷入资本主义市场,可是,1864年营口海关开始征收关税后几十年,东北地区对外贸易的发展速度并不快,规模有限,远远比不上关内华中、华南、华北等地区的水平,在全国的对外贸易中几乎没有什么地位,见表1。

---

① 《满洲开发四十年史》下卷,第302页。

表1　营口初期的对外贸易①　单位：1000海关两

年份	输入(外国商品)	输入(中国商品)	输出	合计
1872	2214	1156	2000	5370
1875	1740	1085	2687	5513
1880	2075	1296	3353	6724
1885	2464	1459	4574	8297
1890	4449	2801	7197	14447
1895	2465	1283	5605	9353
1900	7732	2822	11569	22120
1905	31003	18719	12031	61753
1906	13720	15971	14790	44481

资料来源：《满洲经济年报(1933年版)》第101—102页。

根据上表计算，从1872年到1906年，东北包括从关内和海外输入的商品增长781％，出口增长639.5％，贸易总额增长728％，在30多年间各种贸易额大约增长了6—7倍。尽管东北贸易额在稳步发展，但在全国所处的地位很低。19世纪70年代，东北进口贸易在全国贸易中占0.3％，1901—1903年三年平均进口贸易占1.6％，出口贸易占4.4％，②名列华中、华南、华北之后，为全国各地区之末。

东北当时对外贸易的低水平是东北的经济还没有得到真正的发展，除辽南外各地人烟稀少，大片沃野未得到开发，近代交通几乎没有，商品不便于流通，东北的对外贸易还不如说是营口和辽河等少数地区的对外贸易，而造成这种局面的主要责任是清朝的封禁政策，在帝国主义势力大举入侵东北前，东北的价值和东北的开发始终不受到重视。

① 这里包括了东北从关内的输入贸易，从严格意义上来说，对外贸易不应包括国内贸易，在此加入国内贸易是便于和外国进口贸易进行比较，以考察经济的开放程度。

② 严中平：《中国近代经济史统计资料选辑》，科学出版社1955年版，第67、68页。

虽然20世纪初东北经济和对外贸易出现了急剧变化，但影响东北经济发展和对外贸易的许多因素早在19世纪末就出现了。1896年，为了实现“联俄制日”，李鸿章与罗拔诺夫在彼得堡签订了《中俄密约》，中国同意俄国把西伯利亚铁路支线穿过中国东北直达海参崴，不久中东铁路开始动工，1901年部分地段通车，1903年全线通车，中东铁路由满洲里经哈尔滨到绥芬河，其支线由哈尔滨经长春到大连，1899年大连已宣布为自由港，不管俄国建中东铁路是什么用心，促进近代贸易发展不可缺少的海港、东北丁字形大铁路已经逐渐出现在东北大地上。

日俄战争之后，东北被日、俄势力一分为二，日本控制南满，沙俄控制北满，清朝惧怕东北被一国列强独占，实行“遍地开放”，[①] 鼓励移民与垦荒，吸引外资进行各种改革。在各种势力的交锋和拼搏下，东北实际上变成了几乎没有关税和非关税壁垒的全开放地区，形成了有利于商品进出的“自由贸易”格局。[②] 各种商品在一定情况下可以摆脱许多人为政策的困扰完全受市场的调节，许多有利于商品贸易的因素潜移默化地发挥了作用。这里没有整体的经济垄断，没有贸易保护政策、没有各种名目的国家税收。和中国其他地区相比，东北更显得“开放”，交通更发达，有赢得世界市场的“拳头”产品和各国的需求，所以东北在20世纪初30年有全国首屈一指的对外贸易发展速度，有能垄断世界豆产市

① 见第二章相关内容。

② 除值百抽五的海关税外，1931年前还规定“关东州”的进出口商品免税，中俄陆路贸易百里内免税，经中东铁路运输到东北各地的进口品减税三分之一，经中朝边境运输的进出口商品减税三分之一。实际上，外国进口商品实际交纳的税率只有1.8%左右。

场三分之二以上的大豆特产，创下了至今仍然能使国人汗颜的历史实绩。

如果仔细区分，对外贸易在今天专指一个国家或地区对海外世界各国的贸易，在20世纪初许多重要论著和资料中，对外贸易还包括本地区对国内其他地区的贸易和本地区与海外各国的贸易。为了较详细地考察东北对海外贸易、对关内贸易和东北本地区的贸易发展，可见1907—1931年间中国东北地区的贸易趋势表2。

表2 1907—1931年中国东北地区的贸易趋势① 单位：1000海关两

年份	输出	指数	输入	指数	合计	指数	差额
1907	24422	100	35517	100	59938	100	−11095
1912	103347	423	106193	299	209541	350	−2846
1917	161120	660	158562	446	319683	533	2558
1922	274662	1204	196433	553	471094	786	78230
1927	408036	1671	268932	757	676950	1129	139123
1931	478554	1958	223432	629	701986	1171	255122
增长率	1859.52%		529.08%		1071.18%		

资料来源：根据《满洲经济年报(1933年版)》第159页所制。

1907—1931年，在东北地区对海外、关内、本地贸易中，输出增长了1859.52%，输入增长了529.08%，贸易总值共增长了1071.18%。除1907年、1908年、1912年、1914年、1918年、1919年外，整体贸易均保持顺差，1931年，东北地区输出值和贸易顺差均达到"九一八事变"前的最高水平，当时东北地区整体贸易最显著的特征是东北买进的商品远没有卖出的多。

对海外贸易是东北地区贸易的最大组成部分，1931年时，在

① 表2中输入包括由外洋输入商品(洋货)和由其他口岸输入的商品(洋货和土货)＋由东北内地相互输入的商品；输出包括输出到外洋、输出到其他口岸＋再出口到外洋、再出口到其他口岸＋东北内地相互出口的商品。

东北7亿海关两的贸易额中,它占了4.7亿(67%),东北海外贸易比东北总体贸易发展得更快,更令人注目!见表3。

表3　1907—1931年东北地区的对外贸易趋势[①]　单位:100万海关两

年份	出口	指数	进口	指数	合计	指数	差额
1907	10.53	100	17.01	100	27.54	100	−6.48
1912	59.27	562	59.80	351	119.07	432	−0.53
1917	96.98	920	101.98	599	198.96	722	−5.00
1922	164.64	1563	121.21	712	285.85	1037	43.43
1927	289.34	2747	179.51	1055	468.85	1702	109.83
1931	322.08	3058	152.68	897	474.76	1723	169.40
增长率	2958.68%		797.58%		1623.89%		

资料来源:根据《中国海关关册》和杨端六等《六十五年来中国国际贸易统计》所制。

1907—1931年,东北地区对外贸易总值增长了1623.89%,其中进口增长了797.58%,出口惊人地增长了2958.68%。[②] 除少数1907年、1908年、1912年、1914年、1917年出现逆差外,其他年份均保持顺差。1927年顺差额最高,达到10983万海关两。1929年对海外进、出口贸易和贸易总值达到了1931年前最高峰,分别为23002万海关两、32857万海关两和55860万海关两。也就是在这一年,东北地区推动全国对外贸易额达到伪满洲国成立前的最高水平。"满洲国"成立后,东北地区的对外贸易不再计入中国的对外贸易统计,中国的对外贸易水平由此而一落千丈。后来又经过了抗日战争,国内战争,中国对外贸易没有相对和平的发展环境,发展比较平稳的典型时期是20世纪初的30年。

---

① 表3中出口包括直接出洋的土货,进口包括由外洋和由通商口岸进口的洋货。

② 因当时国际银价下跌,按海关两计算的东北对外贸易表面增长比实际增长要高。根据当时白银对较稳定的美元汇率计算,东北1907—1931年出口实际增长率是1216.50%,进口实际增长率是286.32%,贸易总额增长率是661.98%,各种实际增长率仍比全国其他地区快。

每个时期东北地区对外贸易增长情况是不同的，根据表3计算可得出1907—1931年东北地区不同时期对外贸易的环比增长率，见表4。

表4 1907—1931年东北地区对外贸易环比增长率 (%)

年份	出口	进口	合计
1907—1912	462.87	251.55	332.35
1912—1917	63.62	70.53	67.09
1917—1922	69.76	18.86	43.67
1922—1927	75.74	48.10	64.01
1927—1931	11.32	−14.95	1.26

如果以每5年为一个时期划分年份，虽然可以避免一些主观因素的干扰，但可能使一些比较典型的贸易年份不够明显，不过这可以使反映的问题更加客观。因1932年“满洲国”成立，只能把1927—1931年四年划为一个时期，这似乎不会影响对结论的判断。由上表可见，东北地区对外贸易发展最快的时期是1907年后五年，其次是20年代中后期，第一次世界大战期间和战后时期。

东北地区对外贸易发展最快的时期是在1907—1912年间。在这一时期，东北地区出口贸易增长4.6倍，进口贸易增长2.5倍，平均每一年的进口额增加一半，而出口额将近翻一番。当时影响东北地区对外贸易增长的主要因素是：(1)东北的“遍地开放”和移民垦荒；(2)近代海港和铁路的出现；(3)东北大豆特产的比较优势；(4)海外对东北大豆的旺盛需求；(5)列强抢夺东北市场。每种因素对东北贸易的影响会因时而变，但各种因素的统一才对东北地区的对外贸易产生决定性的影响。第一次世界大战期间，东北的对外贸易经历了比较曲折的变化。欧洲国家从东北的进口萎缩了，但美、日利用东北豆产为欧洲制造军用品的进口增长了；东北的进口没有像有些人认识的那样相应减少,原因是日本在抢夺东北市场和一部分货物由海参崴及中东铁路运到了俄国。20 年代中后期,东北地区又经历了一个发展的飞跃浪潮。英美等发达国家在一战之后已完全恢复或更加强大,日本、德国等国家也在寻求发展或弥补创伤,东北地区的进出口由此也不断出现新的高峰。然而,东北地区对外贸易的主流是出口贸易,出口贸易又取决于大豆特产。单一产品出口与世界市场的联系越密切,潜在的危机也就越大。由于美国等国相继发展大豆生产,东北豆饼的替代品越来越多,东北大豆的比较优势终于在逐渐消失。但是,"九一八事变"前几十年国外对东北地区特产的旺盛需求,使东北的大豆出口和对外贸易发展毕竟遇到了历史的机遇,其实历史机遇是由许多必要因素共同形成的,似乎不应该全都认为是可遇而不可求的。

2. 进出口商品结构

"九一八事变"前,中国东北地区的进出口商品和商品结构有以下特点:

第一,出口商品以初级产品为主,大豆特产占绝对优势。1907—1931 年,东北主要的出口商品有大豆、豆饼、豆油、煤炭、柞蚕丝、粟、高粱、铁矿石、棉纱、种子、药材、皮革、毛皮、水产品、布匹、服装等。历年来出口最多的是大豆三品(豆、豆饼、豆油),其他产品多为农业初级产品,煤炭等矿产原料的出口也在逐步增加,但比例不大。从总体来看,中国东北 90%左右的出口产品都与占东北人口约 70%的农民有关,见表 5。

表 5　1929—1931 年东北地区主要出口商品所占比重①　单位:100 万海关两

年份	大豆	豆饼	豆油	煤	粟	柞蚕丝	高粱	其他	%	总值
1929	39.78	15.42	5.08	8.83	3.89	2.16	1.81	23.03	100	422.87
1930	29.83	16.91	6.90	9.52	6.33	2.37	1.64	26.50	100	389.98
1931	33.23	16.88	7.76	9.62	2.31	2.51	3.22	24.47	100	473.86

资料来源:《满洲贸易年报(昭和六年)》。

20 年代末,东北地区出口的大豆三品占全部出口产品的 50%—60%,所以,豆产出口的好坏关系到整个出口贸易的兴衰,这就像有关理论所说的那样:发展中国家或地区出口产品单一在国际贸易中会遇到许多隐患,在贸易景气时期出口一般会畅通无阻,可一旦遇到经济危机、贸易不景气就会出现很多困难。解决的办法或是使出口的优势商品不再单一,或是尽量抓住机遇,抢占国际商场,这样才能争取相应的贸易利益。

第二,进口商品多为制成品,棉纺织品数量较多。1907—1931 年,东北地区进口的商品主要有棉织品、棉花、面粉、烟草、麻袋、砂糖、棉纱、钢铁制品、化学药物、纸张、机械、酒和水产品等等。这些进口品大多数是工业产品,但各种商品比例都不大,最多的棉织品在进口贸易中也不到 20%,详见表 6。

表 6　1929—1931 年东北地区主要进口商品所占比重②　单位:100 万海关两

年份	棉织品	小麦粉	烟草	麻袋	棉纱	砂糖	钢铁	其他	%	总值
1929	19.31	7.24	5.29	4.48	3.75	3.10	4.36	52.47	100	322.40
1930	18.33	6.21	6.02	3.40	3.69	3.51	3.69	55.15	100	296.64
1931	13.69	7.39	3.71	7.24	4.04	4.03	3.25	56.65	100	218.94

资料来源:《满洲贸易年报(昭和六年)》。

尽管 20 世纪欧美日等国都不放过中国东北市场,但东北市场

---

① 表 5 中出口商品包括东北对外国、对关内出口和再出口的商品,不包括东北埠际间出口的商品。

② 表 6 中包括东北从外国、从关内进口的商品,不包括东北埠际贸易商品。

对外国商品销售却不理想。最能反映外国代表性的棉纺织业在东北进口的比例只有约20%左右，其中从中国关内运来的棉纺织品比海外进口的还要多，这是日本在华棉纺织业和日本本国及各国运进东北商品竞争的结果。东北普通民众的生活水平十分低下，移民把收入又多带回关内，列强要想扩大在东北的市场显然遇到了困难，他们想让东北民众多买洋货，却想方设法地搜刮民众的钱财，在这种情况下，要想扩大对洋货的需求只能是一相情愿。

第三，从贸易结构来看，东北地区进出口的目的主要是满足生活消费。

在一般情况下，划分商品贸易结构可以用初级产品、制成品区分方法或采取国际贸易标准分类方法。为了清楚说明问题，这里将采取生产资料和生活资料分类方法反映东北对外贸易的特点，有关情况可见表7。

表7　1929—1931年东北地区的进出口商品结构　单位:100万海关两

东北地区的出口商品结构										
年份	生产资料				生活资料				总计	
	化学品、矿产品	金属制品	其他	合计	食品、烟草	纺织类商品	其他	合计	%	总值
1929	12.89	0.21	1.10	14.20	60.48	7.56	17.76	85.80	100	422.87
1930	14.84	0.31	1.15	16.30	56.01	7.99	19.70	83.70	100	389.98
1931	14.66	0.35	1.26	16.27	56.36	7.71	19.66	83.73	100	473.86
东北地区的进口商品结构										
年份	生产资料				生活资料				总计	
	化学品、矿产品	金属制品	其他	合计	食品、烟草	纺织类商品	其他	合计	%	总值
1929	13.53	10.12	5.79	29.44	22.31	35.09	13.16	70.56	100	322.40
1930	14.66	11.30	4.53	30.49	23.51	33.07	12.93	69.51	100	296.64
1931	13.72	9.18	8.73	31.63	23.45	30.73	14.19	68.37	100	218.94

资料来源：根据《满洲贸易年报(昭和六年)》制成。

从上表可见,无论是出口商品还是进口商品,东北地区与海外交易的主要商品都是生活资料。20 世纪末,东北地区出口的生活资料占 85%,进口的生活资料约 70%,出口和进口的生产资料仅占 15%和 30%左右。在这里,生活资料指与人民日常生活密切相关的产品,如粮食、服装、日用品等等,当然也包括小部分与生活相关的工业产品。生产资料指发展工业所需要的产品,如燃料、矿产品、工业制品等等。东北地区虽是生活资料的主要出口地区,但这限于大豆、豆油、高粱、粟、其他豆等作物,与此同时,东北还有不少小麦进口、烟草进口、酒进口、水产品进口,还有更多的棉花进口、布匹进口、棉线进口……这些进口反映出作为农业地区的东北也无法满足自己的各种农产品的需要,这可能是由于先天不足,也可能是由于商品生产专业化的倾向。同时,在东北没有出现近代棉纺织工业前,相关产品的进口主要是补充当地消费的不足,而不是和民族工业竞争。东北地区出口的生产资料多为煤炭、铁矿石、铁、木材等重要的资源型商品,但在出口贸易中所占的比例不大,其中煤炭等产品处于发展时期,潜力很大,有后来居上趋势。东北地区进口的生产资料大都为染料、颜料、机械油、日用五金等小工业商品,科技含量不高,重工业所需的大型设备、机械、车辆很少进口。在这样的进口结构下,东北地区的对外贸易只不过是为了满足现有生活所需,还没有服务于工业化的产业开发。

3. 东北地区各口岸的对外贸易

1861 年牛庄(营口)开埠,几十年后,东北地区才开放更多的口岸。1899 年,大连成为自由港。1907 年,安东、大东沟、满洲里、珲春开埠。1908 年,绥芬河、龙井开埠。1909 年,瑷珲、三姓、哈尔滨等地开埠。随之不久,中国政府相继在东北建立了大连、哈尔滨等海关,对各埠进出口贸易进行统计。在几十年间,东北地区南北各地口岸对外贸易的发展是不平衡的,有“南重北轻”趋势,东部对外贸易更少,详细情况见表 8。

表 8　1909 年、1919 年、1929 年东北地区各口岸[①]的进出口贸易[②]

单位:10000 海关两

年份		南部				北部				东部			总值
		大连	安东	牛庄	合计	哈尔滨	瑷珲	三姓	合计	龙井	珲春	合计	
1909年	出口	2232	115	1225	3572	1972	48	69	2089	—	—	—	5702
	进口	1224	182	704	2110	1458	*	2	1460	—	—	—	3570
	合计	3456	297	1929	5682	3430	48	71	3549	—	—	—	9272
1919年	出口	10857	2092	1049	14000	1240	78	166	1484	108	38	146	15630
	进口	8952	3160	608	12722	1302	2	2	1305	223	70	294	14323
	合计	19809	5252	1657	26718	2542	80	168	2790	331	108	441	29952
1929年	出口	23780	3543	1132	28455	3986	*	—	3986	325	91	416	32857
	进口	15129	4302	1538	20969	1575	2	—	1577	366	90	456	23002
	合计	38907	7845	2670	49422	5562	3	—	5565	691	181	872	55860

资料来源:根据杨端六等《六十五年来中国国际贸易统计》、蔡谦等《中国各通商口岸对各国进出口贸易统计》所制,满洲里、绥芬河等未能列入统计项目。

* 表示不足 1 单位。

由上表可见,东北地区南部三港在东北对外贸易中的比重越来越重要,1909 年时,南部三港占 60%;1919 年时占 89%;1929 年仍保持在 88%。与此同时,北部贸易分别占 40%、9.3%和 9.9%。东北龙井和珲春贸易更少,1919 年和 1929 年只有 1%左右。南部三港在上述时间出现顺差的有大连、牛庄(1929 年例外),逆差的有安东。北部同时期出现顺差的有哈尔滨(1919 年例外)、三

---

① 1922 年,大东沟贸易并入安东关统计,满洲里、哈拉苏苏、绥芬河、哈尔滨贸易并入滨江关统计。

② 表 8 中进口为洋货进口总值,出口为土货出洋值。

姓、瑷珲(1929 年例外)。东部的龙井和珲春基本上都是逆差。与之相应,东北各埠对各国贸易的比重也表现为不平衡,见表 9。

表 9　1929 年东北地区各口岸与主要国家的贸易关系

单位:10000 海关两

国家及地区		大连	安东	牛庄	滨江	瑷珲	三姓	龙井	珲春	%	总值
日本	进口	85.80	6.53	7.66	*	*				100	13370
	出口	65.89	28.71	5.34	0.05					100	12651
香港	进口	85.66		14.32	*					100	642
	出口	82.97	0.81	16.21	*					100	1373
朝鲜	进口	7.29	80.14	0.10	*			9.75	2.72	100	3330
	出口	12.56	50.05	*	*			29.98	7.40	100	1220
俄国	进口	1.58		0.13	98.14	*			*	100	4025
	出口	4.33			95.52					100	1575
英国	进口	99.87	*	*	0.09	0.02				100	2162
	出口	96.38	0.72	2.37	0.53	*				100	967
德国	进口	94.81		0.13	5.04	*				100	139
	出口	89.75	3.48	4.12	2.65					100	853
荷兰	进口	99.99			*					100	2970
	出口	97.06	0.07	2.84	*					100	95
美国	进口	97.80	*	0.02	2.18					100	1022
	出口	85.93	0.32	13.28	0.46					100	2589

资料来源:蔡谦等《中国各通商口岸对各国进出口贸易统计》第 14—39 页。
* 表示不足 0.01%。

在东北地区各口岸对外贸易中,大连是东北地区向日本、香港地区、英国、德国、荷兰、美国出口最重要的口岸,也是东北地区从日本、香港地区、英国、德国、荷兰、美国进口最重要的口岸。在这些国家中,只有日本向大连的出口约占 65%,安东和牛庄分担了另外的约 28%和 5%。其他国家在大连进出口的物资都在 82%—99%上下。除大连外,管理绥芬河等地的滨江关囊括了对俄国进出口贸易的 95%,安东则集中了对朝鲜出口的 80%和进口的 50%。从地理上看,尽管东北地区对外贸易口岸偏重于大连,但绥芬河、安东、龙井等地对俄罗斯和朝鲜贸易也不可取代的。大连成为中国东北第一大港有地理因素、经济因素,也有人为因素。本来,大连海港的繁荣进一步提高了大连和辽东的经济地位,但是,东北主要贸易口岸过多的集中于一个地方,在政治上、经济上、军事上都有它的隐患。

4. 在全国对外贸易中的地位

有人曾经估计,20 世纪初,东北土地仅占全国土地的 1/12,东北人口仅占全国人口的 1/16,可是,在这块新开垦的土地上,曾拥有过全国出口贸易额的 1/3,全国进口贸易额的 1/4。在海外贸易中,"是东北境内,一人之占有额,实为全国中一人占有额之三倍。"[①]东北人为此值得自豪,也值得骄傲,实际上东北人民艰苦劳动付出的代价备尽艰辛,在列强欺凌、官府压迫,财主盗匪宰割面前,人们所劳很难所得,但东北大地和东北人民创造价值、财富的能力已经为海内外所公认。当时,东北地区和全国对外贸易存在着以下关系:

第一,东北地区对外贸易发展速度比全国快,见表 10。

表 10　东北地区与全国对外贸易发展趋势比较[②]　单位:100 万海关两

项目	区域	1907	1912	1917	1922	1927	1931	增长率(%)
总值	全国	693.5	856.2	1040.3	1629.9	1952.7	2357.7	239.9
	东北	27.5	119.1	198.8	285.8	468.9	474.8	1626.5
出口	全国	264.4	370.5	462.9	654.9	918.6	909.5	243.9
	东北	10.5	59.3	96.9	164.6	289.3	322.1	2967.6
进口	全国	429.1	485.7	577.4	975.0	1034.0	1448.2	237.5
	东北	17.0	59.8	101.9	121.2	179.5	152.7	798.2
差额	全国	−164.7	−115.2	−114.5	−320.1	−115.4	−538.7	
	东北	−6.5	−0.5	−5	43.4	109.8	169.4	

资料来源:根据《中国海关统计册》和杨端六等《六十五年来中国国际贸易统计》制成。

① 《中东经济月刊》第 7 卷,第 9 号,第 7 页。

② 表 10 中进口为洋货由外洋进口和由各埠进口之总数,出口为土货出洋值。

1907—1931年，全国对外贸易进出口值和总值分别增长了237.5%、243.9%和239.9%，较以往分别增长2倍。同期，东北对外贸易进出口值和总值分别增长了798.2%，2967.6%和1626.5%，较以往分别增长了7倍、29倍和16倍，东北对外贸易发展速度远远超过全国水平。如果计入白银贬值因素，按美元对东北和全国对外贸易额进行折算①，则全国进出口贸易同期增长分别不到50%，而东北进出口值和总值分别增长了2.8倍、12倍和6倍，这样的速度在全国仍然遥遥领先！在20世纪初，中国的局势并不安定，八国联军侵华，《辛丑条约》的签订，辛亥革命，北洋军阀的残暴统治，军阀混战和割据，日俄战争，外人势力的膨胀和入侵，种种风波和政治变幻东北无不卷入其内，然而，这些因素并没有挡住东北经济和对外贸易客观发展的步伐，也许，经济开发和经济增长的内在因素更有潜在力量。

第二，东北地区对外贸易在全国对外贸易中占有重要比重，见表11。

表11 1871—1931年中国各地区在进出口贸易值上所占的比重 全国总值=100

年份	华中		华南		华北		东北	
	进口	出口	进口	出口	进口	出口	进口	出口
1871—1873	71.8	58.9	25.7	38.5	2.2	2.4	0.3	0.1
1901—1903	59.3	51.2	29.8	40.9	9.2	3.5	1.6	4.4
1909—1911	50.1	49.9	29.2	28.1	10.9	5.2	9.8	16.7
1919—1921	52.1	40.5	18.6	22.9	13.1	10.7	16.2	25.9
1929—1931	57.4	37.1	15.5	14.6	12.4	15.0	14.7	33.3

资料来源：根据严中平《中国近代经济史统计资料选辑》第67页、第68页合编。

20世纪前，东北在全国各大区中的贸易地位排在最后，进出

① 1907、1912、1917、1922、1927、1931年每海关两对美元的比值分别是0.79、0.74、1.03、0.83、0.69、0.34。

口贸易还不到1%。1900年后，东北外贸迅速上升。经历了几十年的发展，到1929—1931年时，东北的出口额已经排在全国第二，居华中之后，进口额排在全国第三，居华中、华南之后。实际上在1931年时，东北的出口贸易已经超过了华中，占全国出口贸易的35%，在全国居于领先。

东北出口贸易之所以后来居上，是当时中国茶叶、生丝贸易已经走向衰落，东北大豆在海外受到欢迎而出现畅销。当时，曾经风靡一时的华茶贸易在印度、日本、斯里兰卡茶叶的竞争中逐渐败北，生丝在20世纪之交曾经畅销海外，不久被日本抢去大部市场，中国东北的大豆在出口贸易的风雨中开始逐渐填补了大宗产品的空白。在这种情况下，中国最重要的出口商品大都与东北地区有关，与此同时，东北地区进口商品品种不仅不集中，而且数量相对较少，见表12。

表12　1928年东北地区在全国八项主要进口、出口商品中所占比重

单位:1000海关担

进口商品		糖	棉花	米	煤油	面粉	棉纱	煤	水泥
全国	数量	14192	1918	12637	263930	5978	284	2154	2390
	%	100	100	100	100	100	100	100	100
东北	数量	1141	116	203	24646	1136	55	194	325
	%	8.04	6.04	1.61	9.34	19.00	19.36	9.01	13.59
出口商品		豆类	豆油	豆饼	生丝	茶叶	蛋	棉花	煤
全国	数量	46821	1592	26882	177	1617	948	3743	7854
	%	100	100	100	100	100	100	100	100
东北	数量	42384	1586	26704	24	1		*	4371
	%	90.52	99.62	99.34	13.56				55.65

资料来源:根据杨端六等《六十五年来中国国际贸易统计》有关资料合编。

*微量

在全国八项主要进口商品中，与东北地区关系最多的商品还不到20%，其他的商品更少；在全国八项主要出口品中，豆类、豆油、豆饼与东北关系最大,都超过了90%,煤的出口东北超过其中一半,因而东北是全国重要的生产和出口地区,而不是重要的进口与消费地区。

第三,东北地区是全国外贸出超最多的地区,见表13。

表13 1871—1931年中国各地区对外贸易的出(+)入(-)超

单位:100万元

年份	华中	华南	华北	东北
1871—1872	-14	+14	+1	-*
1901—1903	-130	-19	-35	+6
1909—1911	-77	-51	-48	+24
1919—1921	-282	-23	-66	+40
1929—1931	-670	-113	-42	+182

资料来源:严中平:《中国近代经济史统计资料选辑》,第68页。

*微量。

从19世纪90年代中叶,中国的对外贸易基本上就转入了连年的对外贸易逆差。20世纪以后,逆差额越来越大。国内传统观点认为,在帝国主义强权侵略和百般勒索下,中国近代经济遭到迫害,主要经济命脉受到控制,帝国主义利用各种不平等条约、利用对华投资和“租借地”对民族经济和中国人民进行压迫,在对中国“给与拿”之间,给得太少了,拿得太多了,中国资本主义只能是发展又不发展。当然,在这种情况下中国的对外贸易只能使中国成为列强的原料产地和商品市场,外贸逆差越大,中国货币支付的也就越多。当时,中国对外贸易的确出现了连年逆差,可是,这种逆差不是鸦片造成的,也不是外国棉纺织品的大量覆盖。相反,当时中国进口的生产资料比例越来越大,许多中国人从国外新产品的进口中找到了生产的方向,摸索到出路,增添了设备和材料,这给中国人带来的影响和生计绝不是以往贸易顺差时用茶叶交换鸦片所能比拟的。然而,对任何国家任何时期来说,贸易逆差不意味着什么都坏,贸易顺差也不意味着什么都好,应就事论事。东北地区在20世纪初虽然很少出现逆差,顺差额越来越大,但货币收入并不一定为东北民众所得,也没有转化为经济发展的民族资本,在很大程度上不过为日本等外国势力谋利做了嫁衣,这种逆差对全国的国际收支并没有什么实际的弥补作用。所以,20世纪全国出现的对外贸易逆差有些因素不一定是坏事,东北出现的对外贸易顺差也不一定全都是好事,但反映出东北的出口能力却让人刮目相看。

二、影响东北地区对外贸易的主要因素

对一个地区进行经济建设和开发,不能单凭主观意愿。经济发展是由许多因素决定的,有些因素是客观具备的,也有些因素靠主观努力。经济发展的效益要看投入—产出之比,投入越小、产出越高,经济发展效率就高;投入大,产出小,经济发展就效率低,也可能事实上就没有什么发展。在这种情况下,合理的经济预测和分析就显得特别重要。否则,对经济发展都没有什么补救,只能是增加各种浪费。近代东北对外贸易的发展之所以令人匪夷所思,主要是当时具备了对外贸易发展的许多主客观条件。东北地区有市场的“遍地开放”,有通达南、北满、连接海口的近代交通,有大豆特产的比较优势,有海外市场对大豆的旺盛需求,产品优势、市场需求、开放环境、交通条件等几乎都具备了。如果不具备这些起码的因素,或者是缺少其一,东北的出口贸易就不会在历史上那样令人注目,这种事例即使不在东北,在其他地区的发展其实也是一个道理。

1. 绝对优势与比较优势

绝对优势和比较优势是国际贸易的基本理论，也是各国进行国际贸易的行动指南。经过一个多世纪的发展，它经历了绝对优势学说、比较优势学说、生产要素学说等理论的相继演进，早已奠定了西方经济学国际贸易的正统根基。许多理论和学说在发展中不可能是"完善"的，但对人类进步和提高并不意味着是没有教益的。

在国际贸易理论的发展中，亚当·斯密认为各国都应该根据自己的劳动生产率进行国际分工，集中力量去生产本国擅长的产品，然后，用本国擅长的产品去交换本国不擅长的产品，这样可以节省劳动，提高劳动生产率，获取更多的贸易利益。在这样的国际分工和国际贸易模式下，本国的生产不仅可以比以往大为增加，而且各国都能够获得比分工前更多的经济利益，从而提高整个社会的生产水平。在亚当·斯密的理论模式下，各国相互贸易的依据是本国的产品与他国相比所具有的"绝对优势"。"绝对优势"是斯密国际贸易理论的前提，但斯密没有能解决一个国家在国际贸易时没有自己最擅长的产品该怎么办。大卫·李嘉图认为，即使一个国家没有自己的"绝对优势"产品，只要自己的产品与海外的产品相比有相对的"比较优势"，仍然可以从事国际贸易，并从中得到利益。按照李嘉图的原则，可能某国所产的各种产品都比对方国家差，耗费的劳动也比较多，拥有的劳动生产率低，但只要选择自己劳动生产率相对较高的产品实行集中的专业化生产，再与对方国家最具有优势的产品进行交换，仍然可以提高本国的劳动生产率,获取比分工前更多的贸易利益。而且,在这种劳动生产率明显差异的不同国家实行国际分工,劳动生产率较低的国家获取的贸易利益比生产率较高的国家还大。20世纪初,赫克歇尔、俄林在"绝对优势"和"比较优势"的基础上又提出了生产要素资源禀赋说,认为各国在国际贸易中表面上交换的是商品,实际上是在相互交换生产要素禀赋资源。生产要素禀赋资源是人类从事生产和维持生存的基本要素,如劳动力、资源、资本或技术。由于各国各种生产要素资源丰裕或稀缺程度是不同的,有的国家可能劳动力要素丰裕,有的国家可能资本要素更多,也有的国家可能土地要素具有优势,所以各国自己生产的优势产品实际上包括了本国生产要素资源禀赋的特点。因此,在表面上,国际贸易各国相互交换的是商品,实际上是通过包含不同生产要素的商品在相互交换不同的生产要素资源,使自己较多的生产要素资源得以输出,而稀缺的生产要素资源得到补充。如缺少资本和技术的国家往往输出劳动、土地资源优势的产品,缺少劳动、土地资源的国家会大量出口资本和技术资源型的产品。这样,各国相对稀缺的生产要素资源通过国际贸易相应都得到了补充,使各国相互的生产要素资源比例最终趋于平衡,参与国际贸易的国家都可以在整体上得益。

当然,上述国际贸易学说在证明时都运用了一系列的假设①,表明这些原理有前提条件。但绝对优势和比较优势理论的意义是明显的,它要求各国弄清自己产品的国际地位,尽量地扬长避短,

① 如比较优势理论证明的假设为两个国家、两种同类无质量差别的商品、两国劳动力不能在国际上流动等等。

以此制定并采取相应的发展战略。近年来,国际上分析各国比较优势的具体方法一般有显示比较优势指数法和净出口指数法。显示比较优势法指数是指一个国家某种商品占其出口份额与世界该类商品占世界出口份额的比率,即:

比较优势指数[①]=(某国某种商品出口值÷某国所有商品出口值)÷(世界某种商品出口值÷世界所有商品出口值)

净出口指数通常是指一个国家某种商品的出口减去进口再与该类商品贸易总额的比率,即:

净出口指数[②]=(某国某种商品的出口－某国某种商品的进口)÷(某国某种商品的出口＋某国某种商品的进口)

十分明显,近代中国是土地、人口要素相对丰裕的国家,同时也是资本、技术稀缺的国家。东北地区的对外贸易已经显示了初级产品出口、制成品进口的贸易格局。东北的大豆应该不仅拥有比较优势,而且拥有绝对优势。根据净出口指数法进行相应的计算,东北大豆的进口数为零,那么出口数多少就不重要了,最后计算的指数为1,即东北为该种商品净出口地区。

然而,仅凭正统的数据分析并不足以对东北大豆的绝对优势做出较多认识。东北大豆出口在历史上的绝对优势还在于它具有如下因素:

第一,东北大豆的天然品质高。当时,出产大豆的有中国、朝鲜、日本、美国、欧洲等国,但唯独东北大豆品质最佳,见下

① 如指数大于1,则该种商品有显示比较优势;如指数小于1,则该种商品没有显示比较优势。

② 如指数为－1,则为净进口国;如指数＝1,则为净出口国。

表 14。

表 14 各国大豆化学成分分析

品种	水分%	粗蛋白	粗脂肪	碳水化合物	粗纤维	灰分
日本大豆平均	11.92	37.51	18.02	24.75		3.70
北海道吉冈大豆	9.18	31.88	19.36	27.82	4.10	5.31
东北主要大豆平均	8.60	42.84	19.78	—	6.46	—
东北混保一等大豆	12.16	37.12	17.49	28.64	—	4.59
美国大豆平均	39.20	1.80	—	—	—	—

资料来源:向井清二:《满洲大豆及其制品》,第 27 页。

东北大豆在决定大豆主要素质的蛋白质、脂肪、碳水化合物等比例中所占最高,同样的大豆,如果出之东北,给人们带来的营养最多,口感也最好。

第二,东北大豆单位面积产量大。尽管主要资本主义国家已经把农业机械、化肥用于农业生产,但粗耕漫种的东北大豆单产仍为前者所不及,见日本东亚研究所统计的 1925—1929 年各国各地区大豆单产①:

国家和地区	每公顷大豆产量(公担)
欧洲	—
奥地利	11.6
苏联	8.4
北美洲	
美国	7.8
亚洲	11.9
中国	—
朝鲜	7.0
台湾	5.5
印度尼西亚	5.8
日本	10.7
“关东州”	6.7
东北	13.6

① 东亚研究所:《世界农产统计》,岩波书店昭和十八年版,第 62 页。

东北有适于大豆生产条件的自然气候，有大片新开发的黑土地，大豆单产面积为世界之最，由此而自然降低了大豆的生产成本，使大豆有条件趋于物美价廉。

第三，东北大豆生产剩余多。"满铁"调查课的《满洲的农业》认为：1932 年前东北主要农产品商品化率大豆为 80%—83%、小麦为 79%、高粱为 40%—42%、玉米为 35%—36%、谷子为 20%—22%、其他谷类为 15%—17%，以上平均为 53%[①]。不过，这一估计的有关比例过高，也没有充分说明依赖的根据。据 20 年代的有关调查，东北民众每人每年平均需要消费大豆为 8 升（奉天升，每升重4.658公斤）。奉天、公主岭等地人均豆油消费的大豆至少为 2.5 斤（奉天斤，每斤 1.25 公斤）。按北京邮政总局所调查的人口统计，东三省人口共约 2218 万人，加上《满蒙大势》所载的东北家畜饲料大豆消费额和平均每亩耕地 2.4 升（奉天升）的种子量，当时东北大豆的各种支出是[②]：

输出	21104400 担
输出豆油的原料	26030000 担
民食消费	15837100 担
家畜饲料	4960450 担
种子	7552090 担
共计	75484040 担

由上比较，东北大豆用于输出的商品化率约为 60%。虽然各地情况不一样，各时期情况也不一致，东北大豆确实是大多数为市场而生产的，而农产品的大量剩余是农业初级品出口的必要条件。

---

① 《满洲开发四十年史》上卷，第 565 页。

② 《东省经济月刊》，第 4 卷，第 7 号，第 7 页。

第四,东北大豆价格低廉。东北大豆不仅天然品质高,产量多,剩余大,在价格上比海外最有潜力的美国大豆还有竞争力。见下所示[①](每百斤大豆日元价):

	美国农场大豆价格	美国大豆市场价格		东北大连大豆市场价格
		工业用	种子用	
1925 年	9810	9920	11500	6393
1926 年	8970	8400	10200	5375
1927 年	7990	7640	7980	6128
1928 年	7990	?	8620	6149
1929 年	8300	?	11240	4849

美国大豆在当时还无法在价格上与东北大豆竞争,特别是有些年美国工业用途和种子用途大豆卖得市场价比农场价还低,出现了亏损的迹象,但价格还是没法与东北大豆抗衡。尽管从美国运豆到欧洲航程比从中国东北近了不少,但美国大豆的市场价格还是比中国东北大豆高得多。

2. 海内外的市场需求

中国大豆的历史可追溯到公元前 2800 余年的《神农本草》。西周至春秋时代,《诗经》就记载"中原有菽,庶民采之"。在中国东北(吉林永吉)考古发现的大豆的碳化种子比中原地区的有关文物还早 400 年。[②] 约在公元前 200 年秦朝时,大豆生产技术曾传到朝鲜、日本,后来又传到印度支那半岛和南洋国家。大豆的食用和种植历史虽然较早,当时却仅限于亚洲,欧洲和美洲人很少有人知道大豆,甚至只知道它是亚洲人作酱的一种原料[③]。营口在

① 〔日〕向井清二:《满洲大豆及其制品》,岩松堂书店昭和九年版,第 80 页。

② 《大豆科学》,1994 年 B 卷,第 1 期。

③ 陈重民:《今世中国贸易通志》第 2 编,商务印书馆民国十三年版,第 88 页。

1858年被列为商埠时，条约曾经禁止外国船只载运大豆出口。1862年，有关禁令部分解除，大豆可以运到中国南方沿海。1869年，大豆才可以向外国出口。到20世纪初时，欧洲、俄国、日本对东北大豆需求极大，否则，东北大豆也难以大规模进入世界市场。

1893年，维也纳召开万国博览会，中国、日本代表团在会上都展示了大豆。作为欧洲人所不大了解的新产品，与会者对大豆很感兴趣。奥地利科学家 Haberland 详细研究了大豆成分，“将其调查研究之结果，公布于世，因唤起欧美诸国人士之注意，”[①]其实，早在18世纪时，中国大豆已经传到欧洲。1714年，德国开始试种大豆。1740年和1790年，大豆还出现在巴黎和伦敦。欧洲科学家已经发现大豆与落花生、棉籽、亚麻仁、棕榈核、椰子实等传统植物制油原料相比，矿物质和蛋白质含量都居领先，其营养成分不在其他油料之下，是欧洲人没能大量引进和消费的新产品。在此前后，因气候或地理关系，欧洲各国对大豆增产的努力相继失败，大豆秧苗可以活在实验室，却很难活在普通的农田。

1908年2月，英国轮船格列聂斯克满载着上百吨大豆由海参崴开进伦敦港，这次航行不仅是“东省大豆输往欧西之始”，也揭开了东北大豆和大豆制品大量输往俄国和日本的序幕。欧洲、俄国、日本市场对东北大豆需求潜力很大，在东北交通、口岸开放、移民和耕地增加等一系列因素成熟后，日本三井物产株式

① 《东省经济月刊》，第4卷，第7号，第3页。

会社和俄商那坦松相继把大豆推向欧洲，把握了这些商机，随后，东北大豆、豆饼和豆油持续不断地涌向欧洲、俄国和日本市场。

欧洲许多国家之所以对大豆需求旺盛，主要是出于传统制油原料短缺，对新产品的向往，工业发展对原料产生的急需。东北大豆运到欧洲后，被“悉数用作制油原料，与亚麻仁、椰子实、落花生等制油品并驾齐驱，在各国制油工业中占重要位置”。[①] 有人计算，1922 年，大豆在欧洲制油原料中的比例为 6%，1930 年，上升到 22%，仅比亚麻仁少 2%。[②] 20 年代末，在各国各种制油原料比例中，大豆在英国占 12%，在德国占 38%，在意大利占 17%，在丹麦和瑞典占 58%。[③] 消费大豆最多的国家是德国，其次是丹麦、英国等，见表 15。

表 15　欧洲国家消费东北大豆比较　　单位:1000 吨

国别	1922		1925		1928		1931	
	数量	%	数量	%	数量	%	数量	%
英国	59	23	164	24	194	14	112	8
德国	89	34	342	48	848	59	1015	68
丹麦	79	30	108	15	215	15	242	16
荷兰	5	2	36	5	18	1	32	2
瑞典	28	11	55	8	90	6	0	0
奥地利						0	31	2
法国					8	1	11	1
意大利					64	4	40	3
合计	260	100	706	100	1438	100	1483	100

资料来源:《满洲经济年报(1933 年版)》,第 396 页。

20 年代，德国的制油工业在欧洲规模最大，当时已有制油工

① 《中东经济月刊》,第 7 卷,第 8 号,第 13 页。
② 同上,第 16 页。
③ 同上,第 18 页。

厂500多家，资本7.5万马克，流通资本20万马克，总贸易额达到75—80万马克[①]。第一次世界大战前，德国油脂工业多趋于工业用途；战后，人造酪增加，德国油脂产品既用于工业，又趋于消费，用途出现多样化。随着传统的亚麻仁、棕榈核等制油原料越用越少，物美价廉的东北大豆不断涌入德国市场。当时德国制油非常精细，产品质量优良，一部分产品还向欧洲其他国家输出。但据中国海关记载，20年代荷兰是从东北输入大豆最多的国家，这可能当时确实是荷兰对东北大豆需求比较多，也可能是就近把大豆转口给了德国。

欧洲进口东北的大豆多用于制油，直接进口豆油的数量也不少。本来，欧洲人嫌东北豆油制作不精，宁可自己来榨油，但远洋运送豆油确实比大豆经济得多，比较之下，在“九一八事变”前，东北大豆和豆油的最大市场位于欧洲。

俄国虽然有广阔的领土，但长期以来俄罗斯远东和西伯利亚地区比较缺粮，对华贸易因此和上述两个地区有重要联系。1907年，俄国从东北输入粮食1.6亿斤，1908年输入2.66亿斤，1910年输入3.66亿斤[②]，在这些粮食中，很大的一部分就是东北的大豆。中东铁路公司采取以“海参崴中心主义”后，东北北满部分豆产就开始被吸引到海参崴，历年经绥芬河出口的东北大豆三品与大连比较如下[③]（单位：1000美吨）：

① 《中东经济月刊》，第8卷，第2号，第45页。

② 米丁斯基：《用西伯利亚粮食和肉类供应远东问题资料》，第29页。转引自孔经纬：《东北经济史》，第114页。

③ 见《满洲贸易年报（昭和六年）》，南满铁路株式会社昭和七年版。

	大豆		豆饼		豆油	
	大连	绥芬河	大连	绥芬河	大连	绥芬河
1916年	883.9	301.5	94.1	74.8	14.4	3.7
1919年	1614.5	65.8	247.2	33.2	50.0	0.7
1922年	1434.6	390.1	212.1	173.9	14.5	13.9
1925年	1829.7	554.1	358.3	105.7	9.7	33.6
1928年	2512.1	974.4	306.4	472.9	21.9	14.9
1929年	3174.1	530.4	367.2	316.7	48.2	2.6
1931年	2361.8	904.9	163.0	576.9	60.9	9.5

上述从绥芬河出境的东北豆产虽然没有大连的多,但大都经过海参崴向海外出口。俄国当时工业很不发达,对中国的贸易也没有什么商品出口,对华贸易连年逆差。可是,在俄国中东铁路公司的控制下,经海参崴的转口贸易却很发达,除少量产品运往日本外,几乎大部分产品都运到了欧洲各国。

实际上,对欧洲的东北大豆出口基本上是日本商社操纵的,日本商社在大豆三品出口中都占有优势,在豆油、豆饼出口中优势更大。除了向欧洲转口大豆、豆油以谋利外,日本非常需要东北的大豆和豆饼,因为这关系到日本百姓寻常的"菜篮子",涉及日本的农业生产和经济命脉。日本大豆的消费量很大,可国产数量不能满足需求。1911—1916年,日本平均国产大豆457千吨,对大豆的需求是670千吨;1926年,日本国产大豆386千吨,需求是983千吨;1931年,日本国产大豆320千吨,需求是1073千吨。日本本土所产的大豆越来越少,由需求的68%降到了不到30%,大豆仅从东北进口的从100多千吨增加到500多千吨①。日本之所以这么需要大豆,是大豆三品既是日本的生活必需品,也是农田必须的生产资料。在日本,大豆的各种用途比例

① 〔日〕向井清二:《满洲的大豆及其制品》,第70页。

(以1927年为例)①如下：

味噌(豆酱)	22.7%
酱油	22.7%
制油原料	21.6%
豆腐	15.4%
种子	1.4%
饲料	6.2%
其他食料	6.1%
其他	2.8%
肥料	1.1%

当时普通日本人日常食品主要包括米饭和酱汤，20年代，日本人不仅食用大豆的一多半要从东北进口，而且天天离不开进口产品，就是日本的稻米也得益于东北的豆饼。19世纪前，日本农民主要的农田肥料是鱼渣和堆肥。甲午战争后，日本开始从东北进口豆饼，"其迟效型好，适用于水稻，农民喜欢使用"，物美价廉的豆饼很快淘汰了原来的鱼肥。一直到"九一八事变"前，豆饼都是日本农业肥料的主力，常占日本各种肥料市场的70%上下，少时也有60%，②东北出口的豆饼几乎全部被发往日本，"成了日本所谓多肥农业的宠儿"。③

1931年，欧洲国家、俄国、美国和日本进口东北大豆三品的情况如下表16。

表16　各国各地区对东北大豆、豆饼、豆油的进口比例　单位：10000海关两

商品	日本	朝鲜	香港	俄国	英国	德国	荷兰	美国	其他	%	总值
大豆	28.22	0.46	1.99	24.31	7.87	1.97	21.02	0.01	14.15	100	12070
豆饼	65.17	6.55	0.00	22.50	0.82	1.60	1.22	1.34	0.80	100	5564
豆油	0.75	0.13	0.76	6.69	31.36	1.50	55.20	2.21	1.39	100	1710

资料来源：根据《满洲贸易年报(昭和六年)》制成。

① 〔日〕向井清二：《满洲的大豆及其制品》，第72页。

② 同上，第209页。

③ 《满洲开发四十年史》上卷，第548页。

经历了20多年的豆产贸易繁荣,1930年,日本、俄国、荷兰进口大豆最多;日本、俄国进口豆饼最多;荷兰、俄国进口东北豆油最多。在东北大豆三品中,出口价值最多的是东北的未加工大豆。当时,各国对东北豆产的需求虽然呈现出了不同的变化,但这些需求同样关系到东北豆产出口的兴衰,也会影响到东北大豆出口和生产的命运。

3. 近代交通的作用

地理大发现曾经使国别贸易、洲际贸易走向世界,东北中东铁路、大连等港湾的修建同样为东北经济和贸易的发展提供了相应的条件。20世纪20年代,中国《商业月报》为此曾评论道:

> 豆之大宗产地为东三省,当其地铁路尚未建筑之时,豆及豆制品之输出,为数极微。在一八九零年,所有豆及豆制品之输出总额仅值三十七万一千两。自后以铁路之建筑逐年增加,豆及豆制品之输出,亦逐年增加。一九零零年,输出总额为五百四十六万八千两,一九一零年为三千六百六十九万二千两,一九二零年为六千九百六十一万九千两……一八九零年至一九二零年仅三十年,其间豆及豆制品之输出,剧增至一百八十七倍有奇。[①]

近代交通对经济和贸易的影响十分重要,一个国家或地区交通越不发达,经济水平和贸易量就越低。没有近代交通,可能有的大宗商品也运不出去,所需要的大宗商品也运不进来。不仅会限

---

① 《商业月报》第8卷,第4号。转引自李文治:《中国近代农业史资料》第二辑,第133页。

制当地与外界的经济联系，同样会限制当地经济只能在狭窄的范围内自身循环。在缺乏近代交通的环境下，要想提高经济水平，加强与外界的贸易交流，就要在交通上耗费大量的劳动。然而，一个国家或地区的商品所包含的运输费用越多，在国际市场上的同类商品竞争力就越差。国际贸易得不到发展，经济水平也就得不到相应的提高，不仅对外贸易无法适应国际经济发展的环境，自身经济也可能蹈入恶性循环。交通发达则可以降低商品成本，加速流通，促进经济增长，调节经济布局和经济规模，有利于国内外商品交流和竞争，改善各种商品和经济结构，提高国际贸易量和总的经济水平。与此同时，近代交通还可以通过经济发展取得补偿和提高，两者相辅相成。

20 世纪初，东北已经出现了近代铁路和海港。不管当时修路本意如何，中东铁路和随后的南满等铁路有利于东北的移民和垦荒，促进了商品经济的发展，使东北对外贸易的扩大成为可能。随着东北铁路营运里程的不断增加，东北主要产品大豆的产量和上市量都在提高，见表 17。

表 17　“满铁”输送谷物量增加指数

年份	大豆	豆饼	小麦	高粱	谷子	玉米
1910	100	100	100	100	100	100
1914—1917 年平均	159	119	83	321	149	258
1924—1928 年平均	335	208	93	893	1428	646
1929—1931 年平均	402	189	11	569	1011	395

资料来源：〔日〕铃木小兵卫：《满洲的农业机构》，第 201 页。

1903—1930 年，东北铁路里程由 3377 公里增加到 6507 公里，前后增长了 92%。“满铁”控制的铁路里数也增长一倍以上，而运送的大豆、豆饼、高粱、谷子等在 1910—1931 年间大约分别增长了 3 倍、89%、4 倍和 9 倍，增长速度比铁路快。与此同时，中东

铁路谷物运输也出现了明显的快速增长,见下所示[①]:

年份	数量(千吨)	指数
1903	113	100
1905	52	46
1915	881	779
1916	778	688
1917	1042	921
1928	3551	3140
1929	3678	3252
1930	2107	2394

近代铁路的营运里程不仅是东北对外贸易的重要因素,铁路管理方式和制度的更新也有很多借鉴作用。1919 年 12 月,“满铁”开始实行大豆的混合保管制度,加快了大豆的铁路流通,增进了大豆的质量。在大豆混合保管制度下,“满铁”规定:在大连码头、辽阳、烟台、苏家屯、奉天、新台子、铁岭、开原、昌图、双城子、四平街、郭家店、公主岭、长春、营口、抚顺等车站可以办理大豆混保。在大连、安东、营口、普兰店可以办理大豆出库车站。大豆商人出口的大豆只要经过检验合格,交纳一定的费用,把大豆交到上述某一混保车站,不用再等待铁路的实物运输,就可以在出库车站收到相应等级的货物,从而既保障了所得大豆的品质,又提高了流通速度,对车站和货主都提供了方便。

大豆混保是否可行,关键在于质量检验、检验费用和车站管理。质量检查不严格,费用太高或车站保管大豆不善,都会使制度遭到破坏,使混保有名无实。“满铁”的大豆检验要求满铁检查员和业主组合代表作为会同者共同参加,把大豆定为特等品、普通品、等外品三个标准,大约以货物的一成为样品,检查与样品质量

① 《满洲经济年报(1933 年版)》,第 143 页。

相同或超过样品质量的为合格，大豆的包装也要定出品级。当时，大豆的检查费和保管费都不算高，检查时每批一成大豆（30 袋）为 2 日元，全部检查为 10 日元。每批大豆（320 袋）入库 30 天为 3 角，60 天为 6 角。采取大豆混保制度以后，相关车站都出现了与对外贸易相关的仓储机构，"满铁"对东北出口贸易的控制得以进一步加强。

在"满铁"对混保大豆的严格检验下，大豆混保制度开始出现成效，混保范围在不断扩大，由南满铁路逐步发展到沿线铁路和适用于中东铁路、四洮铁路、吉敦铁路和沈海铁路等。为了普及混保制度，满铁还采取发放奖金和相应的运费政策。在大豆混保制度下，不排除有些事是不尽人意的，但对大豆出口商来说，不用像以往那样需要等待时间把大豆发到港口，办保之后即可提货；铁路也不必像以往那样穷于应付运货，可把大豆有计划、有效率地发往海口。特别是通过混保质检，能促使生产者按国际化标准改进生产，提高商品质量观念和生产水准，由此落后的生产者日子将更加难过，而优质的产品实际上得到了鼓励。

在当时的情况下，制成品或高技术产品所包含的运费比例较低，初级产品或低技术产品所包含的运费较高。据"满铁"统计，30 年代，发往大连的大豆有 42.7％被用作铁路和水运的运费，见表 18。

表 18　大豆价格中各种费用的比例

"满铁"一车大豆价格	2810.67（日元）	比例 100％
农民纯收入	99.60	32.8
粮栈所得	334.40	11.9
出口商所得	167.20	5.9
松花江水运费用	392.70	12.9
中东铁路运费等费用	399.70	14.2
"满铁"运费	438.30	15.6
麻袋及其他杂费	188.90	6.7

资料来源：《满洲开发四十年史》上卷，第 564 页。

“满铁”关于大豆价格中各种费用比例的计算只是泛指平均情况，据海口距离远，路途不便时大豆运费会相应提高，据海口近，交通方便时大豆运费会相应降低。在这样的情况下，“满铁”会及时控制大豆的各段运费。从“满铁”和中东铁路公司的角度来看，日、俄势力已经控制了东北的主要交通，实际上就控制了大豆的价格。从东北出口贸易方面来看，占大豆价格40%以上的运输费用正反映了运输条件的至关重要。

4. 经济危机的影响

一个国家或地区与世界市场的联系越密切，受世界经济的影响也就越大。无论自己的主观努力如何，对外贸易都要受国外经济景气或恐慌的制约。进出口是国内外经济信息相互反馈传播的媒介，制成品贸易受到世界经济的影响较快，而初级产品贸易所受影响一般较慢。

经济危机一般都源于商品供求关系过于失衡，商品求大于供会使价格上升，商品供大于求会使价格下降，通货膨胀和通货紧缩会随之而来，使经济状况和生活水平受到严重影响。

1929年，世界经济危机爆发，各国生产相对“过剩”，贸易趋于低迷，对国外需求下降。东北的对外贸易也受到打击，出口受阻，汇率波动。经济危机不仅使东北经济和对外经济联系遇到新矛盾，也激化了原有的旧矛盾，新旧矛盾加剧了东北经济的危机，使东北普通民众生活水准所受打击最大。

在世界经济影响下，各国经济普遍萎缩，购买力下降，相继用关税或政策保护市场，东北大豆、豆饼和豆油的出口也遇到困难。本来，东北大豆约有一多半被运到欧洲，其中多数被发往德国用于制油原料或饲料。德国亨扎·米尔等垄断资本控制了德国的大豆制油业，也左右了英国伦敦等大豆市场。德国进口的东北大豆在油坊榨油，豆饼被作为最佳饲料用于农业消费，豆油则用来制作人造奶油（约占45%）、食用油或肥皂，除德国人消费外，还出口一部分到欧洲其他国家。由于这些产品与德国和欧洲民众日常消费关系比较密切，随着德国人或欧洲人购买力的逐步下降，东北大豆最大的欧洲买主不断压低进口豆价，危机由此被一步步转嫁到中国东北地区。

如果仅看表面现象，除个别几个年份外，当时东北大豆三品出口数量并没有明显减少，见下所示（单位：1000美吨）[①]：

年份	大豆	豆饼	豆油
1928	2432995	1770411	131896
1929	2975630	1556601	110019
1930	2235298	1515560	135187
1931	2476665	1658065	145188
1932	2571206	1561796	149780

1928—1932年间，东北大豆出口在1929年后出现了下降，1930年即达到最低点，1931年后略微上升；豆饼出口在1930年后出现下降，1931年略微上升；豆油1929年出口低迷，后来又有所上升。实际上，东北大豆的价格一直在下降，而在大豆出口中东北民众的所得并没有得到相应的增加。见下所示[②]：

年份	大豆价格指数
1929	100
1930	74
1931	—
1932	64
1933	40

与此同时，与出口相关的东北农产品价格都在下跌，见表19。

① 《满洲经济年报（1933年版）》，第226—227页，1美吨等于907公斤，原文单位有误，应为1美吨。

② 〔日〕铃木小兵卫：《满洲的农业机构》，第246页。

表 19　大连东北农产品批发物价指数

品种	1929 年	1930 年	1931 年	1932 年	1933 年
大豆	100	63	44	89	78
高粱	100	58	40	55	57
谷子	100	51	48	64	67
豆油	100	69	43	84	80
豆饼	100	61	45	84	73

资料来源:《满洲开发四十年史》上卷,第 563 页。

从上表看,东北地区对外贸易“窗口”大连农产品批发物价指数在 1931 年降到最低,连 1929 年物价水平的一半都不到。如果当年东北地区的出口贸易为一半出口数额,就等于东北地区多出口了一倍的产品,才拿到相当于 1929 年时的收入。与此同时,即使大豆不降价,中国海关两对金本位国家的汇率下降得也非常快,使以海关两计价的中国出口商品变得越来越不值钱,见表 20。

表 20　中国海关两对日元、美元汇率　　单位:每海关两

年份	日元	指数	美元	指数
1929	1.38	100	0.64	100
1930	0.92	67	0.46	72
1931	0.69	50	0.34	53

资料来源:《满洲经济年报(1933 年版)》,第 229 页。

在经济危机之中,从表面上看,东北大豆等农产品的产量和出口量除个别年份似乎减少不大,但农民的农产品收入却出现锐减,见表 21。

表 21　东北地区单位面积农产品收获物价　　单位:每町步日元

年份	大豆价格	大豆指数	高粱价格	高粱指数	谷子价格	谷子指数
1910	40.72	23	43.82	34	38.44	16
1924	178.06	100	126.43	100	234.98	100
1929	119.60	67	97.86	77	146.05	62
1930	86.05	48	71.32	56	88.98	38
1932	68.87	39	44.65	35	67.62	29
1933	46.13	26	28.87	23	40.64	17

资料来源:〔日〕铃木小兵卫:《满洲的农业机构》,第 251 页。

与1929年相比,1933年东北大豆收获物价只相当于1929年的38%,高粱和谷子分别相当于43%和27%。与1924年相比,东北大豆收获物价只相当于1924年的26%,高粱、谷子则相当于当时22%和17%。由此可见,东北普通农民所遭到的赔累要比大连批发物价指数所反映等情况还要严重。大连批发物价实际上包含了东北农产运到大连的费用和收购后的费用,而后两者正是"满铁"等铁路和中间商向东北农民转嫁危机的主要因素。

如果大豆价格趋低而铁路运输价格不作调整,铁路就会把经济危机带来的损失转嫁到大豆生产者和中间商身上,或相应把自己的损失减到最小。在世界经济危机期间,"满铁"并没有像它的主要货源大豆那样自身亏损严重,铁路利润虽然少了,但总能保持盈利,见下所示①:

"满铁"历年营业情况比较 单位:日元

内容	1929年	1930年	1931年
收入总额	240998062	188104063	187054402
其中铁路	122103743	95330730	85476298
支出总额	195492205	166430601	174455782
盈利	40505857	21673462	12598620

除铁路转嫁危机外,中间商对农民的盘剥也非常严重。仅就当时东北农村的赋税而言,吉林省的赋税有:(1)谷物税2%;(2)卖谷税2%;(3)地方税0.5%—3%;各种税金合计约10%。黑龙江省的赋税有:(1)作谷税2.8%;(2)搬出税2.8%;(3)地方税2.3%;(4)特别区警察税,每千普特货车付税6元;(5)沿边搬出税等。其各种税金约达10%。这些赋税均向出口商、中间商或收购

① 《满洲经济年报(1933年版)》,第263页。

商征收，而这些人会把税负直接转嫁到农民身上。当时上述税收黑龙江地区的3.6%—3.8%，吉林地区的4%会由收购商在向农民支付货款内直接扣除，其他约6%也会由中间商、出口商在货款中相应地扣除。本来在经济危机下农民生产的所得已所剩无几，又被“满铁”和各种商人转嫁危机，“满铁”等运输公司和各种商人的损失减到最小，而在经济危机中广大普通劳动者则受害最大。

总而言之，东北出口贸易与1929年的世界经济危机表现为：初级产品出口数量下降不会像价格下降那样明显，可能有时还会上升；生产者的实际收入会因商品价格和汇率变化大大减少；国内外资本家和商人会利用不同手段向普通劳动者转嫁危机，从而在新的矛盾出现下还会激化原有的社会矛盾。

三、对外贸易与东北地区经济的演变

1907—1931年，东北地区与世界市场联系逐步加强，出口贸易前后增长了29倍，进口贸易前后增长了7倍，在全国对外贸易中持续保持顺差。“九一八事变”前，对外贸易给东北地区经济带来了许多“繁荣”，促使东北人口增长，耕地增加，农业经济步入商品化生产，许多资源得到利用和开发。但是，东北地区的经济发展也出现了许多局限。初级产品出口只能带动相关产业的发展，却很难促动整个经济的变化。外国在华势力和国内官、商阶层在东北地区巧取豪夺，造成东北地区贫富分化加剧，民众苦不堪言，生活消费和生产消费水平极低，巨额顺差既没有给东北经济发展积累资本，又没有为初级产品出口向进口替代、出口替代等较高层次过渡创造条件。东北人民和东北劳动者的所劳不能所得，经济发展方向受日本等在华势力的控制，反而被外力“牵引”和从属于外国资本。

1. 初级产品生产出口格局的形成

近代东北人民被给予的少，付出的多，经过20多年的特产及各种农产品出口，东北地区已经形成了以大豆及大豆制品为主的农业初级产品产、销基地，地区性商品化程度在全国各地区领先。1931年，东北地区有可耕地30169260陌[①]，其中已耕地13968420陌，未耕地16200840陌，已耕地占可耕地的46.3%，未耕地占可耕地的53.7%。东三省具体耕地情况见表22。

表22　1931年东三省耕地情况表　　单位：陌

		奉天省	吉林省	黑龙江省	总计
总面积	平方里	12008	17360	37774	67142
可耕地	陌	18506800	26755300	58217410	103479510
	已耕地	4673930	5218610	4075880	13968420
	未耕地	1725720	5673190	8801930	16200840
	合计	6399650	10891800	12877810	30169260
不可耕地		12107150	15863500	45339600	73310250
总面积和耕地之比(%)	可耕地	34.6	40.7	22.1	29.2
	不可耕地	65.4	59.3	77.9	70.8
	已耕地	25.3	19.5	7.0	13.5
	未耕地	9.3	21.2	15.1	15.7
可耕地和未耕地之比	已耕地	73.0	47.9	31.7	46.3
	未耕地	27.0	52.1	68.3	53.7

资料来源：《满洲产业统计(昭和六年)》，第2—3页。

① 一陌等于10000平方米或0.000648平方里，即等于一公顷。见《满洲产业统计(昭和六年)》，第6页。

经过几十年的努力,1931年,东北地区占总面积近30%的可耕地已开垦出13.5%(根据《满洲产业统计(昭和六年)》说法),按当时各省行政区划,奉天省已开发的耕地最多,吉林次之,黑龙江最少。但是,包括未耕地在内的可耕地面积却以黑龙江最多、吉林次之,奉天省最少。相比来看,东北地区仍有一多半可耕地还没有得到开垦,农业土地开发潜力仍然很大。

尽管奉天省已耕地面积比吉林、黑龙江多,但农业耕种面积和产量仍以吉林最高,见表23和表24。

表23　1931年东三省农作物耕种面积　单位:陌

		奉天省	吉林省	黑龙江省	总计
普通作物	大豆	960030	1902210	1338350	4200590
	其他豆	158760	114650	40080	313490
	高粱	1593160	926940	460390	2980490
	谷子	610860	924280	697180	2232320
	玉米	504470	320010	163230	987710
	小麦	119220	565540	901400	1586160
	水稻	43290	34330	4180	81800
	陆稻	51620	58680	8200	118500
	其他杂粮	442340	345140	444710	1232190
	计	4483750	5191780	4057720	13733250
特产作物	蚕茧	32150	17360	4380	53890
	棉花	38730			38730
	其他	157030	60280	13780	231090
	计	227910	77640	18160	323710
合计		4711660	5269420	4075880	14056960

资料来源:《满洲产业统计(昭和六年)》,第10—11页。

在普通作物中,吉林省大豆、谷子、陆稻耕种面积都位居首位;奉天省在其他豆、高粱、玉米、水稻等方面耕种面积领先;黑龙江省在小麦耕种上比别的省多。普通作物和特产作物合计,吉林耕种面积第一、奉天次之、黑龙江第三。

表24　1931年东三省农业产量　单位：吨

品种	奉天省	吉林省	黑龙江省	合计
大豆	1175390	2414620	1637000	5227010
其他豆类	157460	119370	35990	312820
高粱	2514130	1400370	582990	4497490
谷子	844450	1260430	855140	2960020
玉米	897900	539250	263960	1701110
小麦	103770	567890	908650	1580310
水稻	83490	66860	8290	158640
陆稻	64430	86070	12300	162800
其他杂粮	723710	549230	579730	1852670
总计	6564730	7004090	4884050	18452870

资料来源：《满洲产业统计(昭和六年)》第18页。

尽管吉林耕地面积不如奉天，但大豆、谷子、陆稻和各种粮食总产量比其他省份多。奉天其他豆类、高粱、玉米、水稻、其他杂粮产量比别的省多，黑龙江只有小麦产量能够领先。

如果东三省农产品只能自给没有剩余，那也就没有商品生产可言，事实上东北地区农产品剩余非常大，见表25。

表25　1930年东北南、北部各种农产品剩余量　单位：吨

		生产量	消费量	剩余量	剩余%
大豆	南部	2136620	356290	1780330	83
	北部	3132650	585450	2547200	81
	计	5269270	941740	4327530	82
其他豆类	南部	255250	154180	101070	39.6
	北部	114020	97700	16320	14.3
	计	369270	251880	117390	31.7
其他杂粮	南部	7620260	6292160	1328100	17.4
	北部	5410200	4989960	423240	7.8
	计	13033460	11282120	1751340	13.4

资料来源：《中东经济月刊》(六周年纪念专号)，第144—145页。

1930年时，东北大豆剩余占产量的82%，其他豆类占31%，此外，各种杂粮平均剩余占产量的13.4%。应该说，东北各种农

产品生产基本上可以自给有余,但商品生产对大豆依赖极大。据1924—1930年日本有关统计,大豆及大豆制品出口占产量的79.27%,高粱出口占产量的2.34%,谷子出口占产量的10.87%,玉米出口占产量的16.49%,小麦及其制品出口占产量的2.45%。在农产品输出总额中,大豆、高粱、谷子、玉米、小麦等分别占77.14%、1.58%、5.64%、8.82%和1.60%。[①] 与之相应,大豆、小麦、高粱、谷子、玉米、其他谷物等农作物分别占各种农产品货币收入的42%、27%、11%、8%、7%、5%。[②] 由于大豆在东北商品贸易中地位过于突出,因而东北地区农业商品经济具有明显的单一农产品倾向。

在大豆、豆制品和农产品贸易繁荣的同时,和出口相关的东北油坊、磨面业也发展起来,成为当时东北工业的代表性产业。1931年时,东北地区共有油坊360家,拥有压榨机10042台,年产豆油3.53亿斤,豆饼6600万枚,产值约7600万日元。日本人说东北油坊堪称东北工业的霸王,它的产值就相当于东北工业总产值的三分之一[③]。这也不全是什么好事,因为东北与初级产品出口相关的资源型产业被扶植起来,代表先进工业方向的棉纺织业、重工业却发展缓慢,当时的东北工业主要为初级产品出口服务,还没有向制成品的大量生产过渡。

20年代末,东北煤炭等产品出口越来越多。日本为汲取东北的煤炭资源和生铁,在其控制下的抚顺煤矿、鞍山制铁所、本溪湖铁公司都在为日本的资源需求而努力。1931年,东北产煤904.8

---

① 〔日〕铃木小兵卫:《满洲的农业机构》第184页。

② 同上,第176页。

③ 《满洲经济年报(1933年版)》,第574页。

万吨，抚顺煤矿产煤就达640万吨，相当于其中约70%，这些煤炭大量被运往日本内地和其他地区攫取利润。同年，鞍山制铁所有500吨熔铁炉1座、300吨熔铁炉2座。每年制铁能力为28万吨。本溪湖铁公司有150吨熔铁炉2座，20吨熔铁炉2座，每年制铁能力为13万吨。当年鞍山制铁所就运往日本内地生铁22.7万吨[①]。在东北农业初级产品大量出口的同时，矿业、工业性产品的出口也开始增加，但这只是服务于日本经济所需，和日本不存在竞争关系，在出口贸易中占很小的比例。

由于东北特定的历史环境和单一产品出口贸易，东北当时的农业经营就存在着两个值得注意的隐患：

第一，从国内角度上看，东北大豆出口依赖于生产剩余和耕地潜力，如果人口增加超过土地和农产品增长，容易出现规模收益递减。发展经济学认为，各种生产要素有机的同比例的投入才能促使生产规模成本递减和收益递增，否则，就会出现规模收益递减和效益下降。20世纪初，东北移民和耕地数量同时增加，生产要素基本上保持了同比例投入。但是，随着东北耕地的不断开发，人口相对越来越多，会形成相应的人多地少。在一定的劳动生产率下，单位面积耕地不可能无限度地增加。在超过土地的承受能力后，参与土地产品分配的人越多，来自土地的收益就越少。所以，要保持农业的发展和收益提高，必须控制人口的增长，使耕地和人口保持在较合理的比例水平，以便有利于未来的生产。

第二，东北农业劳动粗放型经营多，精耕细作少，影响地力和产品质量。清末民初，东北土地大多新开发，耕地相对肥沃。在松

① 《满洲经济年报(1933年版)》，第555、551页。

花江、嫩江平原上有深达1米的黑土带，土壤含氮量高，腐蚀质多，是全国各地少见的良田。可是，当时土地多用漫种方法，既不施肥，又不轮种，属于破坏性经营，严重影响农业发展的后劲。大豆产品也不注重质量，上市的湿豆、坏豆难以禁绝，德国的清豆机曾从东北进口的大豆包装袋中清出铁钉、绳头、麻袋片、瓦块、砖头等杂物，运送大豆的轮船在经过红海时还发生过全船大豆发芽的现象。这种缺乏远见、不计后果的教训在历史上并不少见。

2. 生活消费与生产消费

近代广大东北民众的生活消费和生产消费都与进出口贸易密切相关。由于农民在出口贸易中的收入并没有随出口贸易的发展而得到相应的提高，生活只能维持在争取满足温饱水平，没有能力对农业生产和生产技术进行改进，也没有钱购买进口的棉布等生活资料，在这种情况下，普通东北民众的消费能力自然只能维持在简单生产或再生产的较低水平。

据日本《满洲开发四十年史》估计，东北大豆、小麦的种植面积在1910—1933年由36%增长到42%，而同期高粱、谷子、玉米的作物种植面积却由60%减到45%，大豆的上市率为80%—83%，因此东北的农业生产日益趋于大豆生产和大豆出口贸易。东北农业经济“从整体来说，它属于殖民地性质的单一种植型。农民则作为商品大豆的生产者，以一些商人作中间媒介和欧洲市场相联系。在现代商品的整个交换过程中，很不道德的市场经济恣意活跃。在自由竞争的世界中，大资本使小资本完全隶属于它，从出口大豆中得到的利润是在生产者(农民)、从单个农民收购的当地商人(粮栈)、从产地向港口运输的铁路公司('满铁')和出口商四者之间分配的。大部分利润被在运输和出口中占有垄断优势的'满铁'和出口商(外商)所占有。当地商业资本(粮栈)在这一过程中起了买办的作用,他们利欲熏心的程度比起外国资本来毫不逊色。”①

如本章表18所示,“九一八事变”前后,“满铁”一车大豆价格大约农民收入占32.8%、粮栈所得占11.9%、输出商所得占5.9%、各种运费(包括松花江水运12.9%、中东铁路运费14.2%、满铁运费15.6%)占42.7%,麻袋等其他杂费占6.7%,总共约有三分之二的价格被运费和中间商分去了,农民所得只占其中的三分之一。除此而外,农民生产收入还要受国际市场农产品价格和农业、工业产品价格剪刀差等因素的影响。

一般来说,某种农产品出口增加会使国内同种农产品数量相对减少,导致同种农产品价格相对上升;某种农产品出口相对减少会使国内同种农产品数量相对增多,导致价格下降。但东北农民既是大豆的生产者又是大豆的主要消费者,大豆出口增减不会对农民自身的大豆消费产生多大影响。本来东北是世界大豆出口的主要地区,国际市场大豆价格应该随东北大豆出口数量发生变化。可是,在许多外力的作用下,东北当地收购商为赚钱极力从农民手中收购大豆,主要大豆进口国德国和英国为赚钱拼命压低大豆价格,大豆的运输和出口均受外人左右,东北大豆价格便不再取决于国内而是决定于世界市场。20世纪20年代以前,东北大豆价格曾随出口增长而上升,但很快便在各种压力下出现下降。大豆单

① 《满洲开发四十年史》上卷,第60—61页。

位面积生产价格指数在1910年是23;1924年是100;1929年是67;1930年是48;1931年是39;1933年是26。而同期大豆出口价值竟增长了7倍左右[①],相形之下,东北大豆出口越多,东北农民相对收入越少,增产增销不增收,出口产品贸易条件显然向不利的趋势发展。

在东北农产品出口价格受国际市场影响同时,东北制成品进口价格也受外国商业资本垄断价格制约。经济规律表明,商品的供给弹性主要取决于商品供给的难易程度。一般农业初级产品供给的价格弹性较低;制成品供给的价格弹性较高。在这种情况下,东北城市与农村的物价极不平衡。离城市越远,农产品价格越低廉,而制成品价格越昂贵,农民购买服装等制成品往往要付出高价。经济危机出现时,以大豆为主的农产品价格一般下降的非常快,而进口的制成品价格反倒下降的缓慢得多,操纵中间贸易的商人和铁路运输系统会想办法转嫁危机弥补亏空,即使在非经济危机时期也会想方设法赚取许多黑心钱。据调查,仅扶余的隆盛号、裕来公、义兴长等杂货商每年的收益率就达到了357%、625%和350%[②],类似的商人比比皆是,其结果则进一步加重了东北工农业进出口产品价格的剪刀差。

在东北出口贸易繁荣的背后,农民和城镇工人的收入没有明显提高。由于农民收入和工人工资偏低,无法增加各种消费,也无法刺激有关生产的增长和流通。农业收入占经济比重很大,其中与货币经济联系最多的是中农和地主,占农民人口三成的中农多

---

① 〔日〕铃木小兵卫:《满洲的农业机构》,第251、374页。

② 同上,第422页。

为负债者，短工劳动机会只有农忙时才会出现①，因此，农民扩大进口市场的作用几乎是微乎其微的。当时，日人调查北满农民服装费仅占其生活费的 14.7%。② 这对于热衷于与三井物产协作开发东北进口市场的东北棉布输出组合（由三重、大阪、金巾、天满、冈山组成）来说，显然未如所愿。在这种情况下，东北以棉布为中心的制成品进口增长更多地和人口增加有关，而不是由于消费水平的提高。见下所示③：

	1914 年	1920 年	1925 年	1930 年
人口指数	100	122	137	152
棉制品消费指数	100	131	143	172

不仅东北地区的棉纺织品消费增长远不如大豆出口增长快，当地民众对生产资料的进口也很少。由于收入太低，农民的再生产仅能达到维持生命的程度，许多农具是自己制作的，购买的农具很少。进口的生产资料只限于解决油坊、磨坊、缫丝、土布制作、酿酒等小工业和手工业急需，人们购买的金属制品多限于铁钉、铁条、铁片、铁棍、铁桶等日常生产资料。除此而外，东北重要生产资料的进口大都与日本控制下的“满铁”企业和附属的抚顺煤矿、鞍山铁厂、本溪湖铁公司及大大小小的纺织、窑业、机械、食品工业等相关，而和东北地方工业的发展却缺少关联！

在东北的商店里，虽充斥着许多进口的棉布、棉织品、丝绸、人造丝及其织品、化学药品、染料、颜料、肥皂、纸张、瓷器、书籍、胶鞋、乐器、化妆品、蔬菜、水果、海产品、面粉、砂糖、茶叶、罐头、酒等

---

① 《满洲开发四十年史》下卷，第 238 页。

② 〔日〕铃木小兵卫：《满洲的农业机构》，第 125、140 页。

③ 《满洲经济开发四十年史》下卷，第 239 页。

产品，但代表东北对外经济关系和物价中枢的大连总物价批发水平却在趋于降低，见下所示：

年份	指数
1920	145.4
1921	102.1
1922	99.0
1923	99.0
1924	105.0
1925	108.0
1926	94.2
1927	89.1
1928	88.8
1929	86.6
1930	70.2
1931	56.7

如果其他因素不变，人们商品需求越大，市场物价水平越高；商品需求越小，市场物价水平越低。物价水平是商品消费的晴雨表，也关系到生产的发展和变化。东北外贸顺差大而人民消费小，很多收入和利润被外人、中间商人及其他剥削者所夺，影响了劳动者的各项发展，东北经济发展的后劲和潜力也受到了相应的制约。

3. 贫富阶层的逐步分化

经济发展中出现贫富分化是难免的。在经济发展中，代表发展的新经济因素增加了，传统的旧经济因素逐渐削弱了，与新经济因素发展有关的人就会得到相应的报酬，而与旧经济因素联系密切的人收入就会相对下降。在经济发展的浪潮中，各种经济因素和力量会重新分化组合，各种人的经济地位和阶级地位也会随之发生一系列的衍变，这本不足为奇，但会引起经济、社会和阶级状况剧烈的变动。如果有的人、有的集团或有的势力利用某些条件非分地攫取不正当的权益或利润，剥夺和侵吞其他人应有的所得和权利，吸吮广大的各种劳动者在经济发展中的血汗，使该富的不富，不该富的更富，加重贫富分化悬殊，社会就要动荡，不仅整个社会的各种劳动者无法从经济发展中得到必要的生产和再生产的动力，侵吞者和暴利者也将自食其果。

近代中国东北地区对外贸易的发展是在国内外各种力量和因素影响下进行的。日本、沙俄等列强为夺取、控制东北，强行夺取在南、北满的经济权益，利用东北肥沃的土地和农业特产，操纵进出口贸易和近代交通运输，发展东北特产出口和资源出口，力图把东北经济纳入本国经济体系的轨道，把东北变成经济殖民地和从属经济区。清朝、民国政府和东北地方势力不甘忍受列强的摆布，将东北"遍地开放"，吸引各国投资"以夷制夷"，鼓励移民食边，筹划针对"满铁"和中东铁路的竞争线，避免东北被日本或俄国独占。在纷纭复杂的社会环境下，东北对外贸易和社会经济非自主地步入了商品化时代。特别是日本没有试图支持和扶植东北农业、工业的资本主义化，却选择与东北大地主、大官僚、军阀和买办商业资本的勾结，极力谋求东北富源和资源，利用海港、铁路和流通控制、垄断东北地区的经济和对外贸易，为日、满、鲜经济一体化而铺垫在中国东北的战略地位，因此，日本在东北最关心的是谋取经济权益和利润，广大东北人民的切身生存和经济利益都被漠视并遭到了侵犯。

在东北地区对外贸易的发展中，对外贸易利益主要在"满铁"、中东铁路公司为代表的近代运输、中间商和广大东北商品劳动者之间进行分配。30 年代初,包括"满铁"、中东铁路公司在内的东北外籍人员约有 100 万人,却大约占有大豆出口(一车)价格的 40%,而拥有 2100 多万人口的农民却只占有大豆出口价格的 30%,这是东北对外贸易分配不公的鲜明对比。以大豆和农产品、煤炭等资源及各种进口品运输为主的"满铁"每年都能赚取包括对外贸易物资在内的各种利润,中东铁路公司也在 20 年代后持续赢得了有关利润。见下所示①:

年份	"满铁"铁路利润(单位:100 万日元)	中东铁路公司运输利润(100 万卢布)
1907	3.7	
1908	7.4	
1909	9.2	
1910	9.1	
1911	10.6	
1912	12.1	
1913	14.4	
1914	14.9	
1915	15.3	
1916	19.4	
1917	23.6	
1918	28.0	
1919	36.6	
1920	48.5	
1921	45.0	
1922	53.6	11.1
1923	56.5	11.8
1924	56.0	15.6
1925	58.6	24.4
1926	62.0	28.2
1927	68.0	20.8

和中东铁路公司相比,南满铁路公司盈利更大,是东北对外贸

① 《中东经济月刊》第 7 卷第 9 号,第 78—79 页。

易第一获利者。到30年代，北满发往大连的农产品也越来越多。在一般情况下，距离大连越远，大豆运费所支付的费用就越大。见表26。

表26　东北地区每陌[①]大豆粗放收入与铁路运费比重　单位：日元

地方	大豆粗放收入A	铁路运费B	A/B(%)
克山	73.01	26.40	36
海伦	19.34	25.92	28
双城	115.22	19.63	17
长春	89.67	16.27	18
昌图	108.17	11.31	10
沈阳	134.12	9.02	7
盖平	146.42	7.18	8

资料来源：《满洲开发四十年史》上卷，第489页，表中第二列第二行数字可能有误。

除大豆的铁路运输外，大豆对外贸易业务也被日本势力控制和垄断。当时各国贸易商控制各种大豆产品出口比例如下[②]：

国家	大豆	豆饼	豆油
日本	45%	71%	83%
其他国	38%	3%	7%
中国	17%	26%	10%
共计	100%	100%	100%

因此，在流通环节日本也能够攫取中国东北出口贸易利益的大部分，日本在大豆出口方面不仅所占比例最多，还能垄断出口市场，影响大豆贸易价格。

相比之下，和大豆出口贸易相关的直接生产者是为数极大的东北农民。二三十年代，东北近3000万职业人口中从事农业活动者约占70%，大约有2100万人。在清末民初的移民垦荒中，东北

① 陌等于公顷。

② 〔日〕铃木小兵卫：《满洲的农业机构》，第403页。

原有的旗地、官地、蒙地得到进一步的开发，迅速向民地和各种私营土地转化，农村中旧有的土地关系被破坏了，新的封建关系和租佃关系逐步建立起来。特产出口加剧了东北农村的耕地开发，也促进了农村阶级分化。有的人积聚了土地和各种资产成为地主，有的人成为土地不多的自耕农，还有更多的人没有任何资产，只能成为雇农靠出卖劳动力为生。尽管不同农民在农产品生产和出口中都付出了各种劳动，但劳动所得却远不一样，很多人连维持生活都很困难，更谈不上农业发展！

据日本人在东北的调查，南满地区占有40%以上耕地的大地主占户数的4.22%，无地农民户数占32.51%；中满地区占有69%耕地的富裕农民(100亩以上)占户数17.6%，无地的农民户数占总户数48.9%；北满地区有100垧地的大地主仅占户数的2.9%，无地的农民却达到了户数的63.2%[①]。按此看来，北满土地集中现象最为显著，中满富农居多，南满无地者相对较少，阶级关系以北满地区贫富最为悬殊。某些日本人认为，中国东北各种农民在大豆产销中所占的比例是不同的。见下所示[②]：

	产量	销量
富农	42	47
中农	27	20
贫农	16	17
赤贫农	12	10
总计	100	100

然而，上面数字并没有把无地雇农的劳动计算在内，拥有那么多土地的地主和使用雇佣劳动的农民很多活不是直接由自己干的，谁是农产品生产和出口的生产要素，谁就与农产品生产和出口

① 《满洲开发四十年史》上卷，第467—468页。

② 同上，第569页。

有关,谁也就应该得到相应的劳动报酬。

可是,无地的雇农越多,所得的报酬会相对越少。地主、老财、军阀和富商等会利用各种手段积聚土地和财富,利用手中掌握的生产资料和生活资料,在农产品生产和上市时直接占有贫雇农的血汗,向他们转嫁赋税和危机,把“满铁”和出口商分享的农产品出口利润从他们身上找回来。很多官僚和富商并不住在农村,却往往支配大量的土地控制佃户和雇工,农村中实物地租很多,地租往往是其全部收入的一半,东北对外贸易越增长,地租也就越增加。见表27。

表27　北满地区各县地租的上涨　　单位:斗/垧

各县别	1911年	1923年
安达	10	18—22
拜泉	10—20	22—26
木兰	12—20	18—22
双城	20	18—28
五常	12—20	15—24
榆树	15—20	18—24
德惠	13—20	16—24
农安	8—20	12—30
宁安	2—4	6—8

资料来源:《满洲开发四十年史》上卷,第478页。

佃农缴纳地租后,自己所剩甚少,基本上无法维持生活。在这种情况下,还要承受地主、富农高利贷的剥削,年年举债,入不敷出。雇农几乎无任何家产和生产资料,只靠出卖劳动力。每天劳动十几个小时,食物粗劣,休息甚少,劳动所得食不果腹、衣不遮体,远远不抵付出的劳动。和较富裕的上层社会相比,每年的生活水平大相径庭。

恩格尔定律表明,一个家庭收入愈增加,家庭在食物上开支的份额就会愈下降。相反,一个家庭收入愈低,就不得不把大部分开支用于食品用途,以维持基本的生存。日本人曾经调查北满农民各项生活费在开支方面的一般比例为：食品 64.7%、服装 14.7%、房屋 2.9%、燃料 7.4%、照明 0.3%、家具 1.6%、子女养育 3.4%、医疗 1.4%、交际 0.9%、其他 2.8%。[①] 这样的比例表明，如果一个家庭把大部分收入和精力都花费在获取足够的食物上，就不会有多余的时间从事非农业的工业制作，人们对工业品和劳务的需求就不会像对农产品需求那样地增长，农业在国家或地区国民生产总值中的比重就不会下降，也就是说，在各种因素影响下的东北地区出口贸易没有使东北农民明显改善自己的生计，所得利润被国外和国内少数人瓜分，普通人民的收入仍然太低，影响生产者的生存和发展，特别是对南满近 40%的雇农和北满 60%的雇农更是如此。

4. 与国内外市场联系的变化

随着东北商品经济的扩大和对外贸易的发展，东北与关内的经济联系被削弱了，而与国外的经济联系在明显加强。

早在明朝时期，东北与关内就有贸易关系，在开原等几个地方曾存在着"马市"，东北用马匹、人参、毛皮、药材等土特产品交换关里的棉布、服装、丝绸、砂糖、纸张、水、旱烟等生活物品[②]。当时东北人口很少，生活需求不高，双方贸易额不大，但有贸易记载以来，东北地区对关内的贸易多为出超。见表 28。

表 28　1894—1905 年东北地区与关内的贸易　单位：1000 海关两

年份	向东北输入	从东北输出
1894	2543	6994
1895	1283	8608
1896	3381	7722

① 〔日〕铃木小兵卫：《满洲的农业机构》，第 140 页。

② 张念之：《东北的贸易》，东方书店民国三十七年，第 51 页。

1897	3554	8265
1898	4415	10269
1899	5965	11924
1900	2822	7564
1901	6463	11439
1902	6981	8791
1903	7330	9802
1904	10116	10588
1905	18718	5335

资料来源:《满洲经济年报(1933 年版)》,第 103 页。

除因 1894—1895 年甲午战争和 1904—1905 年日俄战争贸易所受影响外,东北对关内贸易基本上保持出超。日俄战争中,东北对关内的出口大受影响,而军需和生活用品的急需使关内对东北的输出迅猛增加。日俄战争后,东北地区进一步开放,对关内贸易也在不断发展,1913—1931 年,对关内出口增长了 325%,进口增长了 154%,进出口总额增长了 256%。见表 29[①]。

表 29　1913—1931 年东北地区与关内的贸易　单位:1000 海关两

年份	输入	指数	输出	指数
1913	22464	100	33476	100
1917	31908	142	36004	108
1920	44790	199	42467	127
1922	47750	213	87944	263
1924	53361	238	46193	138
1926	77134	343	90246	269
1928	70178	312	100576	301
1930	80271	357	93129	278
1931	57133	254	142343	425

资料来源:根据《满洲经济年报(1933 年版)》,第 110—111 页所制。

1913—1931 年,东北从关内输入最高的年份是 1929 年,当年输入 80950 千海关两;输出最高年份是 1931 年,当年向关内输出

① 表 29 中不包括外国商品自关内再输入和外国商品从东北向关内的再输出。

142343 千海关两。除个别年份,东北对关内贸易基本保持出超。与此同时,关内向东北输入的商品多为制成品和生活用品,如 1931 年时棉布占关内输入商品的 25.6%、棉纱占 13.4%、面粉占 15.4%、卷烟占 7.4%、纸张占 3.7%,此外还有丝织品、茶叶、棉花等,和东北地区从外国进口的商品种类类似;东北地区向关内输出的商品多为农业初级产品和资源产品,如 1931 年时大豆占向关外输出商品的 24.9%、豆饼占 16.5%、豆油占 13.3%、煤炭占 12.7%、高粱占 5.8%、柞蚕丝占 2.3%,此外还有花生、木材等[①],同样与东北地区向国外出口的商品类似。可是,东北与关内的贸易却远不如东北与外国的贸易发展得快,在东北总体贸易中的地位也在下降。日俄战争前,东北地区从关内的输入曾占从国内外输入的三分之二,日俄战争中占 37%,第一次世界大战开始,进一步退居占 20%左右。[②] "九一八事变"前,东北对关内的贸易仅输出有所增长,输入却进展很慢。1913—1931 年,输出关内占东北向国内外输出的 20%—30%,从关内输入占东北从国内外输入的 20%—30%。[③] 因此,东北地区的特产出口更多的是面向国外市场,而日用品、制成品等需求逐渐被日本产品所代替。东北经济与内地的联系在明显减弱或徘徊,与国外的联系同时却在逐渐加强,这种经济现象形成的主要原因大致与以下因素有关:

第一,外国在华势力扩大在东北的经济特权,为东北洋货进口、土货直接出口创造了许多条件。有关的条约规定,洋货进入"关东州"免税,日货、俄货进入东北可免税三分之一,经安东进入

① 《满州经济年报(1933 年版)》,第 117、119 页。

② 《满洲开发四十年史》下卷,第 311 页。

③ 《满洲经济年报(1933 年版)》,第 114—116 页。

东北的200余种日货实行特定运费，经日本国铁、鲜铁、满铁三连线运输的棉织品和其他10种商品减三成运费，在“关东州”出口的土货免税，经大连、海参崴出口的农产土货享受相应的运费优惠等等，使东北洋货进口和土货出口费用较关内进出口更为低廉和方便，在运输距离和关税上降低了与关内有关往来商品的价格距离。

第二，从东北与关内各地区的贸易来看，东北与华中地区的贸易比重虽然较大，但两地区生活习惯不同，贸易额很难尽快发展起来。东北与关内各地输入输出贸易比重见表30。

表30 1931年东北地区与关内各地的贸易关系 （%）

	东北输出	东北输入	输出输入
华北	14.5	16.0	15.0
华中	53.1	80.5	61.6
华南	28.8	1.7	20.4
其他	3.6	1.8	3.3
总计	100	100	100

资料来源：根据张念之《东北的贸易》第55页所制。

在全国各区中，与东北地区的贸易比重以华中地区最多，占61%，华南、华北地区次之，分别占20%和15%。与东北相近的华北与东北贸易比重格外的小，主要是与东北邻近，许多物产相互一致，除华北小麦向东北输出外，两区经济互补性并不大。华中、华南地区因大豆等农产品产量不多，需要从东北地区输入，但当地的主要食品与东北地区不同，因此，东北农产输入只是调剂商品余额，增加消费多样性，最终进口的东北农产当然有限。华中地区向东北输入商品较多，大多为棉纺织等制成品，许多产品其实为外国在华开办工厂所制，海外洋货在东北享有许多有利条件后，这些产品也就没有了什么格外的优势。

第三,东北地区经济发展需要更大的贸易空间,而关内各地已经无法满足需要,只能向国外寻求市场。东北农业商品经济的发展和国外市场的需求,使东北主要贸易已由对国内转向国外,国内市场只能满足东北地区所需商品的一半,容纳东北出口商品的一小半。1931 年是中国工业在一战后发展强劲、向东北地区出口数额较高的一年。当年关内向东北地区输入的棉织品占东北地区总输入的 48.7%、棉纱占 86.4%、面粉占 54.3%、烟草占 51.8%、纸张占 35.6%,但主要输入品仍然不到洋货输入的一半,输入贸易额不到东北地区海内外总输入的三分之一,东北所需的许多重要商品如麻袋几乎全仰仗于国外。同一年,东北向关内输出大豆只占东北总输出额的 23.4%、豆饼占 30.45、豆油占 53.4%、煤炭占 41.3%、高粱占 55.7%、柞蚕丝占 29.0%,全部向关内的输出只占东北总输出额的 23.4%。[①] 因此,在这种情况下,东北地区容纳海外市场的能力比关内市场更为重要,出口到关内市场的商品远达不到出口到海外市场的水平。

其实,中国东北经济与国外市场联系的加强有利有弊。尽管东北地区对国外的出口显示了东北产品在国际市场上的能力,不仅促进了东北地区的商品生产,开发了东北的经济潜力,还在中国茶叶、生丝贸易衰落后,又使中国拥有了能够垄断世界市场的特产商品,并使全国的对外贸易逆差得到较大缓解。然而,在当时特定的历史环境下,东北的经济发展一直受到日本等列强的摆布和控制。东北对关内经济联系的不断减弱,反而有利

① 《满洲经济年报(1933 年版)》,第 117—119 页。

于日本对东北的经济渗透和经济垄断，隔绝东北与关内的经济血脉和区域融合，将东北进一步封闭为日本的经济殖民地和主要利益区，为日本在政治上、军事上完全占领东北提前做了许多经济上的准备。

四、东北地区与各国的经贸关系

随着中国东北的开放，东北地区与国外的经济联系增加了，但在外国的强权和一系列不平等条约束缚下，东北地区与许多国家的经贸关系并不平等，对外贸易受其操纵，经济发展从属于发达国家和世界市场，对外贸易所得大量流失。"九一八事变"前，日本已经基本上操纵和控制了中国东北的对外贸易，与东北地区的贸易额占东北外贸的第一位，东北地区的对外贸易方向也受其左右，形成初级产品出口、制成品进口的殖民地特征。然而，初级产品出口、制成品进口是落后国家和地区经济发展总要经过的历史阶段，尽管路途中充满了曲折，从历史发展的角度上看仍然可以被看作是近代经济的起步，由于对外贸易改善了东北的经济结构和经济水平，无疑为东北地区经济的进一步发展提供了条件；与此同时，海外国家也从中国东北人民的辛酸和劳苦中得到了经济所需，增加了生活消费和生产消费。

1. 东北地区与海外总体的经贸关系

第一次世界大战前，中国东北地区与关内的贸易往来几乎占东北全部输入输出额的一半，这种情况在一战后逐渐改变，各国与东北地区的贸易所占比例有所增加，日本对东北贸易基本上代替了以往东北与关内的贸易地位。见表31。

表31　1913年、1929年东北地区与关内、海外的贸易比例变化

国家及地区	输入东北%		从东北输出%	
	1913年	1929年	1913年	1929年
中国关内	47.6	32.2	42.2	21.9
日本	29.4	42.1	32.0	39.7
俄国	8.6	4.8	14.4	9.7
美国	2.5	7.9	0.1	2.4
英国	2.1	2.9	0.3	5.1
荷兰		0.3		7.0
香港	2.4	4.2	1.3	1.5
德国	1.9	2.6		0.4
印度	0.1	0.3	0.2	1.8
意大利		0.4		1.1
比利时	0.3	1.6	1.1	0.1
其他国家	5.1	2.7	8.4	9.4
合计	100	100	100	100

资料来源:《中东经济月刊》第7卷,第9号,第11—12页。

随着中国关内贸易地位的下降，日本对东北地区的贸易越来越突出。1929年时，进出口贸易额已占约40%。其他国家如俄国则次之。欧美各国对东北地区的进口额很少，从东北进口额也不多。由上表可见，日本、俄国是中国东北的主要海外贸易国，其中日本与东北地区的贸易就占了近半。

当时，东北地区对各国的贸易基本上都出现了顺差，只有个别国家和地区例外，见表32①。

① 表32包括东北出口和再出口到外洋的商品，由外洋进口的商品。

表 32　1931 年东北和主要国家贸易及差额　　单位:10000 海关两

国家及地区	贸易总值所占比例%	向东北出口	从东北进口	差额
日本	51.5	8727	15920	—7192
朝鲜	6.3	680	2352	—1672
香港	3.4	854	759	95
俄国太平洋	11.4	1196	4264	—3069
俄国陆路	0.9	251	283	—32
其他	4.0	889	909	—20
亚洲小计	77.5	12596	24487	—11891
英国	4.4	438	1644	—1206
德国	2.2	488	559	—70
荷兰	8.2	57	3860	—3803
其他	2.0	385	627	—242
欧洲小计	16.8	1368	6690	—5321
美国	3.9	1262	612	650
其他	0.2	14	86	—72
美洲小计	4.1	1276	698	579
其他洲	1.6	25	734	—709
总计	100	15265	32609	—17344

资料来源:根据《满洲贸易年报(昭和六年)》所制。

1931 年,在上述国家中,只有中国香港、美国对中国东北贸易保持出超,其他国家都是入超,因香港、美国对东北贸易额不算太多,所以香港和美国对东北总体贸易顺差影响不是太大。

如前文所述,各国对东北地区物产的需求不同,东北地区从各国或各地区进口的产品比重也不相同。到 30 年代初,在东北出口商品中,大豆多出口到日本、俄国、荷兰、英国;豆饼多出口到日本、朝鲜;豆油多出口到荷兰、英国、俄国;煤炭多出口到日本、朝鲜、香港;其他豆多出口到日本、朝鲜;高粱多出口到日本、朝鲜;柞蚕丝、铁及钢几乎都出口到日本。当时东北地区与各国或地区的出口关系见表 33①。

① 表 33 包括东北对各国出口商品,不包括再出口商品。

表33　1931年中国东北与各国或地区出口贸易比重　单位:10000海关两

国家及地区	大豆	豆饼	豆油	煤炭	其他豆	铁及钢	柞蚕丝	高粱
日本	28.22	65.17	0.75	72.09	83.05	97.35	99.44	77.16
朝鲜	0.46	6.65	0.13	11.03	7.32	1.73	0.53	5.31
香港	1.99	0.03	0.76	7.62	3.09	0.25	—	—
俄国	24.31	22.50	6.69	0.06	3.93	0.03	—	0.25
英国	7.87	0.82	31.37	1.18	0.30	—	—	0.03
德国	1.97	1.07	1.50	0.41	—	—	—	4.34
荷兰	21.02	1.22	55.20	—	—	—	—	12.91
美国	0.01	1.34	2.21	0.27	1.48	0.43	—	—
其他	14.15	1.29	1.39	7.34	0.83	0.22	0.02	0
%	100	100	100	100	100	100	100	100
总值	12070	5564	1710	2676	942	913	846	1077

资料来源:根据《满洲贸易年报(昭和六年)》所制。

从上表看,东北大豆三品出口虽然比较集中在日本、欧洲和俄国,但集中程度远不如高粱、铁与柞蚕丝。铁与柞蚕丝几乎全部出口到了日本,这两项出口产品几乎与其他国家没有什么关系。和其他国家相比,东北资源性产品出口对日本显得更为重要。与此同时,东北地区的许多进口产品与日本的关系也比较密切,见表34①。

表34　1931年中国东北和各国或地区进口贸易比重　单位:10000海关两

国家及地区	棉织品	麻袋	砂糖	棉花	面粉	钢铁	药材及化学药	煤油
日本	86.52	15.51	46.19	70.53	65.62	58.3	44.38	4.47
朝鲜	0.18	1.28	21.83	0.10	0.78	0.29	2.44	*
香港	—	29.00	20.52	—	1.62	*	2.00	—
俄国	5.14	18.53	10.13	—	*	1.83	5.52	23.68
英国	0.57	—	—	—	—	2.58	11.22	—
德国	0.08	—	—	—	—	3.51	5.18	—
荷兰	*	—	*	—	—	0.94	1.32	—
美国	*	—	—	21.85	31.94	4.73	1.19	49.75
其他	7.51	35.68	1.33	7.52	0.04	27.82	26.75	22.08
%	100	100	100	100	100	100	100	100
总值	1537	1510	880	804	740	712	705	519

资料来源:根据《满洲贸易年报(昭和六年)》所制。
*表示不足0.001%。

① 表34包括东北由各国进口和再进口的商品。

日本输入到中国东北的棉织品、砂糖、棉花、面粉、钢铁、药材及化学药都位居前茅，其中棉纺织品占86％、砂糖占46％、棉花占70％、面粉占65％、钢铁占58％、药和化学药占44％，特别是日本的棉纺织品已经完全占据和垄断了东北市场。在当时的中国东北市场上，已经不是日本棉织品和欧美棉织品竞争，而是日本国棉织品与关内输入的日本在华工业棉织品竞争。此外，东北大豆出口所缺乏的麻袋要从印度孟加拉进口或经香港转口，一部分棉花和面粉要从美国进口，大多数所需的煤油也要从美国进口。除日本本国无法解决的产品外，日本把中国东北已经变成了解决其国内生产和资源不足，开拓日本海外市场和利益范围的重要殖民贸易区。

总之，“九一八事变”前，中国东北和国外的经济贸易关系主要是和日本的关系，东北出口的特产和农产品使东北经济市场化和商品化，进口相对少量的制成品解决一部分外国商品的出路，外国获取东北农业初级产品和资源比开拓商品市场更为重要。尽管东北对外贸易不断增长、生产商品化比重较大，但走的是在列强操纵下的经济发展坎坷之路，从而表现了东北与海外列强经济关系的不平等以及不发达国家或地区近代化道路中的曲折历程。

2. 东北地区与日本的经贸关系

日本之所以和中国东北经贸关系密切，不仅仅像日本学者所说的在于日本对中国东北的大力投资，而在于日本把中国东北看作是日本国经济发展的重要组成部分，对东北地区进行国策性经营，从而使中国东北的开发和对外贸易在事实上服务于日本，从属于日本帝国的经济利益。

在营口刚刚开埠时期,中国东北当时与日本很少有贸易往来。后来才对日本有了大豆等产品的不断出口。随着西伯利亚铁路的修建和日本国力的崛起,日本在甲午战争中打败清朝,并企图攫取辽东半岛为日本的殖民地。在随后的东北亚地区各国势力争霸中,沙俄强租了旅大地区,在中国东北修建了覆盖辽、吉、黑三省主要地带的中东铁路及其支线。日本不甘心俄国在义和团事件中独占东北,经过日俄战争的角逐,日、俄通过《朴茨茅斯条约》瓜分了中国的南、北满。接着,日本继续与各国争霸,进一步扩大势力于满蒙,为完全占有中国东北而开始对东北地区进行了持续地国策性经营与开发。

不能说日本的许多经济"业绩"与日本殖民者的主观作用无关,但这也是日本欺凌弱小、恣意强权的结果。日本通过中日《会议东三省事宜条约》迫使清政府对日本接受沙俄在旅大租借地、长春旅顺铁路权益表示承认,使东北开放10余个通商口岸并给予日本许多特权。日本还迫使中国政府对南满有关地区的商品实行免税和减税,并且通过合资抢夺和控制中国铁路,强行调查、勘探和开采东北矿山,把抚顺、鞍山、本溪湖等地建设成日本在海外的重要资源基地和重工业材料基地。日本在东北诸如此类的种种开发,无不是政治和暴力的类似产物。

当然,日本与东北地区贸易关系的加强也离不开日本对东北的投资。正是日本在东北下了几乎力所难及的血本,才确立了日本在东北近代经济中的优势地位。在1931年前外国对东北地区24亿日元的投资中,日本就占17.9亿日元。其中铁路运输方面的投资占30%、矿业和农林投资占16%、金融占12%、工业占9%、商业占7%、其他占26%。通过这些投资,日本在东北的海港、铁路运输确立了极大的优势，直接、间接控制了东北 6000 多公里铁路的 37%（运输量占 45%）、海港对外贸易的 60%强，日本商人和商社垄断了大部分东北特产出口，棉货等制成品进口几乎完全成为了日本的天下，诸如此类，举不胜举。

如第三章有关各表所述，1910—1930 年期间，东北地区和日本的贸易发展很快，对日本出口增长 418%，从日本进口增长了 434%，进出口总额增长了 426%，除 1916 年、1917 年、1918 年和 1920 年外，对日贸易均能保持顺差。

在这一时期，东北从日本进口最多的一年为 1929 年，当年进口 126510 千海关两。出口最多的也为 1929 年，当年出口 135286 千海关两。1923 年为东北对日贸易顺差最多的一年，当年顺差 37648 千海关两。1922 年为东北对日贸易逆差最多的一年，当年逆差为 37648 千海关两①。

日俄战争后，东北与日本的贸易发展比较平稳，但第一次世界大战期间日本对东北的进口猛增，形成东北地区的对日贸易逆差。由于欧美对东北进口商品比例本来就很有限，许多日货可能根本就没有在东北消费而转到了中国关内。20 年代，东北对日贸易逆差才扭转过来。20 年代末，东北地区的对日贸易逐步达到"九一八事变"前的高峰，1931 年时，东北对日出口猛增到 159192 千海关两，受"满洲事变"影响不大，进口却降至 87269 千海关两，②比以往大为逊色。

从东北地区与日本的进出口结构可以清楚地看出双方经济所

---

① 《满洲经济年报(1933 年版)》，第 70—71 页。

② 张念之：《东北的贸易》，第 72 页。

求：日本只对东北几种主要农产品感兴趣，东北输往日本的农业初级产品和资源型产品却相当集中，约占全部对日出口额75%上下，而东北所需的各种制成品则品种众多，从日本进口的重要商品大约占50%左右，其他进口品数量虽小，但相当分散。

在价值上，豆饼是东北输往日本最重要的商品，大豆次之。20年代末，东北对日本出口的豆饼由于硫氨等化肥的竞争价格在逐渐下降，迟早会退出第一出口商品的地位。与此同时，煤、焦炭和铁、铁制品出口上升很快，有后来居上之势。在“满洲国”“工业化”之前，东北地区对日出口已经出现了由农业初级产品向矿物资源产品过渡的趋势。

在东北进口日本5种主要商品中，棉纺织品价值超过或几乎超过其他4种商品价值的总和，因而棉纺织品是日本对中国东北出口的代表性产品。此外，服装、棉纱也是棉纺织类商品，如果加上这些商品价值，日本向中国东北进口的主要商品类别是轻工业品。20年代末，日本对东北钢铁和机械进口也在增加，这些生产资料对日本在东北的工矿业可能关系很大，而对东北当地工业的发展却关系不大。当时的中国东北是日本的一个轻工业制成品市场，也是一个与重工业发展有关的潜在市场。

如前所述，若把中国东北的对外贸易和日本殖民帝国海外贸易进行比较，无论进口、出口东北所占其比例都不算大。

第三章有关数据表明，中国东北对日本殖民帝国的进口只占其总进口额的9%左右，出口额实际最多占7%—8%。当时日本在经济上追随欧美强国，在对外贸易上也有“脱亚入欧”趋势，日本更需要经济发达国家提供的生产资料和重要关键性产品，落后国家只能被日本强行充当原料和市场角色。东北地区人口密集度小，消费能力和消费水平都不高，对日本来说其市场意义不如攫取其生活资料和资源意义重大，日本对中国东北的贸易主要是以此充实日本帝国的实力，为日本资本主义发展积蓄经济潜力。

3. 东北地区与俄国的经贸关系

中国东北与俄国的经济贸易历史悠久，尽管东北与俄国的贸易在东北外贸发展中占重要地区，但由于种种因素的影响，近代以来中国东北与俄国的贸易摇摆起伏，后来也没有能够成为东北地区对外贸易的主流。

据说早在16世纪中叶(1567年)中国明朝穆宗时，俄国人为得到毛皮曾到过东西伯利亚。1619年(明万历四十七年)，到过黑龙江中游。[①] 在1649年(清世祖六年)哈巴罗夫等哥萨克“探险队”对远东土地和黑龙江流域连续骚扰后，清政府与俄国人关系冷淡，不时以兵戎相见。1869年中俄签订了《尼布楚条约》，两国才确立了中俄两国东段边界。1727年，两国又签订了《恰克图条约》，同意两国可在恰克图等边境和北京通商贸易。19世纪中叶，俄国东西伯利亚总督穆拉维耶夫积极推行扩张政策，强迫黑龙江将军奕山签订了《瑷珲条约》。1860年，俄国公使伊格那提耶夫借第二次鸦片战争在清朝与战胜者间居中调停，借机索取报酬，通过《北京条约》正式攫取了中国黑龙江以北、乌苏里江以东100万平方公里的土地。1862年，中俄陆路通商章程规定两国边境百里内贸易免税。后来，两国又不断签订贸易协议，俄国同意两国贸易与中国对西方关税办法一致。“三国干涉还辽”后，清朝对俄国好感

① 张念之:《东北的贸易》，第89页。

大增,李鸿章亲自跑到俄国签订了《中俄密约》,实行两国结盟。俄国诱使清政府同意俄国将西伯利亚铁路穿过东北到达海参崴,但1898年强迫中国租借大连、旅顺等地,从而完全控制了东北。当时,俄国从没有想过以后把东北地区真的还给中国,所以把东北许多地区当成自己的土地来进行经营。不仅花了几亿卢布建成了中东铁路及其支线,又掏出上亿卢布扩修了大连港和旅顺,想利用铁路和大连把东北牢牢地控制在自己手里,确立俄国在中国东北地区和远东的优势。不料,日俄战争使俄国败北,俄国不得不把旅大租借地、长春以南铁路转交日本,退居北满,以中东铁路公司为大本营,继续维护和强化在北满的经济特权。

在西伯利亚铁路和中东铁路修建前,东北地区与俄国的贸易只限于与黑龙江等地的边贸和少量的太平洋沿岸进出口。由于俄国工业较西方国家落后,远东地区缺粮,东北地区与俄国的贸易以粮食和谷物为中心,对俄出口远远超过进口,见表35。

表35 1895—1897年中国东北输往俄国的商品种类及价值 单位:卢布

商品名称	1895年	1896年	1897年
牛	414535	510282	173969
植物油	127744	104744	76553
猪及猪肉	93520	15491	31980
农产品	89024	58660	82285
杂货	59757	108024	136790
大豆	52928	71416	137968
各种粮食	40789	56372	33222
烟叶	31086	37755	23595
面粉	24138	19908	46165
总计	933521	982649	742527

资料来源:《中苏贸易史料》,第308页。

当时,俄罗斯远东粮产不足,对西伯利亚和中国东北粮食需求很大，与东北的粮食贸易比例极大。在西伯利亚铁路和中东铁路未修通前，俄国的大宗产品和棉货也运不进来，双方贸易规模受到局限。

日俄战争战败后，俄国消耗了几十亿卢布军费，所以暂时没有精力和经费再扩展在东北地区的各种事业。在修建中东铁路期间陆续开办的面粉工厂、酿造厂、肥皂厂、皮革厂、铁器厂等等工厂一时处于维持经营阶段。但俄国人绝不想满足现状，一直图谋东山再起。可是，经过多年的经营，俄国与东北地区的贸易额起色还是不算很大，见表36①。

表36 1918—1931年间中国东北对俄国贸易进出口额及差额

单位：海关两

年份	由东北出口	向东北进口	进出口总额	顺差额
1918	10073552	5359733	15433285	4713819
1919	19007571	13059664	32067235	5947907
1920	34391133	8187852	42578985	26203281
1921	24159808	7321913	31481721	16837895
1922	44039901	11899863	55939764	32140038
1923	35202536	8313439	43515975	26889097
1924	44903856	7927374	52831230	36976482
1925	42326536	11150403	53476939	31176133
1926	57389908	17630511	75020419	39759397
1927	66791143	19968864	86760007	46822279
1928	76300588	16534390	102834978	49766198
1929	41299749	15746052	57045801	25553697
1930	50796436	15771463	66567899	35024973
1931	45476555	14471732	59948187	31004823

资料来源：根据《满洲贸易年报(昭和六年)》和张念之《东北的贸易》第92页制成。

① 关于东北与俄国的贸易，《满洲经济年报(1933年版)》、《满洲开发四十年史》下卷与《满洲贸易年报(昭和六年)》的有关内容差异很大，这里以更原始的较详细记录《满洲贸易年报(昭和六年)》为准。

1917年,俄国爆发了“十月革命”,在俄国国内战争期间,对外贸易出现萧条,每年对东北贸易额仅为1500多万海关两。20年代,随着白军的崩溃、外国干涉的失败和布尔什维克政权的巩固,俄国从国内混乱中解脱出来,与中国东北的贸易出现增长。东北对俄出口贸易在1926—1928年趋于高峰,1928年达到7630万海关两,为1931年前最高水平。从俄国进口贸易在1919年就较1918年的540万海关两翻了一番,达到1305万海关两,之后进口贸易则出现起伏不定,1927年达到1996万海关两的最高进口水平。从整体上看,东北地区与俄国的贸易在20年代明显上了一个台阶,苏维埃政权并没有阻碍国家对东北的贸易发展。1923年和1924年,加拉罕分别与北京政权和张作霖等签订《中东铁路暂行管理协定》,将中东铁路“商业化”,中东铁路公司业务和东北对俄贸易出现了增长势头。可是,1929年中东路事件使中俄关系恶化,东北对俄贸易由1928年1亿多海关两总贸易额下降了几乎一半。

旧俄政权工业水平本来不高,苏联国内经济恢复和经济建设还在进行,俄国对东北地区输出能力有限,东北地区与俄国的贸易由此保持了连年顺差,1928年,中国东北对俄贸易顺差额达到了4976万海关两。这一年不仅为当时贸易顺差最高之年,就是在平常的贸易年份,东北的顺差额一般都能够远远超过俄国的进口额。

在一般情况下,东北地区输往俄国的产品有大豆、豆饼、豆油、谷物、其他豆和种子等;输入的产品有麻袋、矿产品、煤油、砂糖、钢铁制品等。1931年东北地区与俄国进出口主要商品见表37。

表 37　1931 年中国东北与俄国主要进出口商品及价值　单位:10000 海关两

进口商品	麻袋	矿产品	煤油	钢铁制品	砂糖	进口总值
价值	279.81	237.25	123.01	101.02	89.03	1446.29
比例%	19.35	16.40	8.50	6.98	6.16	100
出口商品	大豆	豆饼	豆油	种子	其他豆	出口总值
价值	2934.43	1251.97	114.34	78.77	36.97	4547.66
比例%	64.53	27.53	2.51	1.73	0.81	100

资料来源:根据《满洲贸易年报(昭和六年)》所制。

上述 10 种进出口商品占进口总值的 57.40%,占出口总值的 97%,可见大豆等产品在东北对俄出口中的比例极高。然而,俄国进口的东北大豆有 90%在海参崴装船转运到欧洲和日本再出口,在俄国内地消费的只是其中极小的部分,[①]所以,对俄国本土消费东北豆产的能力不能估计过高。此外,俄国运到东北的麻袋要和日本产品竞争,运到东北的煤油要和美国产品抗衡,煤炭多供给中东铁路公司使用,在东北对外贸易中,俄国的输入和输出大约只占 5%—10%,其地位仅次于日本(个别时期包括美国)而远不如日本,与此同时,俄国从东北的输出还有约占 90%的转口贸易额。

和日本相比,俄国前后对东北的经营显然逊色不少,在许多方面力所不及。一些日本人认为,和西方相比,俄国工业过于落后,没有能力在东北发展高水准的近代化事业。由于有广阔的土地,俄国人开发东北的紧迫感和勤奋也不如日本。他们可能忽略了尽管 19 世纪末俄国东扩势头强劲,但俄国战略重点和利益中心始终在欧洲,在一般情况下,俄国不会以倾国之力与日本较量,而一旦时机成熟,俄国就会成为日本的劲敌,在东北亚地区显示出自己的实力。

---

① 《满洲开发四十年史》下卷,第 313 页。

4. 东北地区与欧美国家的经贸关系

中国东北与欧美国家的贸易早在19世纪60年代就开始了，在以后的几十年，一直是东北海外贸易的主流。20世纪后，欧美对东北的贸易被日本、俄国超过。随着欧美国家在东北政治势力的相对衰弱，仅大豆特产在欧洲国家受到青睐，除煤油、小麦等几项日本缺乏优势的产品外，棉纺织等主要产品进口都被日本同类商品所取代。

根据中英《天津条约》的规定，中国在沿海沿江地区开放了10个通商口岸，其中包括在东北的牛庄，后来，人们才发现牛庄当地并不适合于对外贸易，因此通商地点又改在营口，近代东北由此开始与西方发生联系。1861年4月，营口差不多在英国领事梅多士到任时开港。营口最初与海外的贸易额不大，进出口均各为200多万两，这种现象持续了很多年。20世纪前，东北对外贸易规模已由最初的400多万两发展到3500多万海关两，进出口大约各占一半。见下所示[①]：

单位：1000海关两

年份	由东北输出	从欧洲等国输入	合计
1872	2000	2214	4214
1875	2687	1739	4426
1880	3353	2075	5428
1885	4574	2264	6838
1890	7197	4449	11646
1895	5605	2465	8070
1900	11469	7732	19201
1901	18742	17056	35798

① 张念之：《东北的贸易》，第105—106页。

当时东北基本上是贸易顺差,进口英国的主要商品是鸦片,出口的主要是农业产品。80年代后,英国鸦片进口受到内地土烟排挤,逐渐被棉纺织品所代替。与此同时,东北的英国棉纺织品像在中国全国一样,也遇到美国同类产品的激烈竞争。美国棉布生产工艺也许在很多方面不如英国产品精湛,可美国是产棉国,能够节省许多原料成本。结实、廉价的美国粗棉布打入中国市场后,很受中国劳动阶层的欢迎。19世纪80年代,美国对东北的棉布出口逐渐超过英国,在两国棉织品竞争中占了上风。见下所示(单位:1000海关两)①:

年份	英国输入棉布数量	价值	美国输入棉布数量	价值
1882	22009匹	34	90240匹	225
1885	9110匹	16	102045匹	229
1890	92330匹	182	161373匹	333
1895	38460匹	130	72485匹	264
1900			116525匹	419
1901	580匹	2	546498匹	1967

到20世纪初,美国棉纺织品已经完全打败了英国棉纺织品,占领了东北市场。

19世纪90年代,东北地区出口的大豆、豆饼、豆油、谷子、玉米种类越来越多,除英国、美国外,德国、荷兰等国也想插足东北贸易。日俄战争后,东北随铁路建设、移民潮和耕地开发对外贸易出现了飞快的增长,欧洲市场对东北大豆的依赖越来越严重,中国东北与欧美各国的贸易也相应随之发展,见表38。

① 张念之:《东北的贸易》,第107—108页。

表 38　中国东北与欧美重要国家的贸易　　单位:海关两

国家及地区	1915 年			1931 年		
	输入	输出	总计	输入	输出	总计
美国	2643	415543	3058959	12624104	6120053	18744157
英国	9983	2440848	3423435	4376320	16443494	20819814
香港	22664	1498744	4162281	8542322	7588028	16130350
德国	2423	—	2423	4883955	5588178	10472133
法国	29339	70649	99986	705658	1533252	2238910
荷兰	—	1342969	1342969	565709	38596723	39162432
其他	692535	2821120	3513661	12345992	21302321	33648313
合计	7013879	8589877	15603756	44113061	97985965	142009026
占东北外贸百分比	6.5%	6.6%	6.6%	19.7%	20.5%	20.2%

资料来源:《满洲经济年报(1933 年版)》,第 160 页、163 页。原表单位错误,已更正。丹麦没有列入表中。

在日本产品大举进入东北市场后,欧洲与东北贸易比重下降,随着 20 年代德国、荷兰对东北大豆需求的提高,东北与欧洲贸易比重又有所上升,比重由 1915 年的 6.6%扩大到 20%。1915 年,从东北输出最多的是英国、中国香港(看作英国贸易的一部分)、荷兰;向东北输入最多的是法国、香港、英国。1931 年,从东北输出最多的是荷兰、英国、香港、美国、德国,向东北输入最多的是美国、香港、德国和英国。1913 年的德国和 1931 年的美国、香港与东北贸易有顺差,而其他国家都是逆差。到 20 年代末,从价值上看,欧美国家中荷兰、英国、美国、德国的出口对东北比较重要,而美国、英国、德国对东北的进口比较重要。

在 20 年代,美国和英国在东北贸易地位差不多,已经不像往年那样有激烈的棉纺织品竞争,棉纺织品对东北的出口已被日本人抢去,美国和英国对东北进出口还有各自的强项和商品需求。1926—1930 年美国、英国与东北输入输出贸易结构和地位见表 39 和表 40。

表 39 1926—1930 年年平均美国对中国东北主要贸易商品及其地位

输入商品			输出商品		
品种	金额（千海关两）	占美国输入比重%	品种	金额（千海关两）	占美国输出比重%
石油	4090	20	豆油	1700	17
车辆	1740	18	豆粉	1200	12
面粉	1880	9	皮革	1000	10
烟草	1540	8	其他	6100	61
机械	1400	7			
铁及钢	1230	7			
纸	270	1			
棉花	250	1			
其他	5800	29			
总计	20300	100	总计	10000	100

资料来源：《满洲经济年报（1933 年版）》，第 166 页。其中美国车辆出口原文为 1470 千海关两，与比例不符，已按比例修正。

表 40 1926—1930 年年平均英国、美国对中国东北主要贸易商品及地位

输入商品			输出商品		
品种	金额（千海关两）	占英国、美国输入比重%	品种	金额（千海关两）	占英国、美国输出比重%
烟草	2000	27	大豆	7000	50
毛织品	1300	18	豆油	5300	37
机械	700	10	其他	1700	13
其他	3400	45			
总计	7400	100	总计	14000	100

资料来源：同上表。

两个与东北贸易有关的重要欧美国家对东北输入的主要产品已经不太一样，英国没有较优势产品可以取代或与美国煤油、面粉等产品竞争，美国烟草和毛织品输入也不如英国，英国对东北大豆和豆油需求很大，而美国本国就产很多大豆，所以英国对东北贸易逆差很大，美国则保持顺差。

在“九一八事变”前，尽管欧洲和美国占有东北出口市场份额比较重要，有许多进口的产品日本无法替代，但由于东北进口的主

要商品棉织品市场被日本夺走,大豆等产品出口也被日本、俄国控制,最终还是无法抗衡东北贸易为日本控制与独占之势。相应之下,日本对中国东北投资就达17.9亿日元,俄国为5.9亿日元,而欧美国家投资一共还不到1亿日元。英国仅在京奉铁路等地投资银行、贸易公司、烟草公司、企业证券等约3300万日元;美国仅在哈尔滨等地投资石油公司、汽车、机械销售公司等2600万日元。[①]其他欧洲国家投资更少。因此,当时欧美国家在东北的经济地位和其政治地位也是相互吻合的。这也或许说明了将来如果人们漠视东北,也就无法在经济、政治上得力于东北,更不用说真正享有东北,创造出东北的美好未来!

① 《满洲开发四十年史》下卷,第314页。

主要参考资料

中文参考资料

原始资料和资料汇编

《民国十四年海关华洋贸易总册)》,上海海关造册处,民国十五年
《民国十八年海关华洋贸易总册》,上海海关造册处,民国十九年
《民国十九年海关华洋贸易总册》,上海海关造册处,民国二十年
《民国二十年海关华洋贸易总册》,上海海关造册处,民国二十一年
《民国十四年海关华洋贸易统计册》,上海海关造册处,民国十五年
《民国二十年海关华洋贸易统计册》,上海海关造册处,民国二十一年
《历年输出各国统计表》(中国国际贸易统计之一),工商部,民国十八年
蔡正雅、陈善林:《中日贸易统计》,中华书局,民国二十二年
杨端六等:《六十五年来中国国际贸易统计》,中央研究院社会调查所,民国二十年
蔡谦等:《中国各通商口岸对各国进出口贸易统计》,商务印书馆,民国二十五年
中国银行总管理处:《中国最近物价统计图表 1923—1932》,经济研究室,民国二十二年
中国银行总管理处调查部:《最近中国对外贸易统计图解 1912—1930》,中国银行总管理处调查部,民国二十年
尤季华:《中国出口贸易》,商务印书馆,民国二十三年
中国银行总管理处:《东三省经济调查录》,中国银行总管理处,京华书局,民国八年

东省铁路经济调查局:《东省铁路统计年刊》,东省铁路经济调查局,民国十七年十二月
梁方仲:《中国历代户口、田地、田赋统计》,上海人民出版社,1980年
孟宪章:《中苏贸易史料》,中国对外经济贸易出版社,1991年.
李文治:《中国近代农业史资料》(一),三联书店,1957年
许道夫:《中国近代农业生产及贸易统计资料》,上海人民出版社,1983年
徐雪筠:《上海近代社会经济发展概况(1882—1931)》(海关十年报告译编),上海社会科学院出版社,1985年
严中平:《中国近代经济史统计资料选辑》,科学出版社,1955年
孙邦:《经济掠夺》(伪满洲国史料丛书),吉林人民出版社,1993年
满铁经济调查会:《满洲产业统计(昭和六年)》(近代中国史料丛刊三编第757种),台北文海出版社
王芸生:《六十年来的中国与日本》1—8卷,三联书店,1982年
张蓉初:《红档杂志有关中国交涉史料选译》,三联书店,1957年
《清德宗实录》(影印本),中华书局,1984年
《宣统政纪》(影印本),中华书局,1984年
朱寿朋:《光绪朝东华录》(铅印本),中华书局,1958年
王彦威辑、王亮编:《清季外交史料》(影印),书目文献出版社,1987年
陈义杰整理:《翁同龢日记》第5册,中华书局,1997年
任青等整理:《张荫桓日记》,上海书店出版社,2004年
王树楠:《张文襄公全集》,北平文华斋,民国十七年
《李鸿章全集》,时代文艺出版社,1998年
《刘坤一遗集》(铅印本),中华书局,1959年
徐世昌:《东三省政略》(李澍田主编:长白丛书三集),吉林文史出版社,1989年
《锡良遗稿》(铅印本),中华书局,1959年

著作

中共中央马恩列斯著作编译局编:《马克思恩格斯选集》第二卷,人民出版社,1972年
〔美〕吉利斯等:《发展经济学》(第四版)黄卫平等译,中国人民大学出版社,1998年
〔美〕林德特等:《国际经济学》(第九版)范国鹰等译,经济科学出版社,1992年

〔美〕萨缪尔森等:《经济学》(第 12 版),高鸿业等译,中国发展出版社,1992 年
〔英〕瑟尔沃:《增长与发展》,郭熙保译,中国财政经济出版社,2001 年
〔日〕小岛清:《对外贸易论》,周宝廉译,南开大学出版社,1987 年
姚贤镐、漆长华:《国际贸易学说》,中国对外经济贸易出版社,1990 年
陈重民:《今世中国贸易通志》,商务印书馆,民国十三年四月
陈经:《日本势力下二十年来之满蒙》,华通书店,民国二十年
何炳贤:《中国的国际贸易》,商务印书馆,民国二十六年
詹自佑:《东北的资源》,东方书店,民国三十五年九月
武堉干:《中国国际贸易概论》,商务印书馆,民国十九年
雷殷:《中东路问题》,国际协报馆,民国十八年
张念之:《东北的贸易》,东方书店,民国三十七年四月
东北物资调节调查委员会研究组:《东北经济小丛书》,京华印书局,1947—1948 年
白眉初:《满洲三省志》(中华民国省区全志),北京师范大学史地系,民国十三年八月
东省铁路经济调查局编:《北满农业》,东省铁路经济调查局,1928 年
郑友揆:《中国的对外贸易与工业发展(1840—1948)》程麟荪等译,上海社会科学院出版社,1984 年
汪敬虞主编:《中国近代经济史 1895—1927》,人民出版社,2000 年
许涤新、吴承明主编:《中国新民主主义革命时期的中国资本主义》(中国资本主义发展史第三卷),人民出版社,2003 年
吴承明:《帝国主义对旧中国的投资》,人民出版社,1955 年
蓝以琼:《揭开帝国主义在旧中国投资的黑幕》,上海人民出版社,1962 年
杜恂诚:《日本在旧中国的投资》,上海社会科学院出版社,1986 年
近代史所:《沙俄侵华史》第四卷,人民出版社,1990 年
丁名楠等:《帝国主义侵华史》第二卷,人民出版社,1986 年
崔丕:《东北亚国际关系史研究》,东北师范大学出版社,1992 年
苏崇民:《满铁史》,中华书局,1990 年
谢学诗:《伪满洲国史新编》,人民出版社,1995 年
孔经纬:《清代东北地方经济史》,黑龙江人民出版社,1990 年
李尚英:《天涯何处是神州 中俄密约》,中国人民大学出版社,1993 年
王承礼:《中国东北沦陷十四年史纲要》,中国大百科全书出版社,1991 年

宓汝城:《帝国主义与中国铁路1847—1949》,上海人民出版社,1980年
陈争平:《1895—1936年中国国际收支研究》,中国社会科学出版社,1996年
常城等:《现代东北史》,黑龙江教育出版社,1986年
王魁喜等:《近代东北史》,黑龙江人民出版社,1984年
佟东:《中国东北史》第五卷,吉林文史出版社,2006年1月
近代史所:《日本侵华七十年史》,中国社会科学出版社,1992年
东北三省经济史学会等编:《中国东北地区经济史专题国际学术会议文集》,学苑出版社,1989年
王秉忠主编:《东北沦陷十四年史研究》第二辑,辽宁人民出版社,1991年
王承礼主编:《东北沦陷十四年史研究》第一辑,辽宁人民出版社,1988年

译著

〔美〕雷麦:《外人在华投资》,蒋学楷等译,商务印书馆,1959年
〔美〕马士、宓亨利:《远东国际关系史》,姚增廙译,上海书店,1998年
满史会:《满洲开发四十年史》,东北沦陷十四年史辽宁编写组译,1988年
满洲国史编纂刊行委员会编:《满洲国史》(分论),东北沦陷十四年史吉林编写组译,1990年
〔苏〕波朴夫:《日本经济论》,赵南柔译,商务印书馆,民国二十六年
〔日〕藤冈启:《满洲刮目论》,汤尔和译,商务印书馆,民国十九年四月
〔英〕琼斯:《1931年以后的中国东北》,胡继瑗译,商务印书馆,1959年
〔日〕楫西光速等:《日本资本主义的发展》,闫敬先等译,商务印书馆,1963年
〔日〕井上清等:《日本近代史》,杨辉译,商务印书馆,1959年
〔日〕井上清:《日本帝国主义的形成》,宿久高译,人民出版社,1984年
〔日〕井上清:《日本的军国主义》,姜晚成译,商务印书馆,1985年
〔日〕铃木隆史:《日本帝国主义对中国东北的侵略》,吉林省伪皇宫陈列馆译,吉林教育出版社,1996年
〔日〕速水融等编:《日本经济史》1—6,厉以平等译,三联书店,1997年
〔日〕樋口弘:《日本对华投资》,北京编译社译,商务印书馆,1959年
蔡尔康等编译:《李鸿章历聘欧美记》,湖南人民出版社,1982年
〔俄〕维特:《俄国末代沙皇尼古拉二世(维特伯爵的回忆)》,张开译,新华出版社,1983年
〔俄〕尼鲁斯:《北满与东省铁路》,东省铁路调查局,民国十六年十二月

〔俄〕巴尔苏科夫:《穆拉维耶夫—阿穆尔斯基伯爵》第二卷,商务印书馆,1974年
〔俄〕瓦西里耶夫:《外贝加尔的哥萨克》,北京师院外语系俄语专业师生译,商务印书馆,1978年
哈尔滨满铁事务所编:《北满概观》,汤尔和译,商务印书馆,1937年
〔苏〕鲍里斯·罗曼诺夫:《俄国在满洲(1892—1906)》,陶文钊等译,商务印书馆,1980年
〔美〕安德鲁·马洛泽莫夫:《俄国的远东政策(1881—1904年)》,商务印书馆翻译组译,商务印书馆,1977年
〔苏〕阿瓦林:《帝国主义在满洲》,北京对外贸易学院俄语教研室译,商务印书馆,1980年
〔苏〕齐赫文斯基:《中国近代史》,北京师范大学历史系等译,三联书店,1974年
〔苏〕普罗霍夫:《苏中边界问题》,近代史所沙俄侵华史编写组译,商务印书馆,1977年
〔英〕格林堡:《鸦片战争前中英通商史》,康成译,商务印书馆,1961年
张仲礼主编:《中国近代史论著选译》,上海社会科学出版社,1987年

工具书

中国东北经济编撰委员会、国务院东北经济区规划办公室:《中国东北经济》第一卷,中国计划出版社,1987年
王铁崖:《中外旧章程汇编》第一册,三联书店,1957年
杨光浴:《吉林》(中华人民共和国地名词典),商务印书馆,1994年
李鸿文、张本政:《东北大事记》上卷,吉林文史出版社,1987年
李凡、杜若:《中国东北沦陷史论著资料目录》,黑龙江人民出版社,1996年
宫琦犀一等:《16世纪以来国际经济要览》,陈小洪等译,中国财政经济出版社,1990年
〔日〕山根幸夫等:《近代日中关系史研究入门》,金禾出版社,1995年

期刊

吉迪:《李鸿章〈中俄密约〉交涉未刊密电稿》,《近代史资料》总73号,第1—

39 页
李福山:《大豆起源及其演化研究》,《大豆科学》,1994 年第 1 期,第 61—62 页
佚名:《中国土货出口之研究》,《农商公报》第 30 期,第 1—5 页
《历代田亩统计(续)》,《经济半月刊》1928 年 2 卷 1 期,第 1—19 页
陈寿琦:《东北对外贸易分析》,《贸易月刊》民国三十三年九月,第 8—19 页
严匡国:《东北之大豆事业》,《贸易月刊》民国三十三年九月,第 39—44 页
持满:《世界市场之籽粒油》,《中东半月刊》第 2 卷第 6 号,第 5—10 页
何廉、方显廷:《中国工业化之程度及其影响(续)》,《工商半月刊》第 2 卷第 4 期,第 1—29 页
何廉、方显廷:《中国工业化之程度及其影响》,《工商半月刊》第 2 卷第 3 期,第 1—33 页
李清浦:《最近十年满洲豆饼输日数量及其与硫安竞争之情形》,《中东经济月刊》第 8 卷第 3、4 号合刊,第 1—5 页
富彭年:《最近欧美需要大豆情形及其制油原料之消耗状况》,《中东经济月刊》第 7 卷第 8 号,第 13—19 页
黎赫:《最近东北特产物(大豆豆饼豆油)之输出及其市价》,《中东经济月刊》第 7 卷第 10 号,第 1—7 页
佚名:《东三省出口大豆之缺点》,《中东经济月刊》第 6 卷第 3 号,第 39—43 页
富彭年:《五年来东三省特产出口情形及其直接出口之方策》,《东省经济月刊》特号,第 131—139 页
澄川:《大豆销路危机与东三省农民经济之损失与变化》,《中东经济月刊》第 6 卷第 11 号,第 7—15 页
鲍幼申:《中国之农业生产及其在国际贸易上之地位》(续)》,《中东经济月刊》第 8 卷第 1 号,第 21—24 页
谔公:《东三省经济统计概略》,《中东经济月刊》第 7 卷第 4、5 号合刊,第 6—9 页
高重源:《东三省开发前途之四大问题(续)》,《中东经济月刊》第 7 卷第 4、5 号合刊,第 1—6 页
刘民译著:《最近东省贸易之消长》,《东省经济月刊》第 5 卷第 4 号,第 1—22 页
仲铭:《五年来东三省经济发展之回顾及其前途》,《中东经济月刊》第 6 卷第

3号，第45—64页
陈逢时:《东北贸易在中国贸易中之地位》,《中东经济月刊》第7卷第9号，第1—19页
玉福:《东三省农业概况》,《中东经济月刊》六周年纪念专号，第133—146页
厚生:《东三省贸易概况》,六周年纪念专号，第217—222页
小生:《东三省之出入港口概况》,《中东经济月刊》六周年纪念专号，第111—121页
惠民:《东三省的河运与海运》,《中东经济月刊》六周年纪念专号，第89—109页
韩介轩译:《满洲问题之经济观》,《东省经济月刊》第5卷第1号，第17—26页
咸一:《东三省之气候》,《中东经济月刊》六周年纪念专号，第11—15页
季茀:《最近半年来东省各路运抵满铁之农产及满铁粮运减少之原因》,《中东经济月刊》第7卷第2号，第1—9页

日文参考资料

原始資料と資料集

満鉄総務部調査課『大正七年北支那貿易年報』満鉄総務部調査課，大正九年
満鉄庶務部調査課『大正十一年北支那貿易年報』満鉄庶務部調査課，大正十二年
満鉄庶務部調査課『昭和元年北支那貿易年報』満鉄庶務部調査課，昭和二年
満鉄総務部経済調査会『昭和六年満州貿易年報』満鉄総務部調査課，昭和七年
満鉄庶務部調査課『昭和元年満州貿易詳細統計』満鉄庶務部調査課，昭和二年
満鉄経済調査会編『満州経済年報(1933年版)』改造社，昭和八年十二月
東亜研究所『世界農産統計1925—1940』岩波書店，昭和八年三月
三菱経済研究所『世界経済の現勢』細川活版所，昭和九年

著書

佐藤貞次郎等『満蒙資源論』日本評論社，昭和九年版

向井清二『満州大豆及び製品』厳松堂書店,昭和九年十一月
小濱重雄『日・満・支ブロック需給資源論』,有斐閣,昭和十三年三月
E・シュムペーター『日満産業構造論』慶応書房,1942年
半沢耕貫『沃土満州を拓く』東亜書林,昭和十八年六月
東亜経済調査局編撰『本邦需給資源総攬』東亜調査局,昭和六年十二月
満州事情案内所編『満州の経済地位』満州事情案内所,1942年
青木実『満州帝国経済全集』4(金融篇)東光書苑,1938年
拓務大臣官房文書課『拓務要覧』今井印刷所,昭和八年
鈴木小兵衛『満州の農業機構』白楊社,昭和十一年
西村成雄『中国近代東北地域史研究』法律文化社,1984年
大石嘉一郎『日本帝国主義史』1—2　東京大学,1985年

辞書

満州事情案内所編『満州文献目録集』東京　地久館　1985年

其他资料恕不一一列举。

后　　记

作为中国东北人的后代，我对家乡的白山黑水充满了故乡的怀旧之情。直到今天，人们仍然可以从列车车窗轻松地看到东北绿荫般的大地、浩瀚的农田、日新月异的各种景观，衬托在蓝天白云之下，构成了独特的美丽画卷。时代在发展，东北在剧变。她曾经有过美好的回忆，也历经过无数的劫难！如果能够梳理一些家乡悠久而沉重的历史呈现给读者，那也是东北子孙应尽的本分！

近代中国东北开发和近代化的过程也伴随着经济上的殖民化。由于清朝、民国政府的软弱无能，沙俄、日本等国纷纷染指东北，把东北变成了俄、日的势力范围，尽管给中国东北带来了一些先进的生产力和新生事物，但是他们毕竟从东北剥夺的更多，使中国的主权外溢、经济被控，为列强进一步侵略创造了必要条件。正因如此，沙俄、清朝及民国政府、日本就形成了东北经济开发中的三种重要势力。研究东北经济开发，就不能不重视经济开发中的国际背景，分析近代中国东北经济开发中的国际生产关系。

我很希望读者能够通过本书，对以往东北的历史环境特别是自然环境有所了解和认识，东北曾经有非常肥沃的土地、茂密的森林和数不清的矿产资源，我们现实的建设虽然不能和过去简单的类比，但是良好的生态环境是人类文明的重要标志，谁也不希望生活在嘈杂、沉闷、污染的环境中。本书在引言中增加了有关的内容，当然是根据当时的有关资料，反映的是当时的东北自然状况。

为了突出近代中国东北经济发展的主要特色，本书还专门写了1907—1931年东北对外贸易的发展。20世纪初，东北是全国外向型经济最为典型的地区，是最重要的出口基地，出口的大豆蜚声中外，是全国对外贸易的“拳头”产品。然而今天中国成了大豆的净进口国，不能不让人感到感慨！前后对比，历史上东北大豆畅销海外需要哪些因素？在高涨的对外贸易中利益是怎样分配的？这些都是不能不涉及的重要问题。

为了避免空论，本书尽量利用了比较关键的历史资料，希望用图表和统计更直观地反映书中的观点。我也感到，实证研究是基础，事实不准，观点也会有误。但是实际操作并不那么简单！历史资料中统计方法往往不一致、单位不一致、数字位数取舍也不一致。有时因资料所限，进一步的细分成为不可能，只能对使用的资料做出有关说明。特别是有些原始回忆的资料也有人为的错误，因此对待历史资料不能不谨慎小心！尽管如此，错误可能还是不少，实在抱歉！

在本书写作出版过程中，有许多同事、朋友对我提供过关心和帮助，对此我深表感谢！东北师范大学教授韩东育、赵逸峰、程书伟、曲晓范、张强等人对该书的出版十分关心，赵逸峰浏览了该书稿并提出了很好的修改意见，东北师范大学东北人地关系课题组丁四保老师为我提供有关费用，国家图书馆的路国林亲自入库为我查找“满铁”资料，商务印书馆总经理助理常绍民对该书稿的书名、内容、观点、注释等都不厌其烦地提供了指导，我对此真是诚惶诚恐，难以表达我的感激之情，谨以此书奉献给大家，顺致敬意！

作者

2011年2月9日